rowohlts monographien
begründet von Kurt Kusenberg
herausgegeben
von Wolfgang Müller

Hans Christian Andersen

**mit Selbstzeugnissen
und Bilddokumenten
dargestellt von
Erling Nielsen**

Rowohlt

Aus dem Dänischen übertragen von Thyra Dohrenburg
Den dokumentarischen Anhang bearbeitete Paul Raabe
Neubearbeitung der Bibliographie (1995) von Wolfgang Beck
Herausgeber: Kurt Kusenberg
Umschlagentwurf: Werner Rebhuhn
Vorderseite: Hans Christian Andersen, 1845 (Det Kongelige
Bibliothek, København)
Rückseite: Scherenschnitt von H. C. Andersen (Königlich Dänisches
Auswärtiges Amt)

Veröffentlicht im Rowohlt Taschenbuch Verlag GmbH, Hamburg, April 1958
Copyright © 1958 by Rowohlt Taschenbuch Verlag, Hamburg
Alle Rechte an dieser Ausgabe vorbehalten
Satz Times (Linotron 404)
Gesamtherstellung Clausen & Bosse, Leck
Printed in Germany
ISBN 3 499 50005 1

6. Auflage Mai 2005

Inhalt

«Ihre Märchen werden Sie unsterblich machen»

Geht man in der verhältnismäßig stillen Stunde nach dem Verstummen des nächtlichen Lärms und vor Beginn des morgendlichen Getriebes in den engen und krummen Straßen um den Frue Plads oder zwischen dem Strøg und Holmens Kanal mit ihren weißlichgrauen Häuserzeilen umher, deren Geschäfte noch nicht allzu stark modernisiert sind und deren Straßenbeleuchtung nicht unangenehm up to date ist, kann man sich noch ein Bild machen von dem Kopenhagen der Romantik in der ersten Hälfte des vorigen Jahrhunderts. Was heute Innenstadt ist, war damals die ganze Stadt. Die weitläufigen Stadtviertel auf Vesterbro, Nörrebro und Österbro schossen erst in die Höhe, nachdem in den sechziger Jahren des vorigen Jahrhunderts die alten Festungswälle geschleift waren. Bis dahin schloß ein Ring von grünen Wällen die helle Residenzstadt ein, von Toren unterbrochen, durch die man auf das offene Land hinausgelangen konnte, die aber abends zugemacht und abgeschlossen wurden. Es klingt wie ein Märchen, ist aber doch die reine Wahrheit: die Torschlüssel wurden allabendlich dem König, dem landesväterlichen Frederik VI., zum Schloß Amalienborg hinaufgebracht.

Mit seinen nur gut 100 000 Einwohnern war Kopenhagen keineswegs eine Großstadt und hatte auch keinerlei Ehrgeiz in dieser Hinsicht. Es war, wie ein hochverehrter Zeitgenosse sagte, «groß genug, um eine größere Stadt zu sein, klein genug, so daß es keinen Marktpreis für Menschen gibt» (Kierkegaard), wäre also in seiner Art eine Idealstadt gewesen, wenn sie nicht, wie das Land überhaupt, von Unglück heimgesucht worden wäre: den Bombardements, dem Verlust von Norwegen, dem Staatsbankrott. Aber die Verarmung in der äußerlichen Welt wurde aufgewogen durch den Reichtum in der Welt der Illusion: Dichtung und bildende Kunst blühten wie nie zuvor, und so ungefähr alles, worüber das Land an Geist verfügte, war in der «Königsstadt», Kongens By, versammelt, die nunmehr den Ehrentitel «Das Athen des Nordens» erhielt, womit man nicht ausschließlich an Thorvaldsens Skulpturen und den klassizistischen Einschlag in der neuen Architektur nach dem Bombardement 1807 dachte, sondern auch und mindestens ebensoviel an das blühende kulturelle Leben. Daß die lebendige ästhetische Auseinandersetzung tatsächlich mit etwas attischem Salz gewürzt wurde, dafür sorgte der

N. F. S. Grundtvig.
Gemälde von Const. Hansen,
1847

tonangebende Kunstrichter Johan Ludvig Heiberg. Politik wurde nicht erörtert. Literatur und Theater waren in Cafés und auf den Märkten die Themen des Tages.

In den Straßen dieser Stadt konnte man vor etwa hundert Jahren die drei Gestalten antreffen, die Dänemarks Beitrag zur Weltkultur ausmachen sollten: N. F. S. Grundtvig, Sören Kierkegaard und Hans Christian Andersen. Grundtvig, der größere Bedeutung für die Provinzen erlangen sollte als für die Hauptstadt, setzte seinen Fuß am liebsten nicht vor die Tore von Kopenhagen, was völlig paradox klingt. Kierkegaard war wie Sokrates, sein griechischer Lehrmeister in der Kunst der Ironie, annähernd ein Philosoph der Straße und liebte es, mit dem Regenschirm unter dem Arm durch das Gewimmel der Östergade, einen Teil des Strøg, zu flanieren. Andersen teilte seine Abende gleichmäßig zwischen dem gesellschaftlichen Leben und dem Königlichen Theater am Kongens Nytorv, dem damals größten Platz der Stadt, wo er die längste Zeit seines Lebens in kleinen, bescheidenen Stuben hauste, die wie ein Schaufenster waren, so daß Straßenpassanten boshaft feststellen konnten: Da haben wir unseren im Ausland berühmten Orang-Utan!

Die Tatsache, daß dies seltene Kleeblatt, dessen Blätter sich übrigens gegenseitig nicht eben grün waren, zur selben Zeit in derselben Stadt lebte, berechtigte mehr denn alles andere dazu, die Epoche als «das goldene Zeitalter» der dänischen Kultur zu bezeichnen. Es gibt sicher manche, deren geistige Werke über die dänischen Landesgrenzen hinausgelangt sind, aber kaum welche, die im gleichen Maße wie diese der Umwelt Anregungen vermittelt haben. Am wenigsten Verbreitung hat Grundtvig gefunden, obwohl er mit seiner qualitativ wie auch quantitativ (über 1500 Nummern) großen Choraldichtung einen Höhepunkt in der sakralen Poesie des Protestantismus darstellt und obwohl er mit seiner Idee einer freiwilligen Jugendschule ohne Examen und Lehrbücher, aber von dem lebendigen Wort ausgehend und in höherem Maße auf Lebenskunde eingestellt als auf Wissensvermittlung, in der Geschichte der Pädagogik Epoche gemacht hat. Allein im Norden gibt es über 200 derartiger grundtvigianischer Volkshochschulen, und wenn der Gedanke auch in der übrigen Welt nur schwer Wurzel gefaßt hat, so sind doch von ungefähr jeder Ecke des Erdballs Schüler in die skandinavischen Länder gekommen.

Von ganz anderem internationalem Format sind Hans Christian Andersen und Sören Kierkegaard, wenn auch mit dem Unterschied, daß der Name des Märchendichters schon zu seinen Lebzeiten über die ganze Welt ging, während der Philosoph erst nach und nach Einfluß auf fremdes Geistesleben erlangt hat. Wenn der erstere namentlich im Kinderzimmer Eingang gefunden hat (obwohl er es anders verdient hätte), so hat sich der letztere einen Platz im Studierzimmer erobert; und so wie der Dichter der *Geschichte einer Mutter* durch seine hohe Kunst Weltruf

Sören Kierkegaard. Zeichnung von H. G. Hansen, um 1853–55

erlangte, hat der, aus dessen Feder die *Stadien auf dem Wege des Lebens* stammen, durch die Tiefe seines Geistes Ruhm erlangt.

In fast vorbildlicher Art und Weise ergänzen diese drei Gestalten einander. Stark vereinfacht könnte man sagen, daß sie zusammen die drei Bezirke vertreten, in welche die klassische Psychologie das Seelenleben einteilte: Andersen schwelgt in der Phantasie, Kierkegaard ruft den Willen an, und Grundtvig entfaltet sich vor dem Gedanken. Doch nicht nur psychologisch, auch ideell und religiös ergänzen sie sich gegenseitig: In Kierkegaards Werken bewegt man sich ständig innerhalb einer individualistischen Sphäre, in der nur der einzelne Mensch und sein Verhältnis zu Gott Geltung haben. Anders bei Grundtvig, für den die menschliche Gemeinschaft ein Fundament ist. So ist es charakteristisch, daß Kierkegaard unaufhörlich mit der Kategorie «Der Einzelne» operiert und daß Grundtvigs Lieblingsform der Choral ist, das Lied, das sich an ein Kollektiv wendet. Kierkegaard sucht das Einzelwesen in seiner Isolation auf, Grundtvig spricht zum Menschen in seiner Verbindung mit anderen Menschen. Aber der Zusammenhang, der für Grundtvig auf die Art homo sapiens beschränkt ist, erweitert sich bei Andersen in gewaltigem Maße zu einer Gemeinschaft mit der ganzen organischen und unorganischen Welt. In seinem Märchenweltall erhalten Tiere, Pflanzen und leblose Dinge ihren ursprünglichen Rang zurück und gehen eine lebendige Verbindung mit den Menschen ein. In dieser Aufgeschlossenheit für das Dasein liegen unverkennbare Züge einer tiefen und echten Ursprünglichkeit, die in der modernen Zivilisation wie ein Atavismus wirken. Auch in religiösem Sinne war Hans Christian Andersen ein Primitiver, der dem Drang aller Volksreligionen nach Unsterblichkeit Ausdruck verlieh; Kierkegaard und Grundtvig dagegen waren theologische Denker, aber sie greifen das Christentum jeder nach seiner Art auf: Kierkegaard betont die Forderung des Evangeliums, Grundtvig seine Gnade.

Auch unter einem mehr örtlichen Gesichtswinkel betrachtet, bilden diese drei einen sinnvollen Zusammenhang, da sie jene Komponenten darstellen, die zusammen das ergeben, was man mit allem denkbaren Vorbehalt den dänischen Volkscharakter nennen könnte: Sören Kierkegaard, jütländischer Abkunft und mit düsteren Sippenerinnerungen von der Halbinsel belastet, sollte demnach mit seinem nach innen gerichteten Grübeln und seiner unerhörten Fähigkeit, aus Wenigem viel zu machen, das jütische Element darstellen, während Grundtvig, durch und durch Seeländer, mit seiner nach außen gerichteten Volksverbundenheit die seeländischen Wesenszüge vertritt, und Andersen endlich, der von der Insel in der Mitte stammt, dem Butterloch in der dänischen Grütze, sollte dagegen mit seinem leicht schwankenden Gemüt das fünensche Element vertreten.

Und das tut er.

Es ist überhaupt ein lustiges Paradox, daß er, selbst wenn japanische Mütter noch heutigentags ihren schlitzäugigen Kindern Andersens Märchen erzählen, in seiner innersten Seele so sehr Füne ist, daß er erst richtig verstanden wird, wenn man ihn in der holdselig singenden Mundart seiner Stammesinsel hört (fünensch ist, sagt der Füne, die Sprache, die die Engel sonntags sprechen). Jedenfalls hat ein späterer dänischer Dichter, Johannes V. Jensen, diese Tatsache mit einem der wesentlichsten Märchen, nämlich *Was Vatter tut, ist immer das richtige*, zu erhärten gesucht, das nicht nur im Hinblick auf seine Landschaftsbilder, sondern in seiner ganzen Lebensanschauung so durch und durch fünensch ist, daß es nicht einmal jenseits des Kleinen Belt, in Jütland, spielen könnte – und obgleich die Handlung eigentlich ein altes Wandermotiv ist, aus der Volksdichtung vieler Länder bekannt. Nach einem unvergleichlichen Appell an das Kind wird das Märchen mit einem üppigen, warmen Sommerbild eingeleitet, das in gedrängtester Form die Insel Fünen wiedergibt:

Du bist ja draußen auf dem Lande gewesen! Du hast ein richtiges altes Bauernhaus mit Strohdach gesehen; Moos und Kräuter wachsen dort von selber; ein Storchennest ist auf dem First, den Storch kann man nicht entbehren, die Mauern sind schief, die Fenster niedrig, ja, nur ein einziges von ihnen ist zu öffnen, der Backofen wölbt sich vor wie ein dicker kleiner Bauch, und der Holunderstrauch hängt über den Zaun, dort wo unter dem knorrigen Weidenbaum eine kleine Wasserpfütze ist mit einer Ente oder kleinen Entchen. Ja, und dann gibt es da einen Kettenhund, der jeden anbellt.

Erst nach dieser Darlegung der landschaftlichen Verhältnisse gibt Andersen nunmehr in der ihm eigentümlichen launigen fünenschen Art die alte Geschichte von dem Bauersmann wieder, der mit einem Pferd zu Markte zieht, das er in schnell abwärtssteigender Linie gegen eine Kuh, diese gegen ein Schaf, dies gegen eine Gans, diese gegen eine Henne eintauscht, die er dann schließlich um einen Sack voll fauler Äpfel losschlägt. Er geht nunmehr mit zwei exzentrischen Engländern eine Wette ein, die behaupten, er werde Schelte bekommen, wenn er nach einem solchen Handel zur Frau nach Hause komme. Aber er gewinnt die Wette, denn er bekommt einen Kuß und keine Schelte, und die Frau sagt das berühmt gewordene Wort, von dem das Märchen seinen Namen hat und das ein Sprichwort geworden ist: «Was Vatter tut, ist immer das richtige». Immer bergab und immer gleich fröhlich. Eine echt fünensche Moral.

Auf jütländischem Boden – sagt Johannes V. Jensen – muß die Handlung ganz umgekrempelt werden: Dort wird der Bauersmann mit einem Sack fauler Äpfel von Hause aufbrechen, den er gegen eine Henne umtauscht, die Henne gegen eine Gans, die Gans gegen ein Schaf, das Schaf gegen eine Kuh, die er zuletzt für ein Pferd verkauft. Und wenn er nun auch mit zwei Engländern wettet, die da meinen, er würde einen Kuß bekommen, wenn er nach Hause komme, dann wird der Bauersmann abermals gewinnen, denn die Frau wird immer unwirscher werden, je weiter er in seiner Erzählung von dem Handel fortschreitet, und wenn er dann voller Verzweiflung ausruft: Ja, aber die Kuh habe ich gegen ein Pferd eingetauscht, wendet sie sich beleidigt ab und murmelt zwischen den Zähnen: Ich dachte, du kämest mit zweien nach Hause! – Das ist die jütische Handelsmoral gegenüber fünenschem Leichtsinn.

Hat aber Andersen auch auf diese Weise ausgesprochen fünensches Wesen festgehalten, so ist ihm mirabile dictu eine Verbreitung beschieden worden, die selbst Goethe und Shakespeare übersteigt und in der Tat nur hinter der Bibel zurücksteht, was an sich schon ein Märchen ist, bei welchem Andersen vor Glück ein Schwindel erfaßte, wenn er es sich vergegenwärtigte. Und doch war die Verbreitung zu seiner Zeit noch nicht annähernd so groß wie späterhin.

Dänemark ist nur ein kleines Land, eine Nachtmütze auf dem Haupt des europäischen Kontinents und nicht des Aufhebens wert im Ver-

H. C. Andersen geht spazieren

Das Königliche Theater in Kopenhagen. Lithographie

gleich zum übrigen Norden, worüber man sich vergewissern kann, wenn man ausländische Landkarten von Skandinavien betrachtet, auf denen die einzelnen Länder mit: Norwegen, Schweden etc. bezeichnet werden. Aber von diesem mikroskopischen Etcetera sind die Märchen weithin über den Erdball gewandert und zu Menschen vorgedrungen, die sonst nicht mit Kunstdichtung in Berührung kommen. Der Weg zum Weltruhm führte über Deutschland, das schon 1839 seine erste Märchenausgabe herausbrachte mit neun Nummern und dem Gedicht *Das hat Zombien*; und nach weniger als zehn Jahren schon war die Zeit reif für eine gesammelte Ausgabe von Andersens Werken auf deutsch. Sie kam bei dem Verleger Carl B. Lorck in Leipzig heraus, der dänischer Abstammung war, umfaßte 38 Bände, die späterhin bis auf fünfzig anwuchsen. Wenn auch seitdem viele neue deutsche Übersetzungen aufgetaucht sind, so wird für gewöhnlich Lorcks große Ausgabe zu Grunde gelegt. Sie gilt als der klassische Haupttext. Nach England, Frankreich wie auch nach Italien kamen die Märchen in den vierziger Jahren und erlangten namentlich in England, da Andersen in seiner geistigen Form mit Dikkens Ähnlichkeit hatte, große Verbreitung. Obwohl es an französischen Ausgaben nicht gemangelt hat, so ist Andersens Popularität im Vaterlande von Pascal und Racine ein wenig problematisch gewesen – er ist nach gallischem Geschmack un peu trop enfantin gewesen. In Italien hat er sich allem Anschein nach erst in diesem Jahrhundert durchgesetzt mit den *40 novelle*, die, von Maria Pezzé-Pascolatos übersetzt, 1953 in der siebzehnten Auflage herauskamen.

Als der Dichter 1875 70 Jahre alt wurde, beglückte sein dänischer Verlag ihn mit einer Ausgabe der *Geschichte einer Mutter* in den damals vorhandenen fünfzehn Übersetzungen. Anläßlich des hundertfünfundzwanzigjährigen Jubiläums desselben Verlages 1944 wurde *Des Kaisers neue Kleider* in 25 verschiedenen Sprachen herausgegeben. Aber man darf annehmen, daß die Märchen bis heute in etwa hundert verschiedene Sprachen übersetzt vorliegen; und war auch bei den romanischen Völkern nicht immer eine unmittelbare Sympathie für den nordischen Barden zu spüren, so haben dagegen die slavischen Stämme eine erstaunliche Begeisterung an den Tag gelegt. Als einzelner Beweis dafür, daß immer neue Übersetzungen herauskommen, mag eine offizielle russische Statistik von 1954 gelten, nach welcher Andersen in der Sowjetunion seit 1918 mit 185 Titeln in 6 836 000 Exemplaren in 32 Sprachen gedruckt worden ist.

So unbestreitbar die globale Verbreitung ist, so ist es dennoch zweifelhaft, ob man ringsum in der Welt diesen Märchenschatz immer nach Verdienst bewertet, was damit zusammenhängen mag, daß viele Übersetzungen im Hinblick auf die genaueste Wiedergabe mancherlei zu wünschen übrig lassen. Sieht man auch von gutgemeinten, aber mißverstandenen Bearbeitungen im Dienste der Pädagogik ab, von schlechten Bildausgaben und reinen Spekulationsprodukten mit skandalösen «Verschlimmbesserungen», so können auch die ernstzunehmenden Ausgaben bisweilen nur so eben hingehen, was in vielen Fällen zweifellos darauf zurückzuführen ist, daß nicht aus der Originalsprache übersetzt wurde, sondern aus einer oder gar mehreren anderen Sprachen als Zwischenglied. Wenn die künstliche Nachtigall (in der *Nachtigall*) auf englisch den Titel eines High Imperial A f t e r - D i n n e r Singer erhält, obwohl sie bei Andersen zum «Hochkaiserlichen Nachttischsänger» ernannt wird (High Imperial B e d s i d e - T a b l e Singer), so kommt das daher, daß aus dem Deutschen übersetzt und der Nachttisch mit dem Nachtisch verwechselt wurde.

Aber in vielen anderen Fällen ist Andersens eigentümliche Schreibweise mit den feinen, fast unmerklichen Nuancen und Übergängen im Grunde unübersetzbar. Nur der Sinn wird in den fremden Sprachen wiedergegeben, die Melodie geht flöten. Viele Übersetzungen erinnern daher an Prosawiedergaben von Gedichten. Aber deswegen war es strenggenommen nicht notwendig, daß eine neugriechische Märchenausgabe in das entgegengesetzte Extrem verfiel und die *Geschichte einer Mutter* in Versen wiedergab, ebenso wenig wie eine moderne amerikanische Spielart von dem *Kleinen Mädchen mit den Schwefelhölzern* damit schließen mußte, daß das Kind gefunden und in ein behagliches Haus geführt wird mit Feuer im Kamin und einer Gans auf dem Tisch, anstatt wie bei Andersen vor Kälte zu sterben. Alle derartige Umdichtungen, Kürzungen, Änderungen könnten darauf hindeuten, daß Andersens kleine Kunstdichtungen das gleiche Schicksal erlitten hätten wie die alten Volksmärchen: Sie haben sich vom Dichter losgerissen und leben auf

14

eigene Faust (und nach dem Geschmack und Gutdünken des Übersetzers) weiter. Andersen ist Klassiker geworden, jedoch nicht im Sinne Oscar Wildes: ein Dichter, den alle kennen, aber keiner liest, sondern vielmehr umgekehrt: ein Dichter, den alle lesen, aber keiner kennt.

Er selbst zweifelte nicht daran, daß er erkannt (anerkannt) werden würde, wie er sagte. Aber er ahnte nicht, daß es die Märchen sein sollten, die ihm die Welt erschließen würden, *diese Belanglosigkeiten*, wie er sie ein wenig herablassend nannte, und als der zweite große Hans Christian jener Zeit, nämlich Örsted, der Naturforscher, Entdecker des Elektromagnetismus, zu ihm sagte: «Sollten Ihre Romane Sie berühmt machen, so werden Ihre Märchen Sie unsterblich machen», da widersprach er. Aber es war Örsted, der recht behalten sollte. Weshalb? Wie lautet die Erklärung für diesen fabelhaften Erfolg? Märchen zu schreiben, war zu jener Zeit durchaus keine Ausnahme, sondern eher die Regel, und als Andersen in diesem Genre zu arbeiten begann, brach er nicht etwa radikal mit der literarischen Tradition, sondern folgte lediglich der Mode. Warum sollten dann ausgerechnet seine Märchen den größten Ruhm erlangen? Zwar entwickelte er eine originelle Form, aber die Lebensanschauung, die er aussprach, fiel ganz mit der zusammen, die zu seiner Zeit gang und gäbe war.

Die literarische Idealfigur der Romantik war Aladdin aus «Tausend und eine Nacht», der arme Schneidersohn, der mit Hilfe des Geistes der wundersamen Lampe die Tochter des Sultans erringt und über alles Volk hinausgehoben wird. Von dieser Gestalt hatte Adam Oehlenschläger zu Beginn des Jahrhunderts ein farbenprächtiges Märchenspiel geschaffen, das des jungen Andersen Lieblingsbuch wurde, und in wie vielen Abwandlungen hat er nicht seither selber dies Lieblingsthema durchgespielt und diesen Prototyp verherrlicht? Vornan in seinem ersten Märchenheft steht *Das Feuerzeug*, das einfach die fünensche Ausgabe von Oehlenschlägers orientalischem Motiv ist. Als letzter in der Reihe seiner Romane steht *Glücks-Peer*, und der ist schlechthin eine moderne Aladdin-Ausgabe, in der der Held, das gefeierte Genie, stürmischen Erfolg mit seiner Oper von Aladdin erntet, deren Hauptrolle er in der Uraufführung selber singt, worauf er, mitten im Beifallssturm, stirbt. So ist Andersens große Dichtung von dieser Aladdin-Geschichte eingerahmt, bezeichnenderweise die einzige, die der *Tannenbaum* kennt und niemals müde wird, den Mäusen zu erzählen, wenn auch in größter Abkürzung: *Klumpe-Dumpe, der die Treppe herunterfiel und doch zuletzt obenan saß und die Prinzessin bekam.*

Aber – und das ist das Entscheidende – die Aladdin-Fabel war für Andersen nicht nur ein Motiv zum Dichten, ein Fadenende, an dem er weiter spinnen konnte, sondern die Summe seiner Lebenserfahrung. In rührender Art und Weise identifizierte er sich frühzeitig mit der Märchengestalt. Als er, ein zwanzigjähriger Schüler, Gast des Kommandeur-Ka-

Der Dichter Adam Gottlob Oehlenschläger.
Gemälde von J. L. Lund, 1809

pitäns Wulff in dem Palais des Schlosses Amalienborg war, in dem heute der König Frederik IX. residiert, mußte er zu Aladdins Worten Zuflucht nehmen, um seine Gefühle auszudrücken, als er auf den Schloßplatz hinunterblickte:

> *Dort unten ging ich als ein armer Knabe*
> *Allsonntäglich, wenn man es mir erlaubte,*
> *Und sah verwundert zum Palast des Sultans auf.*

Dieser naive Vorgang trägt ebenfalls dazu bei, Andersens Sonderstellung in seiner Zeit zu beleuchten. Für die Mehrzahl der Romantiker war das Märchengenre ein Spiel der Phantasie, eine Entschädigung für die Wirklichkeit durch den Traum, aber für Andersen war es brutale und herrliche Wirklichkeit: Armut, Erfolglosigkeit, Kampf, Ruhm, Unsterblichkeit.

Sein Leben besitzt eine Spannweite wie kaum eine zweite Schriftstellerbiographie. Er liebte es, Geschichten zu erzählen, aber eine Geschichte gab es, die stellte er über alle übrigen, nämlich die von seiner eigenen, erstaunlichen Lebensbahn, die im äußersten Dunkel entspringt und bis zum Strahlenkranz des Weltruhms hinansteigt. Die Mutter war zweifelhafter Herkunft, halbwegs Analphabetin, und endete als trunk-

Der Naturforscher Hans Christian Örsted.
Gemälde von C. H. Jensen

süchtiges Wrack: der Vater war ein Phantast, der Großvater väterlicherseits geisteskrank und den Gassenjungen in Odense Gegenstand des Gelächters, eine Halbschwester, außerehelich geboren, scheiterte in der Hauptstadt, eine Schwester der Mutter war ebendaselbst Bordellwirtin ... Aus diesem proletarischen Abgrund stieg Andersen bis zu den Zinnen der menschlichen Gesellschaft empor, wurde ständiger Gast auf dänischen Gütern, verkehrte als Hausfreund bei den vornehmsten Geschlechtern des Landes, genoß die Gunst des Königshauses, trat als gefeierter Dichter in Berlin und London auf, wurde von ausländischen Fürsten empfangen, fand eine zweite Heimat bei dem Großherzog Karl Alexander von Sachsen-Weimar-Eisenach, freundete sich mit Charles Dickens an und wurde in die höchste englische Aristokratie eingeführt, wurde bei keinem Geringeren als dem Außenminister, dem namhaften Lord Palmerston, zu Gaste geladen ... und zwar in einer Zeit, da die Klassenunterschiede viel einschneidender waren als später. Es liegt eine tiefe persönliche Wahrheit in dem Bild, das seine Märchen vom Leben zeichnen. Aladdin ist für ihn nicht Dichtung, sondern Realität.

Dem Anschein nach ist seine Produktion sehr vielseitig, enthält Proben von den meisten Dichtungsarten und hat allein innerhalb des Märchens eine Personengalerie, die selbst die von Balzac übertrifft, aber in

Wirklichkeit handelt das meiste, was er geschrieben hat, von ihm selber. Ein paar von seinen größten Schauspielen, *Der Mulatte* und *Das maurische Mädchen*, sind diskrete Umschreibungen seiner eigenen Paria-Situation. In den impressionistisch schillernden Reisebüchern ist es sein eigenes Ego, welches das Rückgrat bildet. Die wichtigsten von den Romanen sind verbrämte Selbstbiographien, und was sind einige der berühmtesten Märchen wie *Das häßliche Entlein* und *Der Tannenbaum* anderes? Viele der kleinen Geschichten, die nicht als Abwandlungen dieses Lieblingsthemas aufzufassen sind, enthalten dafür einen Reichtum an persönlichen Motiven. Man wird daher verstehen, daß er eine erschöpfende Lebensschilderung als *den besten Kommentar zu meiner Dichtung* ansah.

Er hat denn auch seine Memoiren geschrieben – nicht einmal, sondern mehrmals. Eigentlich beginnt die Reihe der selbstbiographischen Arbeiten schon mit dem Prolog zu seinen pseudonymen *Jugendlichen Versuchen*, mit denen der siebzehnjährige Dichter den Lesern sich selbst und seine Geschichte vorstellt. Und noch in seinem Sterbejahr ist in seinem Tagebuch folgende Bemerkung zu finden: *Heute habe ich an meiner Lebensgeschichte geschrieben.* Das heißt, daß er von seinem Erstauftreten bis zu seinem Tode damit beschäftigt ist, diese wunderbar schöne Geschichte zu erzählen von dem armen Schusterssohn aus Odense, der ein weltberühmter Dichter wurde. Zu Beginn der dreißiger Jahre des vorigen Jahrhunderts schrieb er für einen engen Kreis von Freunden sein sogenanntes *Lebensbuch*, das erst ein Jahrhundert später (1926) gedruckt wurde. In den vierziger Jahren bescherte er der Öffentlichkeit die erste ausführliche Darstellung seines Lebens, für sein großes deutsches Publikum näher bezeichnet: *Das Märchen meines Lebens ohne Dichtung* (1847), ein Buch, das großes Aufsehen erregte und noch im selben Jahr ins Englische übertragen und danach in USA neu aufgelegt wurde. Leider vermittelt dieses sehr verbreitete Buch nur eine mangelhafte Vorstellung von Hans Christian Andersens arabeskenhafter Prosakunst, weil es im Inhalt und auch in der Form von Edvard Collin durchkorrigiert und «normalisiert» worden ist.

Den besten Eindruck von dem Autobiographen Andersen gewinnt man jedoch nicht aus diesen Erinnerungsblättern, sondern aus der weit ausführlicheren Darstellung, die er mit dem *Märchen meines Lebens* seinen Landsleuten in den fünfziger Jahren des vorigen Jahrhunderts schenkte. Es kam kurz nach seinem 50. Geburtstag 1855 heraus, ein Hauptwerk nicht nur unter seinen Memoiren, sondern in seinem gesamten Schrifttum. In einem Brief an die Freundin Henriette Wulff vom 13. Oktober 1854 erzählt er über die Arbeit an der neuen Biographie und beleuchtet gleichzeitig seine Arbeitsweise überhaupt:

Meine Tätigkeit geht so wunderlich in Rucken vorwärts, wie man es nennt; ich kann lange Monate verläppern. Es ist ein Ausruhen oder, wenn man so will, ein Schlaf, in dem es den geistigen Kindern ebenso ergeht wie den leiblichen: sie wachsen im Schlaf; mit einem mal bin ich so emsig bei der Arbeit, als gelte es das Leben, als hätte ich nur noch Stunden zu leben, in denen alles fertig werden muß, und da kann ich beinahe den Leib zerstören. So ist mir in den letzten sechs bis acht Wochen zumute; ich glaube, daß ich jahrelang nicht so viel getan habe, und in all dieser Zeit ist mein Gemüt schwer gewesen, oft krankhaft. Ich kann jetzt anfangen, ein Ende der Arbeit abzusehen, und im selben Augenblick sprießen neue Ideen und Gedanken auf, und dann reißt der Strom mich mit sich. Meine Biographie war auf deutsch und englisch nur eine Skizze; jetzt ist sie etwas bedeutender, sie ist «ein Menschenleben». Je mehr sie sich während des Niederschreibens ausgerundet und für mich eine zunehmende Bedeutung erhalten hat, desto eifriger war ich darauf bedacht, auszustreichen, hinzuzufügen, abzurunden; mir ist, als könnte ich niemals damit fertig werden; immer kehre ich wieder zurück, und so werden mir die Tage verschlungen.

Das Märchen meines Lebens ist also nicht nur eine Fortsetzung des *Märchens meines Lebens ohne Dichtung* mit einem ergänzenden Kapitel über die Jahre 1847 bis 1855, sondern eine grundlegende Umarbeitung, wobei der Umfang bis fast auf das Doppelte angeschwollen ist. Aber noch war Andersen mit seinem Lebensbericht nicht fertig. Eine amerikanische Übersetzung vom *Märchen meines Lebens* erweiterte er durch eine Schilderung der dreizehn Jahre von 1855 bis 1867, wodurch er mit dem Bericht von dem *schönsten Fest* seines Lebens einen wirkungsvollen Schlußstrich ziehen konnte: der Ernennung zum Ehrenbürger von Odense, anläßlich deren die Geburtsstadt illuminiert wurde und damit eine alte Prophezeiung in Erfüllung ging. Das Märchen hatte nunmehr seinen rechten End-Höhepunkt gefunden.

Denn die Sache ist die: Auch für die Erinnerungen hat, wie schon der Titel zeigt, das Märchen die Gußform abgegeben. Die Darstellung ist mit anderen Worten, wie Andersen es selber von seinen Anekdoten sagte, *etwas gruppiert* und hätte also als Untertitel Goethes genialen Titel «Dichtung und Wahrheit» haben können; nicht nur, weil Memoiren nun einmal nur auf der Grundlage geschrieben werden können, wie sich die Ereignisse aus der Erinnerung undeutlich herausschälen, sondern namentlich, weil *Das Märchen meines Lebens* von einer Idee getragen ist und als eine Verteidigungsschrift für seine Vita auftritt.

Wie die «Gruppierung» im Kleinen vor sich gegangen ist, erhellt aus einem Vorfall in der Jugend. Andersens erste Gedichte wurden 1827 in der «Fliegenden Post» abgedruckt, aber ohne Namensnennung, nur mit einem h – – unterzeichnet, was auch auf Heiberg hätte schließen lassen können, den Herausgeber und Redakteur der Zeitschrift. Über die Aufnahme der Gedichte schreibt Andersen fünf Jahre später in dem erst in heutiger Zeit im Druck veröffentlichten *Lebensbuch* unter anderem:

Der Schloßplatz von Amalienborg in Kopenhagen.
Aquarell von H. G. F. Holm, um 1850

Im Hause des Kommandeurs Wulff gehörte ich wirklich wie mit zur Familie, sie waren alle so liebevoll zu mir, nur wenn die Rede auf mein poetisches Talent kam, äußerte der Kommandeur keine sonderlichen Erwartungen, er meinte auch, diese Beschäftigung lenke mich zu sehr von meinen Studien ab, so daß er sich ein wenig heftig gegen mich äußerte, was mich oftmals in verzweifelte Laune versetzte. – Daher bekam er meine Gedichte nur selten zu hören, wußte nichts von den Stücken, die in der Fliegenden Post erschienen, bevor sie dort standen. Als er die beiden ersten las und das Zeichen nicht kannte, kam er zu den anderen herunter und sagte: «Hier ist die Fliegende Post, da ist heute was Gutes drin!» – Und nun sagte Fräulein Jette (die Tochter) *mit Triumph «und es ist von Andersen».*

Eine gute Geschichte. Aber etwa 25 Jahre später ist sie viel besser, als sie im *Märchen meines Lebens* auftaucht mit ein paar interessanten Ausbauten, wodurch sie schärfer hervortritt:

Ich erinnere mich deutlich (!) *jenes Abends, als die Zeitung mit den beiden Gedichten kam; ich war in einem Familienkreis, wo man mir viel Gutes erwies, aber mein ganzes Dichten nur als Verseschmiederei betrachtete und es mir oft sagte, natürlich in der besten Absicht.* Der Hausherr trat mit der «Fliegenden Post» in der Hand ein und sagte mit strahlendem Blick: «Heute abend sind hier zwei ausgezeichnete Gedichte in der Fliegenden Post! das ist ein Tausendsassa, der Heiberg!», *und dann las er meine beiden Gedichte vor; mein Herz schlug höher, aber ich sagte kein Wort, aber ein junges Mädchen, das zugegen war, und das wußte, daß ich die Gedichte gemacht hatte, konnte ihre Freude über das Vergnügen, welches sie erweckten, nicht unterdrücken und sagte daher: «die sind von Andersen!» Es entstand eine große Pause – ein allgemeines Schweigen, der Hausvater sprach kein Wort, sah mich an und ging aus der Stube – Keiner sprach mehr von den Gedichten, ich stand traurig da.*

Will man versuchen, Dichtung und Wahrheit zu scheiden, so hat man eine ausgezeichnete Kontrolle in den großen Briefsammlungen und Auszügen aus Tagebüchern, die nach seinem Tode veröffentlicht wurden. Seine Korrespondenz kann sich annähernd mit der von Voltaire messen und würde in einer vollständigen Ausgabe nicht weniger umfangreich sein als die Gesammelten Schriften. Den größten Teil seines Lebens führte Andersen Journal, in dem Großes und Kleines aufgezeichnet steht (aus der Schulzeit: *Hatte das Pech, einer Spinne ein Bein auszureißen – schnitt herrlich in Mathematik ab …*), wo Seite auf und Seite ab das Pathetische und das Komische hervortreten (aus den reiferen Jahren: *Aufgestanden halb neun, herrlicher Sonnenschein, Gott, laß diesen auch mein Gemüt für Christentum und Gott erhellen! Mein Stuhlgang etwas dünn …*), und wo die vorherrschende Melancholie stellenweise durch einen Tropfen Selbstironie belebt wird (aus den letzten Jahren: *Ich bin gesättigt von Tagen – heute abend!*). Zu Hause kam es selten zu mehr als kurzen Almanachaufzeichnungen, kleinen Notizen über die Ereignisse des Tages, aber auf seinen Reisen machte er ausführliche Tagebuchaufzeichnungen, die es alle ermöglichen, seinem Tun und Lassen während großer Zeitabschnitte zu folgen, sozusagen von einem Tag zum anderen. Eine wertvolle Ergänzung – und an gewissen Stellen ein Korrektiv – für die Autobiographien.

Vor allem spürt man in den drei Gruppen der Personalia eine ganz ungleiche Grundstimmung hindurch. Während die Erinnerungen ebenso von Sonnenlicht überstrahlt sind wie *Das häßliche Entlein*, sind die Schatten, die über den Briefen liegen, tiefer – wie häufig klagt er nicht über Mißmut und Verstimmung? Selbst in dem gutgelaunten Brief an Henriette Wulff (s. S. 18) – er strahlt ja von Arbeitsfreude – klingt ein Seufzer hindurch: *… und in all dieser Zeit ist mein Gemüt schwer gewesen, oft krankhaft.* Von seinen Tausenden von Episteln sind nur wenige in einer ganz glücklichen Gemütsverfassung geschrieben worden. Und die Tagebücher sind voll von jener schwarzen Verzweiflung, die auch in Märchen wie *Der Schatten* und *Tante Zahnweh* ihren Ausdruck gefunden haben – kennte man Andersen nur aus den privaten Aufzeichnungen, würde man es sich nicht im Traum einfallen lassen, ihn als eine Aladdinfigur aufzufassen, im Gegenteil.

Weder in körperlicher noch in seelischer Hinsicht war er ein Liebling der Götter. Unaufhörlich jammert er über seine elende Gesundheit – große Teile der Tagebücher sind reinste Krankenjournale, matt, fiebrig, schwindlig, entkräftet sind Wörter, die mit freigebiger Hand über die Seiten ausgestreut sind, und unablässig wittert er Kränkungen und Zurücksetzungen, wo es keine gibt, fühlt sich reizbar, schlechter Laune, trübsinnig, erregt, fürchtet, verrückt zu werden – kein Wunder, daß diese Aufzeichnungen für psychiatrische Studien ein Leckerbissen geworden sind. Und trotz diesem allen stand das Leben vor ihm in den glänzenden Farben des Märchens. Wenn er zuweilen als Idylliker charakterisiert wird, muß man in der Tat hinzufügen, daß das Idyll, welches er herbeizaubert, durch ernstliche Krisen und innere Spannungen entstanden ist, die im *Märchen meines Lebens* allerdings nur gestreift werden, aber dafür in seinem privaten Nachlaß um so offener zu Tage treten.

Aus dem äußeren Kampf macht Andersen in seinen Memoiren keinen Hehl, im Gegenteil. Es gehört doch auch mit zur Idee des Märchens, daß der Held Ungemach zu überwinden hat. Aber der innere –? Daß er auch in sich selber Feinde zu bekämpfen gehabt hat, ist ein Thema, über das er leicht hinweggeht. Es wird zu Beginn und am Ende des Werkes angeschlagen. Die erstere Stelle stammt aus den Schuljahren in Slagelse: Es soll ein großes Fest für den gefürchteten Rektor stattfinden mit einer Rede des Bischofs, und man fordert den dichtenden Schüler auf, für diese Gelegenheit ein Lied zu schreiben. Er tut es, es wird gesungen, aber, fügt er hinzu, *ungeachtet dessen, daß ich in früherer Zeit erfreut darüber gewesen wäre, daß ich einer der Tätigen bei einer solchen Gelegenheit war, empfand ich hier just zum ersten Mal so recht die krankhafte Trübsal, die mich seither eine Reihe von Jahren verfolgte. Während des Festes ging ich auf den kleinen Kirchhof vor der Kirche, ich blieb an einem verfallenen Grabe stehen, den Namen darauf kannte ich, hier ruhte der Arzt, der Dichter Frankenau ... ich wurde seltsam wehmütig, und ich betete zu Gott, daß ich doch ein Dichter werden möge wie Frankenau oder baldigst in der Erde liegen wie er.* Größe oder Tod. Die Situation ist bezeichnend: Gerade als er einen der so heiß ersehnten Augenblicke erleben durfte, als er auf günstige Weise ins Rampenlicht vortreten, eine Rolle spielen, sich vorteilhaft bemerkbar machen konnte, da wird er von Melancholie befallen und zieht sich zurück. Ihm war in Wirklichkeit die Gabe vorenthalten, sich an den Augenblick zu verlieren und das Glück im Augenblick des Glücks zu erleben, also bar jener Eigenschaften des Naturkindes, die zu einem Aladdin gehören.

Die letztgenannte Stelle handelt von der wonnesamsten Stunde seines Lebens, der Huldigung seiner Geburtsstadt an ihn, die ohne Mißton zu erleben ihm auch nicht vergönnt sein sollte. Jetzt war allerdings kein

Schatten in seiner Seele, dafür aber hauste der getreue Quälgeist seines Körpers in ärgster Weise – damit aber der Bericht nicht komisch wirken, sondern wenigstens einen Schein von Tragikomik bewahren soll, darf man nicht vergessen, daß der frauenlose Dichter ein unersättliches Bedürfnis nach Freundlichkeit und Lob hatte, nach Huldigungen und Festlichkeit, ja, er gestand offenherzig, *nur wenn sie von allen bewundert wird, fühlt meine Seele sich glücklich; der Geringste, der dies nicht tut, kann mich mißmutig machen.* Wenn selbst das kleinste Lob von größter Einwirkung auf sein Gemüt war, so mußte es ein übermenschliches Glück gewesen sein, von den Spitzen der Gesellschaft in jener Stadt gefeiert zu werden, wo er in kümmerlichen Verhältnissen aufgewachsen war, weiter hinauf konnte er nicht gelangen:

Wie war ich glücklich, und dennoch – zum rein Himmlischen wagt der Mensch sich nicht hinaufheben zu lassen, ich sollte und mußte fühlen, daß ich nur ein armseliges Menschenkind war, durch die Bresthaftigkeit des Irdischen in Fesseln geschlagen. Ich litt an heftigem Zahnweh, das durch die Hitze hier oben und durch die Gemütsbewegungen in unleidlichem Maße anwuchs … Ich trat ans offene Fenster; alles strahlte im Fackelglanz, der Platz war ganz voll von Menschen, Lieder klangen zu mir herauf, ich war seelisch überwältigt, ich war körperlich benommen, konnte diesen Höhepunkt meines Glücks in diesem Leben nicht genießen. Das Zahnweh war unerträglich; durch die eiskalte Luft, die mir entgegen-

Scherenschnitt von H. C. Andersen

Odense, um 1820.
Lithographie von R. N. Nielsen

schlug, flammte es heftig wieder auf, und anstatt die Glückseligkeit dieser Minuten, die nie wiederkehren, so recht zu genießen, blickte ich auf das gedruckte Lied, wie viele Verse abzusingen waren, bis ich dieser Marter entrinnen könnte, die ich durch die kalte Luft an meinen Zähnen litt.

Dergleichen lebenslängliche Gebrechen psychischer und physischer Art bilden den düsteren Hintergrund zu dem lichten Lebensglauben, dem er in den berühmten Einleitungsworten des Buches Ausdruck gibt – sie enthalten zwischen den Zeilen ein quand-même:

Mein Leben ist ein schönes Märchen, so reich und hold! hätte ich, als Junge, da ich arm und allein in die Welt hinausging, eine mächtige Fee getroffen, und die hätte gesagt: «wähle deine Bahn und dein Ziel, und alsdann, der Entwicklung deines Geistes gemäß, und wie es vernünftigerweise in dieser Welt zugehen muß, werde ich dich behüten und dich führen!», mein Schicksal hätte dann nicht glücklicher, klüger und besser gelenkt sein können, als es der Fall ist. Die Geschichte meines Lebens wird der Welt sagen, was sie mir sagt: «es gibt einen liebevollen Gott, der alles zum Besten führt».

Dies ist der Grundgedanke. Das ganze *Märchen meines Lebens* ist eine Verkündung dieses Glaubens an die Vorsehung, dessen ganz undogmatischer Charakter aus der scheinbar so diffusen, aber für Andersens religiöse Vorstellungswelt so symptomatischen Gleichsetzung einer

24

mächtigen Fee mit einem *liebevollen Gott* erhellt in völliger Übereinstimmung mit den Schlüsselworten, deren er sich über sein Wesen in den Kinderjahren bedient: *Fromm und abergläubisch wuchs ich auf*, wobei das Fromme Gott entspricht, das Abergläubische der Fee; aber in seinem Bewußtsein waren es zwei Seiten ein und derselben Sache. Er glaubte an Gott wie die Wilden an ihren Glücksstern, ja, Gott war sein Glücksstern. Zwar ein Punkt am Firmament, den er in seinen späteren Lebensjahren aus den Augen verlieren konnte, aber über seiner Kindheit und Jugend, ja in allen Lebensabschnitten der Bedrängnis leuchtete er klar.

In Andersens Verhältnis zu Gott gibt es manche Facetten, aber am augenfälligsten ist sein, wenn ich mich so ausdrücken darf, privates Handelsabkommen mit dem lieben Gott, nach welchem Gott ihm den Weg ebnen soll, wogegen er seinerseits die ihm anvertrauten Fähigkeiten zur Entfaltung bringen will. In rührender Weise kommt diese Übereinkunft in einem Brief aus der Slagelseer Zeit zur Sprache, wo er sagt, daß, wenn Gott ihn erst so weit geführt habe (nämlich bis zur Lateinschule!), so könne es sich für ihn (Gott) schlechterdings nicht lohnen, ihn fallenzulassen! Es spricht denn auch ganz der gleiche Geist daraus, wenn er im Tagebuch aus dieser Zeit dem Herrgott liebenswürdigst mitteilt, daß er ihn auf eine verkehrte Weise behandle: *Gott, vergib, wenn ich über deine Wege richte, aber mit etwas mehr Milde glaube ich, daß ich geläutert werden könnte!* Dies ist seine ständige Bitte an Menschen, die hier an die höchste Adresse gerichtet ist.

Der Proletarierjunge aus Odense

Sowohl künstlerisch als auch menschlich ist der Beginn seines Lebenslaufs mit der fesselndste Abschnitt des ganzen Werkes. Künstlerisch deswegen, weil die Schilderung dieser Jahre mit ihren zahlreichen Miniaturbildern eine außerordentliche Frische bewahrt hat, menschlich, weil er nicht zuletzt durch die Zeit des Heranwachsens eine Sonderstellung unter seinen Zeitgenossen einnimmt. Der größte Teil unserer damaligen Dichter stammte aus Pfarrerfamilien, und ihre Kindheit stimmt in mancherlei Hinsicht so ziemlich überein. Was Andersen in Odense erlebt hat, war ihm allein vorbehalten. Er wußte etwas, was kein anderer wußte. Und doch hat er den Bericht von seinen Kinderjahren retuschiert, so daß er eine rosigere Färbung erhalten hat, als er in Wirklichkeit besaß. Aber das bedeutet nur, daß, wenn Andersen die ungeschminkte Wahrheit erzählt hätte, die Antithese in seiner Lebensgeschichte noch schärfer hervorgetreten wäre und die Märchenidee noch reiner gestrahlt hätte. Indes, hier hat die Rücksicht auf das Andenken der Mutter schwerer gewogen als alle Verkündigung und künstlerische Komposition.

1805 lebte in Odense in einer kleinen, ärmlichen Stube ein jungverheiratetes Paar, das sich unendlich liebte, ein junger Schuhmacher mit seiner Frau, er, kaum zweiundzwanzig Jahre alt, ein erstaunlich begabter Mensch, eine echt poetische Natur, sie einige Jahre älter, unwissend über die Welt und das Leben, aber voller Herz. Der Mann war jüngst «Freimeister» geworden und hatte selber seine Schuhmacherwerkstatt und sein Brautbett zusammengezimmert; zu diesem hatte er das Holzgestell benutzt, das kurz vorher den Sarg mit einem verstorbenen Grafen Trampe getragen hatte, der auf Parade ausgestellt lag; die schwarzen Tuchlitzen, die seitdem noch immer an dem Bettgestell saßen, waren eine Erinnerung daran. Anstelle der gräflichen Leiche, von Flor und Kandelabern umgeben, lag hier am 2. April 1805 ein lebendiges, schreiendes Kind, das war ich, Hans Christian Andersen.

Eine einzige kleine Stube, die von der Schuhmacherwerkstatt fast ganz ausgefüllt war, das Bett und die Ruhebank, auf der ich schlief, waren das Heim meiner Kindheit, aber die Wände waren mit Bildern behängt, auf der Kommode standen hübsche Tassen, Glas und Nippes, und über der Werkstatt, am Fenster, war ein Bord mit Büchern und Liederheften. In der kleinen Küche hing über dem Eßschrank das Zinnbord mit lauter Tellern, der kleine Raum erschien mir groß und reich, selbst die Tür, auf deren Füllung eine Landschaft aufgemalt war, war für mich damals ebenso bedeutungsvoll wie jetzt eine ganze Bildergalerie!

Aus der Küche kam man über eine Leiter auf den Boden hinauf, wo in der Regenrinne, zwischen unserem und des Nachbarn Haus, ein Kasten mit Erde stand, mit Schnittlauch und Petersilie darin, der ganze Garten meiner Mutter; in meinem Märchen «Die Schneekönigin» blüht er noch heute.

Wenn es heißt, die Eltern seien jungverheiratet gewesen, so ist hinzuzufügen, daß sie ganz besonders jungverheiratet waren: die Trauung fand erst etwa zwei Monate vor der Geburt des Kindes statt, und es ist zweifelhaft, ob sie nicht überhaupt erst ein Jahr später zusammenzogen. Auf alle Fälle – die Häuslichkeit, die Andersen hier schildert und in der er seine Kindheit bis 1819 verlebt hat, bekamen sie erst, als er zwei Jahre alt war.

Ganz ahnungslos über die Welt und das Leben, wie der Sohn sagt, ist die Mutter nun schwerlich gewesen. Jedenfalls bekam sie sechs Jahre zuvor im ledigen Stand eine Tochter mit einem verheirateten Töpfergesellen, der sie sitzenließ und übrigens ungefähr zur selben Zeit als Kindsvater von zwei anderen Kindern außerhalb der Ehe namhaft gemacht wurde.

Daß diese Halbschwester eine unheimliche Rolle in der Phantasie des Dichters gespielt hat, erhellt aus dem Roman *O. Z.*, in dem die Gedanken der Hauptfigur ständig um eine verschwundene Schwester kreisen. Aber sie wird nicht mit einer Silbe in den Erinnerungen erwähnt, wohl aber in den Tagebüchern, woraus man schließen kann, daß er keine Verbindung mit ihr gehabt hat, aber eine panische Furcht, daß sie ihn in der einen oder anderen Weise blamieren könnte. Als sie eines Tages im Jahre 1842 plötzlich in seinem Dasein auftaucht, vermerkt er im Tagebuch: *Im Verein gegessen, im Theater nicht wohl; sehr melancholisch; als ich nach Hause kam, fand ich einen Brief von der Tochter meiner Mutter vor; was ich in O. Z. geschildert habe, erlebte ich. Fiebrig; eine schreckliche Nacht. Sinnlichkeit und Verzweiflung erfüllten meine Gedanken.* So schlimm, wie er gefürchtet hatte, stand es nicht mit ihr. Zwar lebte sie in äußerster Armut und ernährte sich selbst und einen Mann, der mit ihr lebte und sie späterhin verließ, indem sie für Fremde wusch, aber eine Prostituierte oder Trinkerin war sie wohl kaum.

Die Mutter war selber ein uneheliches Kind, von einer Frau, die noch zwei andere Kinder mit verschiedenen Männern außerhalb der Ehe hatte. Wer Andersens Großvater mütterlicherseits war, ist nicht bekannt, aber von der Großmutter weiß man, daß sie später zweimal verheiratet gewesen ist, zuerst mit einem Schneidergesellen, dann mit einem Handschuhmachergesellen. Sie überlebte sie beide und endete ihre Tage als

Armenhäuslerin in Bogense auf Nordfünen, wo Andersen sie als Junge besucht hat, aber er erwähnt sie nie.

Auch die Schwestern der Mutter (oder richtiger die Halbschwestern) treten im *Märchen meines Lebens* nicht auf, obwohl Andersen die eine aufsuchte, als er nach Kopenhagen kam, aber sie wollte nichts von ihm wissen, und es blieb bei diesem einen Besuch. «Wärest du wenigstens ein kleines Mädchen gewesen!» soll sie zu ihm gesagt haben – sie war Bordellwirtin.

Aber von der Mutter spricht er mit großer Zuneigung (und Diskretion), und er hat auch allen Grund gehabt, sie hoch zu schätzen, denn sie war eine liebevolle Mutter, die ihren Sohn vergötterte, und eine tüchtige Hausfrau, *es war ihr Stolz, daß die Bettwäsche und die kleinen, kurzen Fenstervorhänge schneeweiß waren.*

Sie hatte eine unglückliche Kindheit gehabt: ... *als kleines Kind war sie von ihren Eltern hinausgejagt worden, um zu betteln, und da sie das nicht konnte, hatte sie einen ganzen Tag unter einer Brücke an der Odenseer Au gesessen und geweint* – man kennt die poetische Übertragung in dem *Kleinen Mädchen mit den Schwefelhölzern.* Nur gedruckte Buchstaben konnte sie lesen, aber sie hat niemals schreiben gelernt. Der Briefwechsel zwischen ihr und dem Sohn wurde durch einen Dritten bewerkstelligt – so nahe stand einer der raffiniertesten Stilkünstler des 17. Jahrhunderts dem Analphabetentum. Als ihr Mann gestorben war, heiratete sie mit etwa 50 Jahren einen wesentlich jüngeren Schuhmacher, der ihr nach vierjähriger Ehe durch den Tod wieder genommen wurde und sie in tiefster Armut zurückließ. Ihr ganzes Leben hindurch hatte sie rackern und sich placken müssen, aber jetzt war ihre Gesundheit zerrüttet, und sie hielt sich mit der Flasche hoch. 1825 landete sie in den «Doctors Hütten», dem Armenhaus von Odense, wo ihr in ihrem letzten Lebensjahr das große Erlebnis beschieden war, daß der Gouverneur von Fünen, der spätere König Christian VIII., bei einem Besuch die ärmliche Stube zu sehen wünschte, die sie mit einer anderen armen Frau teilte. «Sie haben viel Ehre von Ihrem Sohn!» sagte er, zum Glück so laut, daß auch die Nachbarin es hörte. Sie starb 1833, ein durch den Trunk zerstörtes Wrack, als der Sohn gerade auf seiner ersten großen Auslandsreise war. Bis zum letzten Augenblick hat er sich ihrer liebevoll angenommen. Die Kunde von ihrem Tod erreichte ihn in Rom, von wo aus er seinem Wohltäter, dem Konferenzrat Collin, schrieb:

So stehe ich nun ganz allein auf der Welt! Ihr Brief, den ich gestern erhielt, teilte mir den Tod meiner alten Mutter mit. Es war eine gute Tat vom lieben Gott, sie war kränklich und hilflos; Sie wissen nicht, wie viele Tränen ihre Lage in mir hervorgerufen hat, da ich fast überhaupt nichts tun konnte, um diese zu lindern, ich habe oftmals zu Gott gebetet, er möge sie zu sich nehmen. Meinen letzten Brief aus Rom hat sie nicht bekommen, aber ich weiß, daß sie in ihrer letzten Stunde für mich gebetet hat, mich

Das Andersen-Haus in Odense, der Überlieferung nach Andersens Geburtshaus

Andersens Elternhaus in der Munkemøllestræde

gesegnet hat. Mein erster Gedanke, als ich hörte, daß sie verschieden sei, war ein: Gott, ich danke dir, aber späterhin habe ich mich doch nicht recht mit dieser Seltsamkeit vertraut machen können, so ganz allein zu sein. Hier empfinde ich es doppelt, und daher werden diese Worte geschrieben, so spreche ich doch wenigstens mit Ihnen! – Seien Sie mir so gut wie immer, falls Sie das können? Noch bin ich dessen nicht unwürdig.

Der Mutter Bild erscheint an vielen Stellen in seiner Dichtung, aber den schönsten Gedenkstein hat er ihr gesetzt in der Erzählung *Sie taugte nicht*, die der Wahrheit näher kommt als die Erinnerungen, insofern als das Märchen aus ihrer Trunksucht keinen Hehl machte.

Im Gegensatz zu der sehr abergläubischen Mutter war der Vater ein nachdenklicher Mensch mit eigenen Ansichten, die ihn außerhalb seines natürlichen Milieus stellten. «Christus ist ein Mensch gewesen wie wir, aber ein ungewöhnlicher Mensch», sagte er. Und «es gibt keinen anderen Teufel als den, den wir in unserem Herzen haben», rationalistische Glaubenssätze, die sich auf den Sohn vererbten, dessen ganze Theologie in der Vorsehung und der Unsterblichkeit zusammengefaßt ist, mit dem Rest war er unzufrieden. Es kann nicht bezweifelt werden, daß der Vater nicht ganz richtig im Kopfe war, eine verschlossene, melancholische Natur, in einem Konflikt zu seiner Arbeit stehend und mit einem nebelhaften Streben in sich. Den Sommer über zog er sonntags in den Wald und saß still für sich in seinen eigenen Gedanken, während der Junge umherlief und spielte. Im Winter vergingen die Mußestunden damit, daß er Spielzeug und Bilder verfertigte – auch der Sohn wurde ein Meister darin, Papierfiguren auszuschneiden – oder aus Holberg und «Tausend und einer Nacht» vorlas, *nur dann, wenn er las, kann ich mich entsinnen, daß ich ihn habe lächeln sehen*. Er beteiligte sich lebhaft an der Napoleon-Schwärmerei jener Zeit und ließ sich als Soldat anwerben in der Hoffnung, Ehre und Größe zu erringen (und sicherlich auch aus wirtschaftlichen Gründen, der Laden ging jämmerlich), aber er war zu spät gekommen: der Kieler Friede 1814 machte seinen Träumen ein Ende. Er mußte wieder zurückkehren, ohne Ehren errungen zu haben, aber mit einer zerrütteten Gesundheit, die ihn zwei Jahre später, als der Junge elf Jahre alt war, ins Grab brachte.

Die normalste in der Familie war wahrscheinlich die Mutter des Vaters – sie litt lediglich ein wenig an liebenswürdigem Größenwahn: Wenn Andersen berichtet, daß die Großeltern eigentlich gutgestellte Bauersleute gewesen seien, mit denen es lediglich bergab gegangen sei, und daß die Großmutter von einer adligen Dame in Kassel abstammte, die mit einem «Komödiantenspieler» durchgebrannt sei, so sind es in beiden Fällen Ausgeburten der Phantasie bei der alten Frau. (Sie stammte in Wirklichkeit von einem armen Postreiter auf Fünen ab, und ihr armer Mann ist nie etwas anderes als ein schlichter Dorfschuster gewesen.) Daß sie außerdem honette Ambitionen gehabt hat, zeigt folgender kleiner Vorfall: als die Mutter bestimmt hatte, daß Hans Christian in einer Tuchfabrik arbeiten sollte, begleitete die Großmutter ihn dorthin *und war innig betrübt; sie hatte nicht gedacht, das erleben zu müssen, sagte sie, daß ich in dieser Weise zusammen mit allen diesen gewöhnlichen Jungen gehen müßte.* Mit ihren Fabeln von der glänzenden Vergangenheit der Familie und ihrer sozialen Eitelkeit hat sie zweifellos mit dazu beigetragen, die Vorstellungswelt des Knaben tief zu beeinflussen. Ihre Liebe zu ihm wurde in hohem Grade erwidert, und sowohl in dem Märchen *Die Schneekönigin* als auch im Roman *Glücks-Peer* ist sie als der Inbegriff von Milde und Herzlichkeit, als Begriff des Großmütterlichen schlechthin verewigt.

Sollten die kleinen Schwächen dieser Frau einer Entschuldigung bedürfen, so genügt es, wenn man an ihren geisteskranken Mann denkt, den Schrecken des Jungen: *Vor dem geistesschwachen Großvater hatte ich eine große Angst; nur ein einziges Mal hatte er mit mir geredet und dabei die mir ungewohnte Anredeform «Sie» gebraucht; er schnitzte seltsame Figuren in Holz, Menschen mit Tierköpfen, Tiere mit Flügeln und sonderbare Vögel; diese packte er in einen Korb und ging damit aufs Land hinaus, wo die Bauersfrauen ihn überall bewirteten, ja ihm Grütze und Schinken mit nach Hause gaben, weil er ihnen und ihren Kindern das kunstvolle Spielzeug schenkte; eines Tages, als er wieder nach Odense zurückkam, hörte ich die Gassenjungen laut hinter ihm herschreien; vor Angst versteckte ich mich hinter einer Treppe, während sie vorüberstoben; ich wußte, ich war von seinem Fleisch und Blut.*

Aus anderer Quelle ist bekannt, daß der verworrene Mann sich in einem seltsamen Aufzug auf der Straße zu zeigen pflegte, mit einem großen Dreispitz aus Papier auf dem Kopf oder mit Blumen und Zweigen behängt und aus voller Kehle singend. Was ihm eigentlich fehlte und wieso die Krankheit ausbrach, ist ungewiß, sicher aber ist es, daß dies Schicksal einen schauerlichen Eindruck auf den Enkel gemacht und ihm sein ganzes Leben lang nachgegangen ist. Schon als Junge mußte er hören, wie seine phantastischen Mären von einem Schulkameraden mit folgenden Worten bedacht wurden: «Er ist verrückt ebenso wie sein Großvater!» In den Tagebüchern aus den Jugendjahren kann man wiederholt über seine Angst, verrückt zu werden, lesen. Im Alter stellte er mit Entsetzen fest, daß er dem Großvater im Aussehen ähnlich war, und in seiner besten Zeit, den vierziger Jahren, machte der Anblick eines geistesschwachen Mannes einen ganz erschütternden Eindruck auf ihn, was nur aus einer steten, insgeheimen Angst zu erklären ist. Es war auf einer Reise nach Odense, daß *ich einen armen, halbblöden Burschen vor meinen Fenstern sah; er hatte ein edel geformtes Gesicht, die Augen waren glanzvoll, aber über dem ganzen Menschen lag etwas Gestörtes, und die Jungen foppten und hetzten ihn. Ich dachte dabei an mich selber, an meine Kindheit, meinen geistesschwachen Großvater; wenn ich in Odense ge-*

blieben wäre, dort in die Lehre gekommen wäre, wenn die Kräfte der Phantasie, die mich damals erfüllten, nicht durch die Zeit und Verhältnisse gezügelt worden wären, oder wenn ich nicht gelernt hätte, mit meiner ganzen Umgebung zu verschmelzen, wie würde ich dann wohl angesehen worden sein? Ich weiß nicht, aber beim Anblick dieses unglücklichen, gehetzten Blödlings vor meinem Fenster klopfte mein Herz heftig, mein Gedanke und mein Dank stiegen zu Gott empor für seine Gnade und Liebe gegen mich.

Andersen wußte wohl, daß er keine scharfe Grenze zwischen Phantasie und Wirklichkeit zog, oder richtiger, daß seine Grenze nicht mit der normalen zusammenfiel, daher rührt das Geniale in ihm. Aber hier erkennt er, daß die Genialität unheimlich dicht neben dem Galimathias liegt. Wenn er sich auf die richtige Seite hinübergerettet hat, so gebührt Gott allein die Ehre.

Aber der Großvater war keineswegs das einzige unheimliche Andenken aus den früheren Jahren. Sowohl das Zuchthaus von Odense als auch das Irrenhaus gehörten zu der Welt seiner Kindheit, und Erlebnisse aus diesen Häusern haben seinen zarten Kinderjahren noch weitere düstere Farben aufgesetzt:

Eine meiner ersten Erinnerungen, an sich so geringfügig, aber für mich von Bedeutung durch die Stärke, mit der die kindliche Phantasie sie gewissermaßen in die Seele eingebrannt hat, war ein Familienfest, und wo? – An einem Ort in Odense, in dem Gebäude, zu dem ich von außen mit Schrecken und Angst hingeblickt habe, wie der Pariser Junge, denke ich mir, zur Bastille hinaufgeschaut hat – das war das Zuchthaus von Odense. Meine Eltern kannten den Pförtner dort; sie wurden von ihm zu einem Familienfest eingeladen, und ich mußte mit; ich war damals noch so klein, daß ich, wie man hören wird, getragen wurde, als ich nach Hause sollte. Das Zuchthaus von Odense war für mich gleichsam das Versteck für Diebs- und Räubergeschichten; oftmals stand ich, natürlich in großer Entfernung, draußen und hörte zu, wie Männer und Frauen dort drinnen sangen, während sie am Spinnrocken spannen.

Ich ging mit meinen Eltern zu dem Familienfest des Pförtners; das große, eisenbeschlagene Tor wurde mit dem Schlüssel an dem rasselnden Schlüsselbund geöffnet und wieder abgeschlossen, wir gingen eine steile Treppe hinan; es wurde gegessen und getrunken, zwei von den Gefangenen bedienten bei Tisch – ich war nicht dazu zu bewegen, etwas zu kosten, selbst die süßesten Dinge wies ich zurück – meine Mutter sagte, ich sei krank, und ich wurde auf ein Bett gelegt, aber ich hörte den Spinnrocken dicht daneben schnurren und hörte lustige Weisen; ob es in meiner Phantasie gewesen ist oder in der Wirklichkeit, kann ich heute nicht sagen, aber das eine weiß ich, daß ich von einer Angst gepackt war, einer Spannung und dennoch in einer angenehmen Stimmung, so als sei ich in das Schloß der Räubergeschichten eingetreten. – Spät am Abend gingen meine Eltern

Das Zuchthaus von Odense, um 1810

heim, ich wurde getragen, das Wetter war rauh, der Regen platschte mir ins Gesicht.

Wenn diese Stelle auch lediglich zur Beleuchtung von dem Kindheitsmilieu des Dichters angeführt wird, kann man sich doch sehr wohl das Vergnügen gönnen, sein Augenmerk auf die Regenwetterstimmung in der letzten Zeile zu richten. Man begreift es sehr gut, wenn die Zeitgenossen das Naturbild als seine besondere dichterische Domäne bezeichneten. Er war ein Meister darin, seine Erinnerungen in Wetter einzuwickeln.

Die Großmutter hatte einen Garten in der Nähe des «Krankenhauses» zu besorgen, und hier war der Junge gewöhnt, aus und ein zu gehen und die im Freien spazierengehenden, ungefährlichen Patienten zu sehen, aber das Gebäude, wo die «Tollen» eingesperrt waren, zog ihn mit magnetischer Gewalt an:

Ein langer Gang führte zwischen den Zellen dahin; auf diesem hatte ich mich eines Tages hingehockt und lugte durch den Türspalt; drinnen saß ein nacktes Frauenzimmer auf einem Haufen Stroh, ihr Haar hing ihr über die Schultern hinab, und sie sang mit einer ganz herrlichen Stimme; plötzlich sprang sie auf, stürzte mit einem Schrei auf die Tür zu, vor der ich lag, der Wärter war fortgegangen, ich ganz allein, sie haute so heftig gegen die Tür, daß die kleine Luke gerade über mir, durch die ihr das Essen hineingereicht wurde, aufsprang, sie sah von dort zu mir hinunter,

33

streckte einen ihrer Arme nach mir aus; ich schrie vor Grauen und drück-
te mich fester an den Fußboden. Dieser Anblick und dieser Eindruck sind
noch immer nicht aus meiner Seele getilgt. Ich fühlte, wie ihre Fingerspit-
zen meinen Anzug berührten; ich war halbtot, als der Wärter kam.

Er hat in der Tat bessere Voraussetzung gehabt als manch andere,
den ästhetischen Forderungen der Romantik nach «interessanten», «originellen» und «bizarren» Personen nachzukommen. An Gestalten dieser
Art ist denn auch in seinen Romanen kein Mangel. Was aber diese
Kindheitsschilderungen so bemerkenswert macht, ist einerseits die Ge-
nauigkeit, mit der sie sich in seiner Erinnerung erhalten haben, und an-
dererseits die Heftigkeit, mit der er auf schaurige Eindrücke reagiert.

Stellen Zuchthaus und Irrenhaus dergestalt die Schattenseiten seiner
Kindheit dar, so sind die freundlichen Erinnerungen aus den Odenseer
Jahren mit einem dritten Gebäude der Stadt verknüpft: dem Theater, das
ihn allmählich völlig verzauberte und seine Phantasie in eine bestimmte
Richtung wies.

Seine verträumte Natur nahm frühzeitig Gestalt an: Mit den anderen Jungen in der Armenschule kam er fast gar nicht zusammen, am
liebsten saß er zu Hause und spielte mit dem Puppentheater, das der
Vater für ihn verfertigt hatte, und nähte Puppensachen, *ich saß auch mit*
Vorliebe auf dem Hof neben dem einzigen Stachelbeerstrauch, der dort
stand, und hatte von der Mauer, mit Hilfe eines Besenstiels, meiner Mutter
Schürze ausgespannt. Das war mein Zelt in Regen und in Sonne, hier saß
ich und schaute in die Blätter des Stachelbeerstrauchs, die ich in ihrer Ent-
wicklung von Tag zu Tag verfolgte, von den kleinen grünen Knospen, bis
sie zu großen gelben Blüten sich entfalteten; ich war ein sonderbar ver-
träumtes Kind, und wenn ich umherging, pflegte ich meistens die Augen
zuzumachen, so daß man meinte, ich könne schlecht sehen, ungeachtet
dessen, daß gerade das Augenlicht merkwürdig scharf bei mir war und
noch ist.

Gleichzeit hatte er einen heftigen Drang, zu schauspielern, Geschichten zu erzählen, zu deklamieren und zu singen. Bei einer Pfarrers-
witwe in der Nachbarschaft las er *Shakespeare*, der unverzüglich in das
Repertoire seines Puppentheaters aufgenommen wurde. Der Plakatverteiler am Theater der Stadt schenkte ihm Programme, so daß er zu Hause mit Hilfe der Personenliste das ganze Schauspiel dichten konnte.
Schritt für Schritt sollten sich seine Wachträume und Phantasien immer
stärker dem Dramatischen zuneigen. Das Theater wurde das Ziel seines
Strebens, und als das Königliche Theater in Kopenhagen im Sommer
1818 in Odense ein Gastspiel gab, bei dem er dank der Bekanntschaft
mit dem Plakatverteiler als Statist mitwirken durfte, gab es für ihn keinen Zweifel mehr: Seine Zukunft lag am Theater, und in Kopenhagen
mußten die Lorbeeren errungen werden. Sobald er im darauffolgenden
Jahre die Konfirmation hinter sich gebracht hätte, wollte er aufbrechen.

Da meine Mutter jetzt auf das Entschiedenste verlangte, daß ich in die Schneiderlehre gegeben werden sollte, bettelte und quälte ich sie, mich doch lieber nach Kopenhagen, das damals in meinen Augen die größte Stadt der Welt war, reisen und dort mein Glück versuchen zu lassen.

«Was soll dort aus dir werden?» fragte meine Mutter.

«Ich will berühmt werden!» antwortete ich und erzählte ihr, was ich über merkwürdige Männer gelesen hatte, die in Armut geboren waren. «Man macht zuerst so gräßlich viel Böses durch», sagte ich, «– und dann wird man berühmt!» Es war ein völlig unerklärlicher Trieb, der mich be-

Die Lateinschule (links am Klingenberg in Odense. Andersen, der die Armenschule besuchen mußte, schrieb später über sie: «Ich fühlte immer einen innigen Drang, mich den Schülern der Lateinschule zu nähern, die ich damals für etwas Besseres ansah als die anderen. Wenn sie auf dem Hof spielten, stand ich draußen am Holzzaun, schaute hinein und wünschte, ich wäre unter den Glücklichen...»

herrschte. Ich weinte, ich bettelte, und schließlich gab meine Mutter nach, ließ aber doch erst noch eine alte, sogenannte «weise Frau» aus dem Krankenhaus holen und diese aus Karten und Kaffeesatz das Los meiner Zukunft voraussagen.

«Ihr Sohn wird ein großer Mann!» sagte die Alte. «Zu seinen Ehren wird dereinst die Stadt Odense illuminiert werden!» Meine Mutter weinte, als sie das hörte, und hatte nun nichts dagegen, daß ich fortzog. Alle Nachbarn, jeder, der davon hörte, sprach mit meiner Mutter und sagte, es sei reinweg furchtbar, mich, der ich erst vierzehn Jahre alt war und in allen Stücken noch ganz Kind, nach Kopenhagen wandern zu lassen, das so viele Meilen fort liege und eine große, wüste Stadt sei, wo ich niemand kannte. «Ja, er läßt mir keine Ruhe!» antwortete sie. «Ich habe ihm erlauben müssen, fortzugehen, aber es macht nichts, ich bin gewiß, er kommt nicht weiter als bis Nyborg; wenn er die wilde See dort sieht, kriegt er bestimmt Angst und kehrt wieder um, und dann muß er in die Schneiderlehre!»

Die Geschichte mit der Wahrsagerin ist zwar wunderbar, aber nicht ganz richtig. Daß sie zu Rate gezogen wurde, wird schon im *Lebensbuch* erzählt, aber nur beiläufig und nicht in Verbindung mit dem Aufbruch. Dagegen hatte der französische Literat Xavier Marmier in der «Revue de Paris» 1837 ein Essay über Andersen veröffentlicht mit dessen bereitwillig gegebenen Aufschlüssen als Grundlage, und da der Franzose auf nordische Folklore versessen war, schmückte er die Episode mit der Wahrsagerin zu einer Glanznummer aus und setzte sie an die Stelle, wo der Junge von Hause fortgeht, ein hübsches Arrangement, das vom Dichter gebilligt und dann im *Märchen meines Lebens* so dargestellt wurde, daß auf Grund der Prophezeiung die Erlaubnis zur Reise erwirkt wurde. Eine harmlose «Gruppierung» zugunsten der Märchenkomposition des Buches mit der Prophezeiung im Einleitungskapitel und deren Erfüllung im Schlußkapitel.

Mit Recht hat er sich selbst darüber gewundert, was ihn eigentlich dazu getrieben hat, aufzubrechen und sich in ein mehr als zweifelhaftes Abenteuer zu stürzen, mit dreizehn zusammengesparten Reichsthalern in der Tasche: *Es war ein völlig unerklärlicher Trieb, der mich beherrschte*, sagt er, und viel näher können seine Interpreten der Sache auch nicht kommen. Er hatte durch sein Singen Aufsehen erregt, durch seine Dichtereien und seinen Lesedrang und hatte sich Gönner in der Stadt erworben, aber sie waren sämtlich gegen die Reise. Als er zu dem lokalen Matador ging, dem Buchdrucker Iversen, um sich von ihm ein Einführungsschreiben an die Solotänzerin Madame Schall in Kopenhagen auszubitten, wurde ihm noch einmal auf das bestimmteste von der Reise abgeraten. *«Ich solle ein Handwerk lernen»*, sagte er. *«Das wäre wirklich ein großer Jammer!» antwortete ich*, eine phantastische Antwort, die, sollte sie überhaupt der Wahrheit entsprechen, nur verständlich ist im Hinblick auf seinen felsenfesten Glauben an seinen Glücksstern. Er mußte fort. Und endlich kam die Abreise:

Meine Mutter packte ein kleines Bündel Sachen zusammen, sprach mit dem Postkutscher, ob ich als blinder Passagier mit nach Kopenhagen fahren könnte; das ließ sich machen, ich sollte nur drei Reichsthaler für die ganze Reise bezahlen. Der Nachmittag, da ich aufbrechen wollte, kam endlich heran; meine Mutter begleitete mich traurig zum Tor hinaus; hier stand die alte Großmutter; in der letzten Zeit war ihr wunderschönes Haar grau geworden, sie schlang ihre Arme um meinen Hals, weinte, ohne ein Wort zu sagen; ich war selber herzinnig betrübt – so trennten wir uns; ich sah sie nie wieder; sie starb im folgenden Jahr – ich kenne ihr Grab nicht, sie liegt auf dem Armenfriedhof.

Der Postillion blies, es war ein schöner, sonniger Nachmittag, und bald schien die Sonne in mein leichtes, kindliches Gemüt hinein; ich freute mich an all dem Neuen, das ich sah, und ich reiste ja dem Ziel meiner Wünsche entgegen; aber als ich bei Nyborg auf den Großen Belt hinauskam und das Schiff von meiner Heimatinsel wegfuhr, fühlte ich so recht, wie allein und verlassen ich war, und daß ich niemand hatte als Gott im Himmel. – Sobald ich in Seeland Land betrat, ging ich hinter einen Schuppen am Strand, fiel auf meine Knie und betete zu Gott, mir zu helfen und mich zu geleiten; ich fühlte mich dadurch getröstet, baute so fest auf Gott und mein Glück – und dann fuhr ich den ganzen Tag und die nächste Nacht durch Städtchen und Dörfer ...

Gott und mein Glück. Ebenso wie das ganze Werk von der Wahrsagegeschichte eingerahmt wird, schließt diese Kindheitsschilderung, wo sie begann: bei der Vorsehung.

«Ich will berühmt werden!» hatte er zur Mutter gesagt, und an diesem Ziel hielt er das ganze Leben hindurch fest und verfolgte es konsequent. Unverhüllt und in einer etwas grelleren Beleuchtung tritt es in einem Brief Ende der dreißiger Jahre hervor:

Nach und nach glänzt mein Name doch auf, und das ist auch das einzige, wofür ich lebe! Ich (trachte) nach Ehre wie der Geizige nach dem Klang des Goldes: beides ist zwar leer; aber für etwas muß man sich in dieser Welt doch begeistern, sonst fällt man ganz zusammen und verfault!

Hier ist das Leben allerdings seiner Märchen-Aura beraubt, und der liebe Gott hat ausnahmsweise dem ungeschminkten Ehrgeiz weichen müssen. Aber das Ziel ist ständig dasselbe: Ruhm. Nicht ein Ruhm, der ihm Einfluß, Macht oder Reichtum verschaffen sollte, dergleichen war ihm einerlei. Doch auch nicht Ruhm um des Ruhmes selber willen, sondern ein Ruhm, der dem Leben einen Sinn verlieh, der bestätigte, daß es ein Märchen war, der bewies, daß es einen Gott gab, der alles zum Besten führte – *sonst fällt man zusammen und verfault.* Vorsehungsglaube oder Verzweiflung.

Es ist überhaupt erstaunlich, in welchem Grade diese kleinen Bilder aus der Kindheit den ganzen Hans Christian Andersen enthalten. Er, der keine Ahnung haben konnte, in welchem Maße spätere Generationen verstanden, wie wesentlich die ersten Jahre für die Bildung der Persönlichkeit sind, hat mit künstlerischer Intuition seine Erinnerungen aus den frühen Jahren gestaltet, so daß sein ganzer Charakter mit fast geheimnisvoller Klarheit hervortritt. Welch eine Perspektive liegt zum Beispiel über der berühmten Szene auf dem Felde:

An diesem oder jenem Tag im Herbst ging meine Mutter auf die Felder hinaus und sammelte Ähren, ich war dann mit dabei und ging herum, wie die biblische Ruth auf Boas' reichen Äckern es getan hatte. Eines Tages kamen wir an einen Ort, wo ein Verwalter war, der als böse bekannt war; wir sahen ihn mit einer fürchterlich großen Hundepeitsche ankommen; meine Mutter und alle anderen rannten, meine nackten Füße staken in Holzpantinen, und ich verlor diese; die Getreidestoppeln stachen mich, ich konnte darum nicht rasch genug wegkommen und blieb allein zurück; schon hob er die Peitsche, ich sah ihm ins Gesicht und sagte unwillkürlich: «Wie getraust du dich, mich zu schlagen, da Gott es sehen kann!» – und der strenge Mann wurde mit einem Mal ganz milde, streichelte mir die Backe, fragte, wie ich heiße, und schenkte mir Geld; als ich meiner Mutter das zeigte, sagte sie zu den anderen Leuten: «Er ist ein merkwürdiges Kind, mein Hans Christian! alle Menschen sind ihm gut, und selbst der böse Mann hat ihm Geld geschenkt!»

Eine erbauliche Geschichte, die sich hübsch der Bibelparallele, die eben angeführt wurde, zugesellt – kann man sich eine frommere Legende wünschen? Aber zugleich ein Symbol für Andersens Verhältnis zur Umwelt. Immer wieder stellt er wie hier seine Schwäche heraus und entwaffnet dadurch den Feind. 1845 trat der Dichter Carsten Hauch in der Gestalt des bösen Verwalters auf: er gab den Roman «Das Schloß am Rhein» heraus mit einer Schilderung eines von sich selbst in Anspruch genommenen, sich selber bemitleidenden und sich selber verherrlichenden Dichters, der zu guter Letzt, unter dem Jubel der Bevölkerung, lorbeerumkränzt, ordenbehängt zu dem Tollhaus seiner Geburtsstadt gefahren wird, also eine brutale und unheimlich aufdringliche Karikatur von Andersen, sogar seine geheime Furcht vor der Geisteskrankheit ist dem Gelächter preisgegeben. Wenn man weiß, wie eine nur unfreundliche oder ein wenig kühle Besprechung Andersen unglücklich machte und in Erregung versetzte, könnte man vermuten, daß ein riesiger Verzweiflungsausbruch wegen Hauchs bösartiger Parodie die Folge gewesen wäre. Aber was geschieht? Er schreibt offenherzig an ihren gemeinsamen Freund, den Dichter B. S. Ingemann, und bekennt, daß er aufs Korn genommen worden sei: *Doch, man tut richtig daran, wenn man sagt: «Das ist Andersen!» Hier* (in Hauchs Roman) *sind alle meine Schwächen beieinander! ... Hier ist nichts zu machen, nichts zu sagen; es*

Andersen liest seine Märchen vor.
Holzschnitt nach einer Karikatur von P. C. Klœstrup, 1847

ist eine See, die ich über mich hinweggehen lassen muß ... Grüßen Sie Hauch auf das Herzlichste von mir ...

Aufrichtigkeit oder Taktik? Andersen war zwar ein Naturkind, aber auch ein gut Teil von einem Diplomaten. Auf alle Fälle – Ingemann ging zu Hauch, und bald darauf stand in einer ruhmgekrönten Zeitschrift ein langer, anerkennender Artikel über Andersens Dichtung, unterzeichnet – Carsten Hauch. *Der strenge Mann wurde auf einmal ganz milde, streichelte mir die Backe ...*

Die Schauspiele, die er in den Kinderjahren aus so ungleichen Quellen zusammenschrieb wie Shakespeare, Luthers Katechismus und Dreigroschenliedern, las er nur zu gern all und jedem vor. *Vorlesen war für mich eine Glückseligkeit, und niemals kam es mir in den Sinn, daß es nicht für alle eine große Freude sein müßte, zuzuhören.* Ach nein, kam es ihm eigentlich jemals in den Sinn? Wo zwei oder drei beisammen waren, war er immer bereit, ein bißchen vorzulesen, so zwei Stündlein oder drei. In Rom mußte der völlig unliterarische Thorvaldsen, der Bildhauer, sich das ellenlange dramatische Gedicht *Agnete und der Wassermann* zweimal vorlesen lassen, einem drittenmal war er nicht gewachsen und mußte es sich aus diesem Anlaß gefallen lassen, daß der Dichter sehr aufgebracht gegen ihn wurde «und ihn abscheulich verleumdete», wenn man einer Freundin von Andersen Glauben schenken darf, die dies in einem Brief aus jener Zeit erzählte. Fanny Lewald hat berichtet, wie sie einmal unter lauter Deutschen in einer römischen Osteria saß, als Andersen eintrat, gerade von der Reise kommend, und kaum hatte er guten Tag gesagt, da erbot er sich auch schon, ihnen *Das häßliche Entlein* auf deutsch vorzulesen. Die Gesellschaft hatte indessen mehr Lust, sich zu unterhalten, als dem Vorlesen zuzuhören, und man fragte ihn daher, ob er sich nicht lieber erst das Forum Romanum oder den Petersdom oder das Colosseum ansehen möchte, aber er antwortete, er wolle am liebsten sein Märchen lesen. Die Geschichte, die von Georg Brandes wiedergegeben wird, ist vielleicht nicht in ihren Einzelheiten wahr, aber wie stimmt sie doch mit den Worten über die Kinderzeit überein: *Es war für mich eine Glückseligkeit, vorzulesen ...*

In der Schule erzählte er den übrigen Jungen *kuriose Geschichten*, aber sie lachten ihn aus und spotteten auf der Straße hinter ihm drein: «Da läuft der Komödiendichter!» *Ich versteckte mich zu Hause in einer Ecke, weinte und betete zu Gott!* Sehr viel anders sollte er im Grunde niemals auf Kritik reagieren. Im Laufe der Jahre findet sich in Tagebüchern und Briefen die eine Abwandlung nach der anderen von diesem Eingeständnis der Leiden, die ihm durch Verkennung bereitet wurden. In diesem einen Satz über den Verdruß der Knabenjahre hat er den Ärger und die Verzweiflungen eines langen Lebens auf eine Formel gebracht. Als er 1833 in Rom einen Brief von daheim erhielt mit einer vernichtenden Beurteilung seines geliebten Gedichtes *Agnete und der Wassermann* (das, will man der Wahrheit die Ehre geben, nicht allzu viel taugt), mußte er zu Bett gehen, *zwei Tage lag ich im Fieber, ein Monat meines Lebens ist mit Herzeleid vergeudet; Gott vergebe jenen, die daran schuld sind!* steht in einem seiner Briefe.

Neue Situationen, die gleichen Reaktionen. The child is the father of the man.

Jahre der Verzweiflung in Kopenhagen

Das erste Jahr in Kopenhagen ist das merkwürdigste seines ganzen Lebens. Vierzehn Jahre alt, hoch aufgeschossen und schlaksig, mit linkischen Bewegungen, häßlich und bettelarm, allein in der Welt (*keiner kannte mich; ich war ganz verlassen*), aber einen großen Traum in sich tragend. Übertrieben sensibel und bisweilen völlig überspannt, aber von unbändiger Energie und draufgängerischem Mut erfüllt, mit einer absonderlichen Zwiespältigkeit in seinem Charakter, die ihn bis an sein Lebensende begleitet. Rennt ständig mit dem Kopf gegen die Wand, erhält von allen Seiten den Rat, nach Hause zu fahren, will aber um keinen Preis wieder nach Odense zurück. Lebt in der Unterwelt der Hauptstadt, sieht aber nichts, weil er in seiner eigenen Traumwelt befangen ist. Neue Anläufe, abermaliges Straucheln; wiederholt öffnet sich ihm ein Weg, der sich aber ebenso oft als falsche Fährte herausstellt. Welche Ausdauer! Er mußte es in Wahrheit erleben, daß man «erst so gräßlich viel Böses durchzumachen habe», aber er war bereit, den Preis zu zahlen. Daß er in dieser Zeit der Bedrängnis nicht zugrunde ging, ist vielleicht das Märchenhafteste an seinem Leben.

Der Anfang war so unglücklich wie nur möglich. Der einzige dünne Faden, der zum Ziel seiner Sehnsüchte, dem Theater, hinführte, war der Brief von dem Buchdrucker daheim an die berühmte Tänzerin, Madame Schall, aber der Faden riß unmittelbar wieder – in einer komischen Szene, die alle seine Hilflosigkeit – und sein Selbstbewußtsein offenbart. Am Tage nach der Ankunft in der Hauptstadt *zog ich den Konfirmationsanzug an, die Stiefel wurden natürlich nicht vergessen, und die Schäfte wurden ganz über die Hosenbeine hochgezogen; solcherart in meinem größten Putz und mit einem Hut, der mir bis über die Augen herunterrutschte, ging ich zu der Tänzerin Madame Schall, um ihr meinen Empfehlungsbrief zu überreichen. Bevor ich am Glockenstrang zog, fiel ich vor der Tür auf die Knie nieder und betete zu Gott, daß ich hier Hilfe und Schutz finden möge; im selben Augenblick kam, mit ihrem Marktkorb am Arme, eine Dienstmagd die Treppe herauf, sie lächelte freundlich, steckte mir einen Sechsschilling zu und hüpfte von dannen; ich sah ihr nach und sah den Schilling an, ich hatte doch meinen Konfirmationsanzug an, mußte doch sehr fein aussehen ... wie konnte sie glauben, daß ich betteln wollte; ich rief ihr nach. «Behalt ihn nur!» rief sie herunter und war weg.*

Endlich wurde ich zu der Tänzerin eingelassen, die mich mit großem Erstaunen ansah und anhörte; sie kannte den alten Iversen, von dem der Brief kam, ganz und gar nicht; meine ganze Person und mein Auftreten kamen ihr höchst wunderlich vor. Ich äußerte in meiner Art die dringende Lust, die ich empfand, zum Theater zu gehen, und auf ihre Frage, welche Partien ich meinte ausführen zu können, erwiderte ich: «Cendrillon. Den liebe ich so sehr!» Dies Stück war von den königlichen Schauspielern in Odense gespielt worden, und die Hauptrolle darin hatte mich in einem solchen Maße erfüllt, daß ich sie ganz und gar aus dem Gedächtnis spielen konnte. Ich wollte ihr eine Probe davon geben, und da sie Tänzerin war, erschien es mir wahrscheinlich für sie am interessantesten, daß sie die Szene vorgesetzt bekam, wo Cendrillon tanzt; ich bat mir indessen die Erlaubnis aus, meine Stiefel auszuziehen, da ich sonst für diese Rolle nicht leicht genug sei; und nun nahm ich meinen großen Hut als Tamburin, schlug dagegen, begann zu tanzen und zu singen:

> *Was will Reichtum schon besagen,*
> *Was sind Glanz und Herrlichkeit!*

Meine seltsamen Gebärden, meine ganze erstaunliche Beweglichkeit machten, daß die Tänzerin, wie sie mir lange Zeit später selbst erzählt hat, dachte, ich sei verrückt, und mich schleunigst wieder hinausbeförderte.

Scherenschnitt von H. C. Andersen

*Die Tänzerin
Madame Schall.
Kolorierter Stich
von G. L. Lahde*

Ein Besuch bei dem Theaterdirektor brachte kein besseres Ergebnis – nur im Frühling nehme man Schüler für die Sing- und Tanzschule an, und außerdem sei er zu mager für die Bühne. *«Oh», erwiderte ich, «wenn ich nur mit hundert Reichsthalern Gage angestellt werden könnte, dann werde ich schon fett werden!» Der Kammerherr wies mich mit ernster Miene fort und fügte hinzu, daß man nur Menschen engagiere, die Bildung hätten.*

Jetzt stand er auf der Straße, nur noch einen Reichsthaler von dem ersparten Kapital übrig. Er suchte nun eine Reisebekanntschaft aus dem Postwagen auf, eine rührende Frau, die ihm Obdach und Essen gab und ihn dazu überredete, in die Tischlerlehre zu gehen. Es dauerte genau einen halben Tag, dann konnte er die «leichtfertige» Rede der Gesellen nicht mehr aushalten. Schließlich verfällt er nach dem erfolglosen Be-

Giuseppe Siboni,
der Direktor des Konservatoriums

such bei der Tante auf einen allerletzten Ausweg, einen der großen Namen aus der Kopenhagener Musikwelt aufzusuchen, den Direktor des Musikkonservatoriums, den Italiener Giuseppe Siboni, ein Schuß in den Nebel, aber:

Er gab just eine große Gesellschaft, unser berühmter Komponist Weyse, der Dichter Baggesen und noch mehr waren da. Der Hausmagd, die mir öffnete, erzählte ich nicht nur mein Anliegen, daß ich als Sänger angestellt werden wollte, sondern auch meinen ganzen Lebenslauf; sie hörte mir mit großer Anteilnahme zu und muß es teilweise wiedererzählt haben, denn ich wartete lange, bis sie zurückkam, und als sie kam, folgte ihr die ganze Gesellschaft auf dem Fuße. Sie betrachteten mich allesamt, Siboni führte mich in die Stube, wo das Klavier stand; ich mußte singen, er hörte aufmerksam zu; ich deklamierte Szenen aus Holberg und ein paar Gedichte, in welchen das Gefühl von meiner eigenen unglücklichen Lage mich dermaßen überwältigte, daß ich in richtige Tränen ausbrach und die ganze Gesellschaft applaudierte.

Das Ergebnis dieses Abends war überwältigend: Siboni versprach, seine Stimme auszubilden, und Weyse sorgte dafür, daß eine Summe Geldes für seinen Unterhalt eingesammelt wurde. Jetzt hellte es sich auf. Er fand Unterkunft, allerdings nur ein halbdunkles Zimmer ohne

Fenster hinter einer Küche in der berüchtigsten Straße der Stadt, und er schrieb einen frohlockenden Brief an die Mutter nach Hause über das Glück, das ihm zuteil geworden war.

Aber die Freude war nur kurz, denn Siboni wurde seiner nach einem halben Jahr überdrüssig, und das Geld von Weyse wurde alle. Wieder auf nacktem Boden. Aber wieder hatte er eine glückliche Eingebung: Er schrieb an den Dichter Frederik Höegh Guldberg, dessen Bruder, ein Oberst in Odense, zu seinen ersten Gönnern gehört hatte. Die Orthographie im Brief war jammervoll (sie war sein ganzes Leben lang seine schwache Seite), Guldberg erbot sich daher, ihn in seiner Muttersprache und in Deutsch zu unterrichten. Außerdem kratzte er ein kleines Kapital für den hilfsbedürftigen jungen Menschen zusammen und veranlaßte den vorzüglichen Holberg-Darsteller Lindgreen dazu, ihm etwas Unterricht zu geben. Es ging eine Zeitlang, dann mußte auch Lindgreen ihn aufgeben: «Gefühl haben Sie! Aber Schauspieler dürfen Sie nicht werden. Der liebe Gott mag wissen, was Sie werden müssen!»

Aber schon ehe Lindgreen seine Stunden mit ihm einstellte, hatte er eine Zulassung zur Tanzschule des Theaters erhalten, deren Schüler er in der Saison 1820/21 war; aber auch hier machte er eine unglückliche Figur – in dem Roman seines Alters *Glücks-Peer* tauchen bittersüße Erinnerungen daran auf. Ihm fehlten, wie es in einem Gutachten der Theaterdirektion heißt, «sowohl die Anlagen als auch das Äußere». Ehe er aber vor die Tür gesetzt wurde, gelang es ihm, in dem Ballett «Armida» mitzuwirken, wo er als Troll auftrat, zusammen mit der achtjährigen Johanne Pätges, der später so berühmten Schauspielerin Johanne Louise Heiberg, der Gattin des Kritikers, die ihm beide späterhin schweren Kummer bereiten sollten. Die Vorstellung selber beeindruckte ihn indessen weniger als das Plakat, auf dem sein Name (jedoch nur: Andersen) zum erstenmal gedruckt stand, ein kleiner Vorgeschmack von der Süße des Ruhms, *ein Nimbus von Unsterblichkeit schien mir darin zu liegen; den ganzen Tag zu Hause mußte ich die gedruckten Buchstaben ansehen, ich nahm das Ballettprogramm abends mit ins Bett, lag bei Licht und starrte auf meinen Namen, legte es hin, um es wieder in die Hand zu nehmen; es war eine Glückseligkeit!*

Von der Tanzschule bugsierte er sich auf unbegreifliche Weise in die Gesangschule hinüber und wurde hin und wieder im Chor benutzt als Hirte, Krieger und Matrose. Aber im Mai 1822 erhielt er auch hier seinen Abschied. Er hatte sich nunmehr in allen drei Kunstarten versucht, im Schauspiel, Ballett und der Oper, aber alles vergeblich. Trotz allem waren diese Lehrjahre nicht vergeudet. Wie die theaterwütige Tante in dem Märchen *Tante* lernte er die meisten Begriffe über die Welt im Komödienhaus. Welche Möglichkeiten hatte er nicht bei seinen Werbungen um Thalia gehabt, Kunst zu erleben, wodurch ihm der Teil der Bildung vermittelt wurde, der ihm aus der Kindheit vorenthalten war? Das ganze Leben hindurch bewahrte er sich eine Passion fürs Theater, deren Same in diesen Jahren in ihn gesenkt wurde.

Aber noch von einer anderen Front konnte ein Angriff auf das Theater unternommen werden. Konnte er nicht Schauspieler werden, dann wollte er zum mindesten Schauspieldichter sein (ein Ehrgeiz, auf den er erst sehr spät verzichten sollte), das war die letzte Rettung. Schon in der Lehrzeit am Theater begann er seine dramatische Schriftstellerei, wenn auch mit derselben verblüffenden Naivität wie beim Abschreiben aus Shakespeare und Luther in der Kindheit: «eine Art Komödie», die er im Begriff war zu schreiben, las er Frau Kamma Rahbek vor, deren Mann Theaterdirektor, führender Kritiker und bedeutender Schriftsteller der Romantik war: *Gleich bei den ersten Szenen rief sie aus: «Aber da sind ja ganze Abschnitte, die Sie aus Oehlenschläger und Ingemann abgeschrieben haben!» – «Ja, aber die sind ja auch wunderbar!» antwortete ich ganz harmlos und las weiter.* Mit einer Tragödie eigener Herstellung (so ziemlich wenigstens), von der er sehr begeistert war, führte er sich bei dem Shakespeare-Übersetzer, dem Kommandeur-Kapitän Wulff, ein, *in dessen Haus und Familienkreis ich späterhin eine wahre Heimat fand. Er erzählte Jahre später im Scherz und mit etwas Übertreibung von unserer ersten Bekanntschaft; daß ich, als ich in die Tür trat, sofort angefangen haben soll: «Sie haben Shakespeare übersetzt, den liebe ich so, aber ich habe auch eine Tragödie geschrieben, bitte hören Sie zu!» – Wulff lud mich erst ein, Frühstück mit ihm zu essen, aber ich wollte nichts zu mir nehmen, sondern las im Galopp, und als ich fertig war, soll ich gesagt haben: «Kann nicht vielleicht etwas aus mir werden, das möchte ich nämlich so gern!» – Ich steckte nunmehr die Papiere in die Tasche, und nach seiner Darstellung soll ich entgegnet haben, als er mich aufforderte, ihn bald wieder zu besuchen: «Ja, das werde ich tun, wenn ich eine neue Tragödie geschrieben habe!» – «Ja, das wird dann ja ziemlich lange dauern!» antwortete er. «Nein, ich denke doch», sagte ich, «daß ich in vierzehn Tagen wieder eine fertig habe!» – und mit diesen Worten war ich aus der Tür.*

Hier fügt Andersen selber hinzu, daß der Zwischenfall sicherlich *etwas gruppiert* ist; daß er aber ziemlich genau seinem Wesen in jenen Jahren entspricht, wird von dem Schöngeist Just Matthias Thiele bestätigt, der in seinen Erinnerungen von *seiner* ersten Begegnung mit dem seltsamen Schustersohn aus Odense erzählt:

«Eines Vormittags – ich glaube, im Juni – saß ich an meinem Schreibtisch mit dem Rücken zur Tür, als es klopfte. Auf mein ‹Herein!› wandte ich noch nicht den Kopf, als ich aber die Augen vom Papier aufhob, war ich überrascht, einen hochaufgeschossenen Jungen von ganz absonderlichem Aussehen an der Tür stehen zu sehen mit einer tiefen, theatralischen Verbeugung bis zur Erde hinunter. Seine Mütze hatte er schon an der Tür fortgeworfen, und als er seine lange Gestalt in einem abgetragenen grauen Mantel aufrichtete, dessen Ärmel nicht bis zu den abgema-

Jonas Collin. Lithographie nach dem Gemälde von W. N. Marstrand, 1844

gerten Handgelenken hinunterreichten, trafen mich ein Paar kleine Chinesenaugen, die einen chirurgischen Eingriff nötig gehabt hätten, um freien Ausblick zu erlangen, hinter einer großen, vorspringenden Nase. Um den Hals trug er ein buntes Kattunhalstuch, so fest zusammengeschnürt, daß der lange Hals gleichsam das Bestreben hatte, zu entweichen, kurzum, eine überraschende Gestalt, die noch auffallender wurde, als er ein paar Schritte auf mich zu tat und mit einer abermaligen Verbeugung seine pathetische Rede folgendermaßen begann: ‹Darf ich die Ehre haben, meine Gefühle für die Schauspielbühne in einem Gedicht auszudrücken, das ich selber gemacht habe?›

In meiner Überraschung machte ich nicht einmal auch nur eine Bewegung, als er auch schon mitten im Deklamieren war, und als er mit einer weiteren Verbeugung endete, ließ er unmittelbar darauf die Ankündigung von einem Auftritt aus Hagbarth und Signe [Tragödie von Oehlenschläger] folgen, eine Vorstellung, in der er sämtliche Rollen ausführte.

Ich saß stumm da und wartete auf eine Pause, die mir die Gelegenheit zu einer Frage und einer Antwort geben sollte. Aber vergebens; die Vorstellung führte mich aus der einen Szene dieser Tragödie in eine

47

andere Szene jener Komödie, und als er schließlich bei einem Epilog angelangt war, den er auch selbst geschrieben hatte, schloß er mit etlichen theatralischen Verbeugungen, griff nach seiner Mütze, die gleich einem gaffenden Zuschauer neben der Tür lag und – weg war er, die Treppe hinunter!»

Aber vor allen Dingen mußte die Theaterdirektion seine Produkte ansehen. Er schickte eine «vaterländische Tragödie» ein, *Die Räuber von Wissenberg*, die ohne viel Federlesens abgelehnt wurde – mit der zusätzlichen Bemerkung, daß man «Stücke, die in solchem Maße wie dies das Fehlen jeglicher grundlegenden Bildung verrieten, nicht fürderhin zu empfangen wünsche». Auch seine nächste Tragödie *Elfensonne* wurde nicht angenommen, sollte aber dennoch seinem Glücke förderlich sein: Der Dichter Knud Lyhne Rahbek, ein Ehrenmann, war Mitglied der Direktion, und er hatte «so viele goldene Körner» im Stück gefunden, daß er der Meinung war, irgend etwas müsse für den Schriftsteller getan werden, damit seine unleugbaren Fähigkeiten einen Schliff erhalten könnten, dessen sie zunächst völlig entrieten. Er konnte daher einen Kollegen in der Direktion, den Etatsrat Jonas Collin, der mehr Einfluß besaß als er, dazu veranlassen, Andersens Sache beim Könige zu vertreten, und am 13. September 1822 wurde der verabschiedete Schüler zu einer Besprechung ins Theater geholt und ihm angeboten, daß man ihm für eine Ausbildung in einer Lateinschule, und zwar in der gelehrten Schule in Slagelse, öffentliche Unterstützung gewähren wolle. Er nahm mit Dank an und fuhr mit der ersten Postkutsche, die abging, in die kleine seeländische Provinzstadt, deren einzige Sehenswürdigkeiten die englische Feuerspritze und des Pfarrers Bibliothek waren; hier sollte die nächste Schlacht geschlagen werden. Endlich hatte er Boden unter die Füße bekommen. Sein Stern war im Aufgehen, aber es war alles sehr anders verlaufen, als er es sich gedacht hatte.

Ungefähr mit der Abreise zugleich kam sein erstes Buch heraus: *Jugendliche Versuche* (1822), *eine höchst unreife Arbeit*, sagt er ein Menschenalter später, und das ist kein zu starkes Wort. Obwohl er danach trachtete, seinen Namen gedruckt zu sehen, gab er das Buch unter einem Pseudonym heraus, und welchem Pseudonym! William Christian Walter – hat man so was schon erlebt? Sein zweifelhaftes Entree auf dem Parnaß zu machen mit Shakespeare unter dem einen Arm, Walter Scott unter dem anderen! Und dabei ist doch zum Beispiel in der Tragödie *Elfensonne*, die das Buch einleitet, nicht ein Tüpfelchen enthalten, das die Lektüre von Shakespeare verrät. – Daß ein englischer Kritiker 25 Jahre später Andersen in eine Reihe mit Shakespeare und Homer stellte, konnte man bei dieser Mißgeburt nicht ahnen.

Größenwahn oder Naivität? Nicht zum wenigsten in puncto Eitelkeit nimmt das *Märchen meines Lebens* den Charakter einer Verteidigungsschrift an, und hier gibt Andersen zu, daß das Pseudonym *auf den ersten*

Blick die ungeheuerlichste Eitelkeit vermuten läßt und es dennoch nicht war, sondern weit mehr Liebe, wie das Kind sie empfindet und daher seiner Puppe Namen gibt nach denen, die es am meisten liebt. Andersen von jeglichem Vorwurf der Eitelkeit reinwaschen zu wollen, wäre gewagt, sie war eine große Schwäche an ihm; wenn man aber in diesem Falle geneigt ist, ihm auf sein Wort zu glauben, so kommt es daher, weil seine Erklärung hervorragend mit dem Zustand der Unschuld zusammenfällt, in dem er sich während der drangvollen Jahre in der Hauptstadt befand. Er ist noch jetzt, sechzehnjährig, das Kind, welches spielt und träumt.

Täglich saß ich und nähte Puppenkleider, und um die bunten Flicken dafür zu bekommen, ging ich in die Geschäfte in der Östergade und der Köbmagergade und bat, ob sie mir nicht Proben von Stoffen und seidenen Bändern schenken möchten. Meine Phantasie bewegte sich so ganz in diesem Puppentand, daß ich häufig auf der Straße stehenblieb und die reichen Damen in Seide und Samt betrachtete und mir in Gedanken alle die Königsmäntel, Schleppen und Rittertrachten vorstellte, die ich aus deren Kleidern machen könnte. In der Phantasie sah ich all ihren Putz und Prunk unter meiner Schere, es war eine stundenlange Gedankenübung.

(Daß es in *Freuds* Zeitalter schwierig ist, sich diese seine Manie für Puppen vorzustellen, und man darin ein Anzeichen von Homosexualität sehen wollte – völlig aus der Luft gegriffen und längst von dem Psychiater *Hjalmer Helweg* überzeugend widerlegt –, wäre es vielleicht angebracht, zu unterstreichen, daß wenn Andersen mit Puppen spielte, es um des Puppentheaters willen geschah, es ist der Dramatiker, der mit seinen Personen spielt.)

Irgendwelche vielseitige, tiefschürfende Menschenkenntnis hat Andersen nie entwickelt. Aber bei all seiner Ichbezogenheit lernte er nach und nach einen Menschen innen und außen kennen: sich selber, und die Charakteristik, die er in diesen Jahren von sich selber gibt, trifft ins Schwarze: *Ein eigentümliches Naturkind muß ich gewesen sein, ein ganz eigenartiges Wesen, um nicht zu sagen: «Erscheinung». Ich glaubte bedingungslos jedem Menschen auf sein Wort und daß alle es gut mit mir meinten: nicht einen Gedanken hatte ich, ohne daß ich ihn nicht sogleich aussprach.*

Er ist ohne Wissen über die Welt und daher auch durch sie nicht verdorben. Er nimmt die Brutalität des Lebens nicht wahr, weil er in seiner eigenen, leichten Welt der Phantasie lebt:

Ich befand mich mitten in den Geheimnissen Kopenhagens, aber ich verstand nicht, sie zu lesen. Bei der Madam war, außer mir, eine junge, freundliche Dame in Kost, die ihr Zimmer zum Hof hin hatte, allein lebte und manchmal weinte. Niemand kam, sie zu besuchen außer ihrem alten Vater, und der kam nur abends, wenn es dunkel war; ich ließ ihn durch die Küchentür ein, er war in einem schlichten Mantel, eingehüllt bis an den Hals und mit dem Hut tief in der Stirn. Seinen Abendtee trank er bei der Tochter, hieß es, und dann durfte niemand hineingehen, denn er war menschenscheu. Sie wurde immer so ernst um die Zeit, wo er kommen sollte, und schien nicht froh zu sein.

Viele Jahre später, als ich auf einer anderen Lebensstufe stand, als die vornehme Welt, und was man das Salonleben nennt, sich mir auftat, sah ich eines Abends, mitten in den erleuchteten Saal, einen ordengeschmückten, vornehmen älteren Herrn eintreten, es war der alte, menschenscheue Vater, der, den ich zur Küchentür hereingelassen hatte, als er in dem schäbigen Mantel kam; wir kannten einander nicht, ihm zum mindesten fiel es bestimmt nicht ein, daß ich, als armer Junge, in jenem Haus ihm die Tür geöffnet hatte, wenn er seine Gastrolle gab; ich sah damals nur den würdigen Vater in ihm und hatte einzig und allein mein eigenes Komödienspiel im Kopf.

Seine Frömmigkeit bewahrt er sich. Er hungert, läuft mit nassen Füßen herum, im Winter fehlt es ihm an warmen Sachen, er besitzt nicht das Geld zu einem Bogen Papier, aber *Gott war bei mir in meiner kleinen Stube, und manchen Abend, wenn ich mein Abendgebet gesprochen hatte, konnte ich mich kindlich an ihn wenden und sagen: «Es wird ja bald gut!»*

Aber den klarsten Ausdruck seines reinen und unverfälschten Lebensgefühls vermittelt doch die Szene, wo er die habgierige Wirtin erweicht, indem er kurzerhand zur Magie greift:

«Ja, ich muß zwanzig Reichsthaler haben!» sagte die Madam, und am nächsten Tag nach dem Mittagessen wiederholte sie dasselbe, redete von den bösen, garstigen Menschen, unter die ich leicht geraten könnte, und verlangte dann, bis sie in ein, zwei Stunden zurück wäre, sollte ich eine bestimmte Antwort darauf geben, ob ich die zwanzig Reichsthaler bezahlen oder gleich meiner Wege gehen wollte.

Ich, der ich mich so leicht an Menschen anschloß, hatte sie in den beiden Tagen, die ich hier im Hause gewesen war, liebgewonnen wie eine Mutter, fühlte mich so heimisch; es war ein großer Kummer, fort zu müssen, und wohin und zu wem? Aber ich konnte nicht mehr Thaler beschaffen als die sechzehn, die ich hatte, die wollte ich ihr gern allesamt geben, aber es war und blieb zu wenig! Da stand ich nun so innig betrübt, die Madam war gegangen, die Tränen rannen mir über die Backen; ich sah, drüben über dem Sofa hing das Porträt ihres verstorbenen Mannes, und ich war so ganz Kind, daß ich hinüberging und die Augen des Bildes mit meinen Tränen einschmierte, damit, so meinte ich, der tote Mann fühlen könnte, wie betrübt ich war, und dann vielleicht auf das Herz seiner Frau einwirken würde, so daß sie sich dazu entschloß, mich für die sechzehn zu behalten. Sie muß eingesehen haben, daß aus mir nicht mehr Geld herauszuquetschen war, denn als sie zurückkehrte, sagte sie, daß ich also für die sechzehn monatlich bleiben könne; und ich freute mich, dankte Gott und dem toten Mann.

Scherenschnitt von H. C. Andersen

Die Zwiespältigkeit, die in Andersens Wesen liegt, ist auch in seiner Lebensanschauung zu spüren: auf der einen Seite ist er der christlichen Dogmatik gegenüber streng rationalistisch eingestellt, auf der anderen Seite sucht er in seinem religiösen Leben zu uralten, primitiven Vorstellungen Zuflucht – was ist die Szene mit dem Porträt des verstorbenen Mannes denn anderes? Ein Buschneger würde sich ganz genauso benommen haben. Andersen paßte sich zwar allmählich der modernen Zi-

51

Rektor Dr. Simon Meisling.
Gemälde von C. A. Jensen

vilisation an – es geht auf ihr Konto, wenn er die Wirtin als berechnend
hinstellt, da sie sich mit den sechzehn Reichsthalern begnügt, und sich
selbst als kindlich, weil er Magie anwendet –, aber er besaß geheime Re-
serven primitiver Lebenserfahrung, aus denen er schöpfen konnte. Eine
neue Erklärung für das Geniale in ihm.

Alle diese Züge aus der ersten Kopenhagener Zeit bekunden, daß es
sich hier nicht um einen Bruch mit der Welt der Kindheit handelt, sondern um einen intimen Zusammenhang. Dasselbe gilt für die merkwürdige Eigenschaft, die er schon in Odense an den Tag legte und die er in
der Hauptstadt ungemein entwickelte: wie geht es zu, daß der ver-
schüchterte Proletarierjunge aus der Provinz im «Hügelhaus» bei der
Familie Rahbek Eingang fand, einem Kulturzentrum im Dänemark der
Romantik, und von der Witwe des berühmten Staatsmannes Christian
Colbjörnson und deren Tochter, Frau von der Maase, Hofdame der
Kronprinzessin Caroline, empfangen wird? Er selbst sagt, es *sei ein gött-*
licher Fingerzeig gewesen, daß ich mich just an die edelsten und besten
wandte, die, deren Bedeutung ich eigentlich gar nicht kannte und ein-
schätzen konnte. Jedenfalls verrät er eine einzigartige Fähigkeit, sich «zu
insinuieren» und sich einflußreiche Beziehungen zu verschaffen, an die

er sich dann anklammert. Von allergrößter Bedeutung wurde seine Freundschaft mit dem Physiker H. C. Örsted und seine Verbindung mit den Collins, die seinem Leben feste menschliche Bindungen verschaffte. Zunächst einmal wurde das Oberhaupt der Familie, Jonas Collin, während der Zeit auf der Lateinschule sein Vormund. «Schreiben Sie mir ohne Vorbehalt, was Sie brauchen, und wie es Ihnen geht!» sagte er bei der Abreise, eine Aufforderung, die Andersen sich nicht zweimal sagen ließ: Er sandte seinem väterlichen Wohltäter viele und lange Episteln, von denen vierzig Stück erhalten und herausgegeben sind und die ein ergreifendes Bild von dem Leiden des einsamen und empfindlichen Schülers vermitteln, ergreifend, aber kaum zutreffend: Die Farben sind vermutlich, bewußt oder unbewußt, so düster wie möglich angelegt, um das Mitleid des Adressaten rege zu halten und sich seiner fortgesetzten Unterstützung zu versichern (*ich besitze gar nichts außer Gott und der Güte der Menschen*). Aber schlimm ist es trotz allem gewesen.

Unter der Tyrannei der Schule

War er in Kopenhagen nicht weit davon entfernt, körperlich zugrunde zu gehen, so war er in den Schuljahren drauf und dran, seelisch umzukommen. Das Verbot gegen die «Dichterei» (einiges sickerte allerdings doch hervor) und die Weisung, bei den Aufgaben Fleiß zu zeigen – sein Schulbesuch in Odense war böse vernachlässigt worden, und als er in Slagelse begann, war er nicht imstande, Kopenhagen auf einer Landkarte zu finden, und hatte noch nie das Wort Geometrie vernommen. Er kam sich vor *wie ein wilder Vogel, der in einen Käfig gesteckt worden ist.* Nach drei Jahren als umherirrender Zigeuner in der Hauptstadt, wo er sich ohne einen Heller in der Tasche hatte durchschlagen müssen, war er jetzt ohne wirtschaftliche Sorgen, aber unter einer seelischen Marter, *die düsterste, die bitterste Zeit meines ganzen Lebens*, sagt er hinsichtlich der letzten Schuljahre, und es ist wahrscheinlich, daß in seiner Erinnerung die ganze Schulzeit schließlich überschattet wurde von dem letzten, das erwiesenermaßen am bittersten war.

Allein der Umstand, daß er in der zweiten Klasse von unten anfangen und als Siebzehnjähriger mit ganz kleinen Jungen auf der Schulbank sitzen mußte, war ein empfindlicher Schlag. Aber schlimmer war es, daß der Rektor, Dr. Simon Meisling, ein feiner Humanist und begabter Pädagoge, jeglichen Verständnisses für den merkwürdigen, krankhaft empfindsamen Burschen, der seiner Obhut anvertraut worden war, gänzlich ermangelte.

In vieler Hinsicht erwies sich Andersen als ein mustergültiger Schüler, fleißig und von untadeligem Betragen, aber Meislings Lieblingsfächer, Griechisch und Latein, lagen ihm nicht. Hinzu kam, daß der Direktor von ziemlich cholerischem Wesen war und sich eines eigentümlich hartgesottenen Jargons bediente, mit Schimpfwörtern beladen, die Andersen außerstande war, richtig einzuschätzen, vielmehr, seiner Gewohnheit getreu, ganz buchstäblich und naiv auffaßte. Nicht zu verwundern, daß er in einer ewigen Angst herumlief, in Ungnade zu fallen, aber erschütternd, daß er noch auf seine alten Tage garstig von Meisling träumen konnte.

Zu Anfang war das Verhältnis noch leidlich, aber als der Direktor, um seiner elenden wirtschaftlichen Lage aufzuhelfen, erwirkte, daß er zu ihm ins Haus gegeben wurde, verschlimmerte sich der Zustand, und ganz schlimm wurde es, als er im Mai 1825 an die gelehrte Schule von Helsingör versetzt wurde und der Kostschüler mit ihm ging:

Die schöne Natur rings um (Helsingör) *machte wohl einen lebhaften Eindruck auf mich, aber ich getraute mich nur, sie insgeheim zu betrachten, ich kam so gut wie nie hinaus; sobald die Schulstunden vorüber waren, wurde für gewöhnlich das Tor des Hofes geschlossen, ich mußte in der dumpfen Schulstube bleiben, da sei es noch schön warm, sagte man, da könne ich meine Schulaufgaben machen; später spielte ich mit den Kindern des Direktors oder saß in meiner kleinen Kammer; eine Zeitlang war die Bibliothek der Schule meine Stube und meine Schlafkammer; hier atmete ich zwischen den alten Folianten und Lehrprogrammen; niemand kam zu mir, die Kameraden getrauten sich nicht, die hatten kein Verlangen, dem Direktor zu begegnen. Mein Leben aus jenen Tagen taucht noch in der Erinnerung in garstigen Träumen auf. Ich sitze dann wieder fiebernd auf der Schulbank, kann keine Antwort geben, traue mich nicht, und böse Augen starren mich an, Spott und Gelächter ertönen ringsum. Es waren schwere, bittere Zeiten; fünf Vierteljahre war ich in dem Haus des Direktors in Helsingör; fast wäre ich einer Behandlung erlegen, die immer härter und härter wurde. Mein Gebet zu Gott lautete allabendlich, er möge diesen Kelch von mir nehmen oder daß ich den nächsten Tag nicht zu erleben brauchte! In der Schule war es dem Direktor eine Lust, meiner zu spotten, meine Person lächerlich zu machen und von meinem Mangel an Geistesgaben zu reden. Und wenn die Schulstunden vorüber waren, dann war ich dort im Hause.*

Mein Gebet lautete ... daß ich den nächsten Tag nicht zu erleben brauchte! In diesen Jahren kreisen seine Gedanken ständig um den Tod: *Weshalb wird so manch ein Familienvater hinweggerissen, so manch ein tüchtiger Mann und geliebter Junge, und ich muß leben, ich, der ich den Tod herbeiwünsche, ja, schick ihn mir* – steht irgendwo im Tagebuch, und am Tag darauf: *Was könnte aus mir werden? Und was wird aus mir? Meine starke Phantasie bringt mich jetzt ins Tollhaus, mein heftiges Gefühl macht mich zum Selbstmörder ...*Einem Notizbuch mit eigenen Poesien hat er den Titel *Gedichte von Hans Christian Andersen, gestorben 1828* vorangesetzt. (Wenn Kierkegaard seinem ersten Buch mit dem großen Angriff auf Andersen den verschrobenen Titel gab: «Aus den Papieren eines noch Lebenden», so liegt auch hierin die Vorstellung von einer nahe bevorstehenden Austilgung.) Wie ernst diese selbstmörderischen Gedanken zu nehmen sind, mag zweifelhaft sein, aber es ist doch bemerkenswert, daß sein erstes lebensfähiges Gedicht *Das sterbende Kind: Mutter, ich bin müde, schlafen möcht ich,* in diesen verzweiflungsvollen Jahren entstanden ist.

Und wenn die Schulstunden vorüber waren, dann war ich dort im Hause. Nicht mit einem Wort erwähnt das *Märchen meines Lebens* andere als den Direktor und die Kinder, und dennoch ist die Frau des Hauses

für ihn ein Prüfstein ersten Ranges gewesen. Sie war eine fettleibige Madam mit falschen roten Locken, liederlich und ungepflegt, obendrein dem Trunk ergeben und überhaupt ein schamloses Frauenzimmer, das es auf jeden x-beliebigen anlegte, auch auf ihren keuschen Pensionär, der in dem privaten *Lebensbuch* darüber unter anderem folgendes berichtet:

Die Dame sagte auch, «Sie sind kein richtiger Mann». – Eines Abends kam sie zu mir herein, erzählte mir, sie fange an, abzumagern, ihr Kleid hänge ganz lose um sie herum, sie forderte mich auf, mal zu fühlen, ich dienerte viele Male vor der Gattin meines Direktors; sie schenkte mir viel ausgezeichneten Punsch ein, war besonders gut und freundlich – aber ich weiß selber nicht, ich hatte das Gefühl, ich stehe wie auf Nadeln, ich tat ihr sicherlich Unrecht, glaubte ich wenigstens, aber mir kamen üble Gedanken über sie, ich beeilte mich, fortzukommen, sobald ich konnte, und zitterte am ganzen Leibe.

Das Lebensbuch, das zeitlich dicht auf die Schuljahre folgt, ist überhaupt weit offenherziger in der Schilderung von Meislings schauerlichem Haus als *Das Märchen meines Lebens*, das ein Menschenalter später entstand. In dem noch späteren Roman *Glücks-Peer* spiegelt der vortreffliche Abschnitt über Herrn Gabriel und sein Haus die Meislingsche Menagerie sehr idyllisiert wider. Wenn die Dame im Roman ein Scheuerteufel war, so ist dies eine wüste Beschönigung der tatsächlichen Verhältnisse. Aber ihre ständigen Schimpfereien mit den Mädchen sind aufs Korn genommen: *«Ich werde raufgehen zu Gabriel und ihm sagen, was für ein Gesindel ihr seid!»* – *«Wir werden auch zu Gabriel raufgehen und ihm sagen, was Madam ist!»* – *«Ich kriege Krämpfe!» schrie sie. «Wer will sehen, wie die Gnädige Krämpfe kriegt! Vier Schillinge!»* Da ertönte die Stimme der Madam tiefer, aber verständlich: *«Was soll der junge Mensch dort drinnen von unserem Hause denken, wenn er all diese Gemeinheiten hört!»* Und das Geschimpfe wurde leiser, schwoll aber dann wieder stärker und stärker an.» *Punktum fünalis!» rief die Madam. «Geht und macht Punsch! Lieber sich vertragen als schimpfen!»* Ein Volltreffer.

Im Spätherbst des Jahres 1826 wurde Andersen immer verzweifelter, und in einem langen Brief vom 24. Oktober klagt er Collin seine Not:

...Täglich äußert er (Meisling) Unwillen gegen mich, und wenn ich sonntags morgens mit meinem lateinischen Aufsatz komme, dann erschüttert er bei jedem Fehler meine Seele mit den fürchterlichsten Wahrheiten. Daß er mein Wohl im Auge hat, daran wage ich nicht zu zweifeln, aber jedes bißchen erregt seinen Unwillen, und ich lebe in der fürchterlichsten Spannung ... Vorigen Sonntag kam ich mit meinen Aufsätzen, und zornig über die Fehler sagte er: «Ich verzweifle an Ihnen, wenn ich an die Entlassung denke! Beim Abiturium bekommen Sie eine sechs für einen solchen Aufsatz. Sie denken, ein einzelner Buchstabe tut nichts, ob Sie e oder i schreiben, ist ein und dasselbe. Hätte ich das gedacht, dann hätte ich Sie niemals mit nach Helsingör genommen. Sie sind der bornierteste Schädel, den ich kennen gelernt habe, und dabei glauben Sie obendrein, Sie sind was ...» Seine Worte erschütterten mich, denn der Mann hatte recht, und daß er es nicht bös meinte, davon überzeugte mich, daß er sagte, als er meinen Kummer bemerkte: «Sitzen Sie doch ruhig! das ist auch einer von Ihren Fehlern! Können Sie sich so anstellen, weil man ruhig dasitzt und Ihren Aufsatz korrigiert und die Fehler nennt, wie werden Sie dann erst beim Abiturium sein? – Man muß seine Seele und auch seinen Körper beherrschen können!» Nun war er an diesem Tag ganz sanft, aber am nächsten Tag war alles wieder beim Alten ... Letzten Sonntag sagte er: «Ich habe Sie herzlich satt! Außerdem weiß ich wohl, daß Sie mich nie werden leiden können, weil ich Ihnen die Wahrheit gesagt habe; – Sie sind ein peinliches, dummes Geschöpf»; usw. – Aber in der Schule ist es noch schlimmer ... Doch kann ich Ihnen nicht alles erzählen, ich kann Ihnen

meine Lage nicht deutlich machen. – Immer und ewig ausgeschimpft, niemals eine Ermunterung zu hören kriegen, sondern der finstersten Zukunft entgegenzusehen; bei Tisch muß ich stumm dasitzen, und kaum sieht er zu mir hin, und in der Schule, unter den anderen, ausgeschimpft und voller Schande ... Aber Sie werden sicher böse sein über meinen langen Brief, da ich alles hätte kürzer sagen können, und doch möchte ich noch so viel sagen; Interesse wage ich nicht zu erhoffen, aber haben Sie Mitleid mit mir, sonst muß ich verzweifeln.

Collin ermahnte ihn auszuhalten. Aber die Situation wurde unhaltbar. Es kam zu einem scharfen Briefwechsel zwischen Collin und Meisling mit dem Ergebnis, daß der junge Studiosus im Frühjahr 1828 aus der Schule genommen wurde. Als er hinunterging, um sich von seinem Quälgeist zu verabschieden, soll dieser laut *Lebensbuch* geantwortet haben: *«Fahren Sie zur Hölle!»*, eine Roheit, die er jedoch aus eigenem Antrieb wieder gutzumachen suchte: *Mehrere Jahre später ... als der Improvisator erschienen war, traf ich ihn in Kopenhagen, er reichte mir versöhnlich die Hand, sagte teilnehmend und freundlich, daß er sich in mir geirrt hätte, mich verkehrt behandelt hätte ... Das waren milde Worte der Versöhnung; die schweren, düsteren vergangenen Tage hatten auch Segen in mein Leben getragen.* Es dient Andersens Gerechtigkeitssinn zur Ehre, daß er dem Porträt des Tyrannen diesen Zug von Menschlichkeit hinzufügt, so daß das Martyrium der Schuljahre einen harmonischen Abschluß erhält.

Er kam nunmehr nach Kopenhagen und wurde privat vorbereitet. Er mietete eine bescheidene Mansardenkammer in der Vingaardstræde und wurde stehender Mittagsgast in den besten Häusern der Stadt, montags beim Kommandeur Wulff, dienstags bei Collins ... Kann man sich eine glücklichere Regelung für einen jungen Menschen vorstellen, der studiert, um Dichter zu werden? *Dies war eine Abwechslung, und ich erhielt Einblick in das Familienleben in verschiedenen Kreisen, auch das war mir von Nutzen!* Das möchte man wohl meinen! Endlich im Oktober 1828 schlug die Stunde der Befreiung, und er machte, dreiundzwanzigjährig, sein Abitur; das Jahr darauf bestand er das sogenannte zweite Examen mit der besten Note, und damit war seine akademische Laufbahn zu Ende: *... ich war unendlich jung, unendlich froh, das Leben lag sonnenbeglänzt vor mir*, heißt es im *Märchen meines Lebens*. Der Käfig wurde aufgetan, der Vogel konnte in sein rechtes Element hinausfliegen.

Und dabei haben die Schuljahre dennoch ihre lichten Seiten gehabt. Obwohl er sich bis tief in die Nacht hinein mit den Schulaufgaben plakken mußte, verleibte er sich doch eine unerhörte Menge schöner Literatur ein. Im späteren Leben behauptete er, er habe mehr auf seinen Reisen gelernt als aus Büchern, und das ist bestimmt richtig. Während es in vielen Dichtermuseen die Bücherregale sind, die die Aufmerksamkeit auf sich ziehen, sind es im Andersen-Museum in Odense der Reisekoffer

*Der Dichter
B. S. Ingemann im Alter.
Fotografie, 1861*

(mit dem handfesten Seil, falls ein Feuer ausbrechen sollte!) und der Regenschirm, die den Ehrenplatz einnehmen. Aber deshalb soll man nicht meinen, wie so viele es getan haben, daß er ein ziemlich unliterarisches Wesen war. Zwar widmete er sich niemals systematischer Lektüre, aber über alles, was an Lesestoff in seinen Umkreis gelangte, machte er sich gierig her. Aus Tagebuchaufzeichnungen und Briefen wissen wir, daß er in der Schulzeit Goethe, Schiller, Tieck, Voß, Calderón (in Schlegels deutscher Übertragung), Smollett, Walter Scott las ... In einer Zitaten-

Henriette Wulff.
Miniatur von Adam Müller, um 1830

sammlung, die er in den letzten Schuljahren anlegte, treten außerdem Wieland, Jean Paul, Hoffmann und Heine («Reisebilder» und «Buch der Lieder») auf. Er hat die Zeit wahrlich nicht vergeudet. Insgeheim machte er auch Verse, und die vielen kleinen, impressionistischen Prosastücke des Tagebuches sind nützliche Stilproben für ihn gewesen:

Sonntag. Ein guter, schlichter Tag; die Zeitungen gelesen, ein wenig krank gewesen. – Die Hausfrau, die Jungfer und Tine zu Ball, ein fürchterlicher Sturm draußen, der Tisch wackelte, aber ich liebe Sturm. Das ist Leben in der Natur, am schönsten, wenn ich wie heute abend Apfelklöße, Äpfel und Punsch für mich habe – (schrieb an Örsted).

In solch einer idyllischen Skizze mit einem selbstironischen Zwinkern liegt verpuppt der Märchenstil.

Und dann die Ferien! In den Osterferien 1823 kam er zum erstenmal in seine Geburtsstadt zurück, wo beide Großeltern in der Zwischenzeit gestorben waren, aber die Mutter lebte, und das Wiedersehen war herzlich. Seine alten Gönner empfingen ihn ebenfalls freundlich:

Kommandeur P. F. Wulff.
Lithographie von Bærentzen, um 1844

Ja, als der Buchhändler Kanzleirat Sören Hempel, der auf sein Haus einen hohen Turm gebaut hatte zu astronomischer Kurzweil, mich dort hinaufführte, und ich über die Stadt und die Wiesen blickte und unten auf dem Graabrödreplads ein paar arme Frauen vom Hospital hinaufzeigten, daß ich, den sie gekannt hatten, als ich ein kleiner Junge war, nun dort stand, da stand ich wirklich dort wie auf der höchsten Zinne des Glücks.

Dies ist ja die Erfüllung der Prophezeiung en miniature.

Von Slagelse aus konnte er sonntags eine Fußwanderung zu dem idyllischen Sorö machen, wo er den Dichter B. S. Ingemann besuchte, dessen gelber Rokokopavillon an dem waldumsäumten See ihm im Laufe der Jahre eine liebe Ferien- und Arbeitsstätte werden sollte.

Aber die Besuche in der Hauptstadt waren der Höhepunkt. Er ging in Collins Haus ein und aus, fühlte sich aber noch ein wenig fremd, die Kinder beschäftigten sich nicht genug mit ihm, und sein Verhältnis zu Jonas Collin war mehr durch Respekt und Ehrerbietung als durch Vertraulichkeit gekennzeichnet. Da fühlte er sich beim Kommandeur Wulff in ganz anderem Maße heimisch, dessen Frau und dessen Tochter, Henriette, während dieser Zeit seine nächsten, vertrautesten Freunde wurden, obwohl die Frau des Hauses die nicht geringe Neigung hatte, ihm Verhaltungsmaßregeln zu geben. Mit der Tochter verband ihn eine brüderliche Beziehung, bis sie 1858 auf dem Wege nach Amerika bei einer Schiffskatastrophe umkam. In deren Haus auf Schloß Amalienborg lernte er außerdem den von ihm selbst und seiner Zeit glühend bewunderten Dichterkönig Adam Oehlenschläger kennen, und hier machte er auch den großen Weihnachtsball mit, bei dem auch der König zugegen war, alle im schwarzen Frack, nur er in einem grauen; er fühlte sich furchtbar unsicher, es nützte nichts, daß Oehlenschläger freundlich mit ihm sprach, er stürzte in sein Zimmer hinauf, *ging zu Bett, mein Schicksal verfluchend, daß ich keine schönen Kleider besaß, die Kutschen rollten draußen heran, und die Ideen rollten in meinem Kopf, und so schlief ich ein* (Tagebuch). Das häßliche Entlein.

Erst als er in Kopenhagen privat auf das Abiturium vorbereitet wurde, schloß er sich stärker an das Collinsche Haus an, wo er bald täglich ein- und ausging und als Sohn des Hauses angesehen wurde. In gewisser Weise ist es merkwürdig, daß der strenge, nüchterne Finanzbeamte Jonas Collin Sympathie für den jungen, exzentrischen Dichter hegen konnte, der in jeglicher Hinsicht das gerade Gegenteil von ihm war. Aber da er erst einmal Zuneigung zu ihm gefaßt hatte, half er ihm für den Rest seines Lebens. Es war Collin, der ihm königliche Unterstützung während der Schulzeit verschaffte; es war Collin, der in der Angelegenheit Meisling eingriff; und es war Collin, der ihm den Mut einflößte, alle bürgerlichen Brücken abzubrechen und sich den Musen zu weihen. Als nämlich Andersen, nachdem er 1829 das zweite Examen bestanden hatte, ihn um Rat fragte, ob er sich durch das Studium auf einen Broterwerb vorbereiten solle *oder meinen natürlichen Anlagen nachgeben und mich allein auf den Dichterschwingen vorwärtsbewegen sollte*, erwiderte Collin: «*Schlagen Sie nur in Gottes Namen den Weg ein, für den Sie sicherlich geschaffen sind, es ist bestimmt das beste*» (*Lebensbuch*), Worte, die einen schweren Stein von des Dichters Herzen wälzten.

Er stürzte sich denn auch gleich nach dem Abitur in ein Produzieren, daß es nur so sprühte. Zuerst kam *Die Fußreise von Holmens Kanal zur Ostspitze von Amager in den Jahren 1828 und 1829* (1829), deren Pointe darin beruht, daß die Wanderung Altjahrsabend 1828 beginnt und Neujahrsmorgen 1829 endet, ein Feuerwerk von Einfällen, wo sich die Phantasie à la E. T. A. Hoffmann überschlägt; aber von dieser Arbeit gilt das gleiche wie von den meisten aus der Jugend: sie sind in erster Linie von Interesse, weil sie von ihm geschrieben sind, und nicht, weil sie irgendeinen ästhetischen Eigenwert besitzen. Noch im selben Jahr, ein Jahrzehnt nach seiner Ankunft in Kopenhagen, kam er erstmalig im Königlichen Theater mit einem parodistischen Vaudeville heraus, *Liebe auf dem Nicolaj Turm* (1829), in dem er mit der Schillerschen Tragödie seine Possen treibt, und das Jahr darauf gab er einen Band *Gedichte* heraus (1830), unter anderem mit seinen «verbotenen» Poesien aus der Schulzeit und mit seinem ersten Märchen *Der Tote* abschließend, das indessen gar nicht typisch für ihn ist. Alle drei Dinge hatten Erfolg. Allerdings ging das Vaudeville nur dreimal über die Bühne, aber er erntete Beifall. Andersen durfte sich der Gewogenheit der Kritik (selbst Heibergs) erfreuen, namentlich aber auch der des Publikums, und er verdiente Geld. Jetzt sollte das Leben seinen Anfang nehmen.

Zwei braune Augen –
und ein böser Kritiker

Es begann mit Unheil. Sowohl in der Liebe als auch seitens der Kritik. In ein und demselben Jahr.

Im Sommer 1830 machte er eine Reise nach Fünen und Jütland, um die Freiheit zu genießen und neue Eindrücke zu gewinnen. Er verlebte schöne Tage in Odense, wo er bei der Witwe des Buchdruckers Iversen wohnte, die einen Schwarm von Enkelkindern um sich hatte, reizende junge Mädchen, eine von ihnen, Henriette Hanck, hatte literarische Neigungen, und mit ihr erhielt er die Verbindung aufrecht, solange sie lebte; einige seiner lustigsten und frischesten Briefe sind an sie gerichtet. Er fühlte sich aufgelegt und produktiv, schrieb humoristische Verse, hatte einen historischen Roman angefangen, der aber weggelegt (und niemals fertig) wurde, denn *eine neue, eine der tiefsten Saiten war in mir angeschlagen worden, ein Gefühl, über das ich so oft gescherzt habe, wollte sich rächen.*

Ich kam auf meiner Sommerreise in einer kleinen Stadt in ein reiches Haus; hier ging mir plötzlich und überwältigend eine neue Welt auf, so groß, und doch ist sie in vier Zeilen eingeschlossen, die ich damals schrieb:

> *Zwei braune Augen jüngst ich sah,*
> *In ihnen war meine Heimat mir nah.*
> *Sie leuchten kindlich, friedlich, klug,*
> *Ach, ihrer denk' ich nie genug.*

Wir trafen uns später im Herbst in Kopenhagen wieder. – Neue Pläne fürs Leben erfüllten mich; ich wollte aufhören, Verse zu machen, wozu sollten die wohl führen? Ich wollte studieren, um Pfarrer zu werden; ich hatte nur einen Gedanken, und der war sie – aber das war Selbsttäuschung; sie liebte einen anderen – sie heiratete ihn. Erst viele Jahre später habe ich gefühlt und erkannt, daß auch hier für mich das beste geschah, das beste für sie. Sie ahnte vielleicht nicht einmal, wie tief mein Gefühl war, welche Einwirkung es auf mich hatte. Sie wurde eines braven Mannes vortreffliche Gattin, eine glückliche Mutter. Gottes Segen über sie alle!

Das waren die Worte aus dem *Märchen meines Lebens*. Die Schilderung im *Lebensbuch* geht viel mehr ins einzelne, es schließt mit dieser unglücklichen Liebe. Er war nach Faaborg auf Südfünen gefahren, um einen Studienkameraden zu besuchen, und dessen verlobte Schwester, Riborg Voigt, war es, die der Gegenstand seiner Gefühle werden sollte. Erst als er sie im Herbst in Kopenhagen wiedertraf, erklärte er sich ihr in einem langen Brief, über den sie unglücklich war – denn sie hatte sich geschmeichelt gefühlt, von einem Dichter angeschwärmt zu sein, dem einzigen seiner Art, der in ihrem provinziellen Dasein aufgetaucht war, aber es konnte ihr doch nicht im Traume einfallen, mit ihrem Verlobten zu brechen, den sie im Gegenteil ein Jahr darauf heiratete. Ihre Absage geschah zunächst mündlich, später schickte sie ihm ein Billett, das bei seinem Tode in einem kleinen Lederbeutel gefunden wurde, den er an einer Schnur um den Hals trug, und das nach seiner Verfügung ungelesen verbrannt wurde. Das klingt arg melodramatisch. Riborg Voigt war indessen weder seine einzige noch seine tiefste Liebe. Aber sie hatte unleugbar den einen Vorzug vor den übrigen, daß sie die erste war.

Noch zweimal später in seinem Leben begegnete er ihr, zuletzt dreizehn Jahre danach bei einem Volksfest auf Fünen, das sie zusammen mit ihrem Mann und ihren Kindern besuchte. Kurz darauf schrieb er das Märchen *Die Liebesleute* (*Der Kreisel und der Ball*) mit dem bitteren Schluß:

Der Kreisel redete nie mehr von seiner alten Liebe; die hört auf, wenn die Herzliebste fünf Jahre in einer Rinne gelegen und Wasser gezogen hat, ja, man kennt sie nimmer wieder, wenn man ihr im Mülleimer begegnet.

Wollte *er* sie haben? Was weiß man über die innersten Geheimnisse des Künstlerherzens? Es ist möglich, daß sein Gefühl für sie so tief war, eben weil sie an einen anderen gebunden war. Hier hatte er eine Gelegenheit zu einem fruchtbaren Liebeskummer ohne nennenswertes Risiko. Vielleicht ist es ihm gar nicht unlieb gewesen, den unglücklichen Liebhaber zu spielen. Wie er selbst es, natürlich in einem anderen Zusammenhang, so redlich bekennt, besaß er *ein besonderes Talent, bei den Schattenseiten des Lebens zu verweilen, das Bittere aufzusuchen und erst recht daran zu kosten. Ganz ausgesucht wußte ich mich selber zu quälen.* Ohne etwa dem Erwachen seiner Liebeskraft alle Echtheit aberkennen zu wollen, scheint sie doch einen literarischen Beigeschmack gehabt zu haben. Unmittelbar auf den angeführten Passus über die Liebesgeschichte folgt im *Märchen meines Lebens* eine Schilderung von seiner ersten Begegnung mit Heines Poesie. Aber, wie Dänemarks feinster Andersen-Kenner, H. Topsøe-Jensen, treffend bemerkt, war es nicht seine unglückliche Liebe, durch die sein Gemüt für den ironisch-zersplitterten deutschen Lyriker empfänglich gemacht wurde. Es war eher umgekehrt.

Auf alle Fälle: Die Verliebtheit war literarisch ergiebig. Die nächste Gedichtsammlung *Phantasien und Skizzen* (1831) erreicht ihren Höhepunkt mit einer Gruppe *Melodien des Herzens* (hierin *Zwei braune Augen jüngst ich sah*), die durch Riborg Voigt inspiriert sind. Auch seine darauffolgende dramatische Arbeit, das ernsthafte Vaudeville *Ausein-*

Riborg Voigt. Daguerreotypie, um 1845

andergehen und sich begegnen (1836 zuerst gedruckt und aufgeführt –
dreimal) ist auf das Erlebnis in Faaborg zurückzuführen.

Kaum hatte die Dame ihm ihr Nein gegeben, als die Kritik ihn auch
schon in die Schranken zurückwies: der Dichter und Heiberg-Adept
Henrik Hertz gab 1830 seine ästhetische Streitschrift in Versen heraus,
Gespensterbriefe, die Takt und Gefühl für die Sprache und Korrektheit
in allen formalen Fragen einschärft. Das Wie der Dichtung ist entscheidend, ihr Was kommt erst in zweiter Linie. In dieser Verbindung werden ein paar derbe Hiebe auch gegen Andersen geführt wegen seiner
Schnitzer in der Grammatik und seines Mangels an literarischer Bildung
überhaupt; er ist eine Naturbegabung ohne künstlerische Disziplin.

Das Buch wurde ein großer Erfolg, in der durch und durch ästhetisch
eingestellten Hauptstadt sprach man von nichts anderem, und Andersen
nahm sich diese Anprangerung furchtbar zu Herzen – er konnte sich mit
den Worten des schwedischen Lyrikers Gustaf Fröding, daß *Rosen in ge-
sprungenem Krug doch immer Rosen bleiben*, nicht trösten, denn die waren noch nicht geschrieben und gehören zu der Kunstlehre einer späteren Zeit.

Aber wichtiger als das Grundsätzliche war für ihn das Persönliche.
Wenn es gar nicht anders ging, mochte Hertz ruhig eine andere Meinung
über die Kunst haben als er selbst, aber er sollte gut zu ihm sein. Mit
seinem unbändigen Drang nach Anerkennung würde er es wie das Dot-

ter im Ei gehabt haben, wenn er einer literarischen Gruppe oder einer Clique angehört hätte. Das sollte ihm nie beschieden sein. Er war immer darauf angewiesen, sich auf eigene Faust vorwärtszutasten, und zu Beginn seiner Laufbahn mußte er es erleben, nun obendrein von dem tonangebenden Heibergschen Kreis ausgestoßen und gebrandmarkt zu sein.

Um seinen Mut zurückzugewinnen, mußte er aus der Stadt fortgehen, und im Frühling 1831 machte er für sein erspartes Geld (er war sein ganzes Leben hindurch ein hervorragender Wirtschafter) seine erste, bescheidene Auslandsreise nach Nord- und Mitteldeutschland. Die Begegnung mit Tieck und Chamisso waren die Höhepunkte der Reise:

In Dresden machte ich Tiecks Bekanntschaft; Ingemann hatte mir einen Brief an ihn mitgegeben; ich hörte ihn eines Abends Shakespeares Heinrich IV. vorlesen; bei meiner Abreise schrieb er einige Worte in mein Al-

Bildnis Andersens von C. A. Benzon. 1835

Adelbert von Chamisso.
Gemälde von Robert Reinick

bum, wünschte mir als Dichter Glück, drückte mich an seine Brust und küßte mich: das machte den tiefsten Eindruck auf mich, ich habe es später nie vergessen; weinend ging ich fort und betete auf das innigste zu Gott um Kraft, den Weg zu wandern, nach dem meine Seele und mein Gedanke trachteten, Kraft, um auszusprechen, was ich in meiner Brust fühlte, und daß, wenn ich Tieck wiedersähe, er mich immer kennen und schätzen möge. – Erst mehrere Jahre danach, als meine späteren Schriften übersetzt und in Deutschland gut aufgenommen worden waren, sahen wir uns wieder, ich fühlte den treuen Händedruck dieses Mannes, der, so kam es mir vor, mir außerhalb meines Geburtslandes, unter Fremden, den Weihekuß gab. – In Berlin sollte ein Brief von H. C. Örsted mir Chamissos Bekanntschaft verschaffen; der ernste, große Mann mit den langen Locken über die Schultern hinab und den ehrlichen Augen öffnete selber die Tür, als ich läutete, las den Brief, und ich weiß nicht, wieso, wir verstanden einander gleich so gut; ich hatte Vertrauen zu ihm, äußerte mich, wie ich war, wenn auch sogar in schlechtem Deutsch; Chamisso konnte dänisch lesen; ich schenkte ihm meine Gedichte, und er war der erste, der mich übersetzte, der erste, der mich in Deutschland einführte. Im «Morgenblatt für gebildete Stände» äußerte er sich damals folgendermaßen über mich: «Mit Witz, Laune, Humor und volkstümlicher Naivität begabt, hat Andersen auch tieferen Nachhall erweckende Töne in seiner Gewalt. Er versteht besonders, mit Behaglichkeit aus wenigen, leicht hingeworfenen treffenden *kleinen Zügen kleine Bilder und Landschaften ins Leben zu rufen, die aber oft zu örtlich-eigenthümlich sind, um den anzusprechen, der in der Heimath des Dichters nicht selbst heimisch ist. Vielleicht ist, was von ihm übersetzt werden konnte oder übersetzt worden ist, am wenigsten geeignet, ein Bild von ihm zu geben.»*

Chamisso war mir seither immer ein treuer, teilnahmsvoller Freund; seine Freude über meine späteren Schriften ist in der «Gesamt-Ausgabe» seiner Werke aus den dort abgedruckten Briefen an mich zu ersehen.

Die vielen neuen Eindrücke taten ihm gut. Aber die Verbindung mit zu Hause war nicht ohne Verdrießlichkeiten. Nach und nach waren die Collinschen Kinder so weit, daß sie eine Rolle in seinem Dasein spielten; zu Anfang schloß er sich namentlich an die älteste Tochter Ingeborg an, eine schlagfertige junge Dame – sie war die Urheberin des besonderen Collinschen Familienjargons, von dem die Märchen Spuren enthalten – mit einem gutmütig-neckenden Ton, dem er sehr wohl Geschmack abgewinnen konnte. Einer von ihnen aber sollte im Laufe der Jahre sein treuester, wenn auch keineswegs unkritischer Freund werden, und zwar der Sohn Edvard, der ein paar Jahre jünger war als Andersen. Er ging in den Fußspuren des Vaters, wurde Beamter und übernahm auch nach und nach die Vormundschaft des Vaters für Andersen. Scheinbar sah es

Scherenschnitt von H. C. Andersen

mit diesem Armerleutekind, das in einer der vornehmsten Beamtenfamilien des Landes aufgenommen wurde, wie eitel Idylle aus, aber in Wirklichkeit verlief der Assimilationsprozeß nicht ohne etliche Reibereien. Dem «Alten» gegenüber konnte Andersen die demütigende Abhängigkeit, in die er während seiner Schuljahre geraten war, nie abschütteln, und wenn auch die Freundschaft mit Edvard bis ans Lebensende dauerte, so gelangte sie über einen bestimmten Grad von Kühle nicht hinaus. Andersen war von der Familie gebilligt und fühlte sich dennoch nicht zugehörig.

Hierzu trug in nicht geringem Maße die lächerliche Duz-Geschichte bei, die wie ein Stachel in seinem verwundbaren Gemüte stecken blieb und eine so große Rolle in der Einschätzung des Verhältnisses zwischen den Collins und ihrem Schmerzenskind gespielt hat. Aus Hamburg schickte Andersen an Edvard Collin einen Brief, in welchem er unter anderem schreibt:

Von allen Menschen sind Sie derjenige, den ich in jeglicher Hinsicht als meinen wahren Freund betrachte, seien Sie es mir immer, lieber Collin, ich bedarf wirklich eines offenen Herzens, aber mein Freund, der, den ich lieben kann als einen solchen, muß auch Geist haben, ich muß ihn in dieser Hinsicht achten können, und an solchem mangelt es im Grunde den wenigen anderen, die ich so recht liebe, nur Sie sind unter den Gleichaltrigen derjenige, an den ich mich so recht gebunden fühlen kann. Ich habe auch eine Bitte an Sie, Sie werden vielleicht lachen, aber möchten Sie mich einmal so recht erfreuen, mir so recht einen Beweis für Ihre Achtung geben – wenn ich sie verdiene – dann – ja, Sie dürfen nicht böse sein! – sagen Sie Du zu mir! Mündlich würde ich Sie nie darum bitten können, es muß jetzt geschehen, jetzt während ich fort bin; haben Sie etwas dagegen, dann sprechen Sie nie mit mir darüber, ich werde es natürlich nie mehr erwähnen! In Ihrem ersten Brief, den ich jetzt erhalte, werde ich sehen, ob Sie mich haben erfreuen wollen, und ich werde dann dort auf Ihr Wohl trinken, und das von ganzem Herzen. – Sind Sie böse? – Sie können sich nicht denken, mit welch einem klopfenden Herzen ich dies schreibe, obgleich Sie nicht hier sind. Aber nun nichts mehr davon.

Andersen wartete und wartete, endlich lag in Berlin Antwort für ihn, eine ellenlange Epistel, bestimmt die längste, die Collin ihm geschrieben hat, und es war eine glatte Absage, unter anderem damit begründet, daß er gegen dergleichen allergisch sei («Es gibt viele Belanglosigkeiten, gegen welche Menschen, glaube ich, einen angeborenen Widerwillen haben; ich habe ein Frauenzimmer gekannt, das hatte einen derartigen Widerwillen gegen graues Papier, daß ihr übel wurde, wenn sie es sah; wie soll man das erklären. – Wenn ich ... einen Menschen, den ich achte und gern habe, lange gekannt habe, und er bietet mir an, Du zu sagen, da stellt sich dies unbehagliche, unerklärliche Gefühl bei mir ein ...»).

Andersen nahm die Absage scheinbar mit Fassung hin, aber in Wirklichkeit vergaß er sie nie – sechzehn Jahre später tauchte sie im *Der Schatten* auf. Eine Kleinigkeit, die in seinem selbstquälerisc müt unwahrscheinliche Ausmaße annahm. Collins Haltung in und ein paar anderen Dingen mag herzlos erscheinen und bar je .... Verständnisses für Andersens bodenlose Einsamkeit, aber soll man die Rechnung zwischen diesen beiden aufstellen, so darf man doch auch nicht vergessen, daß derselbe Collin ein Menschenalter hindurch Andersens Geldangelegenheiten auf das peinlichste verwaltete, gewissenhaft alle Verhandlungen mit Verlegern und Buchdruckern regelte, ja, er nahm sogar die große Arbeit auf sich, das Manuskript für die deutsche Selbstbiographie ins reine zu schreiben, aber da jubelte Andersen auch: *Danke, danke! – niemals werde ich diesen Zug Ihres brüderlichen Gemütes vergessen, es ist eine Umarmung, es ist ein Kuß – es ist ein Trunk der Brüderschaft – Sie verstehen mich schon. Danke!*

Sowie er nach Hause kam, schrieb er seine Reiseeindrücke nieder, die im selben Jahr unter dem Titel *Schattenbilder von einer Reise in den Harz und die Sächsische Schweiz* (1831) herauskamen, eine Arbeit, die wohl stark von Heine beeinflußt ist, aber zugleich eine zunehmende Originalität verrät. Sie ist mit fliegender Feder zu Papier gebracht und ist das frischeste von seinen Jugendwerken. Es hatte denn auch Erfolg, aber er war nicht zufrieden. Im *Märchen meines Lebens* lamentiert er abscheulich darüber, daß er in diesen entscheidenden Jahren von der Kritik, vom Publikum und den Freunden im Stich gelassen wurde. Alle wollen ihn berichtigen, ihn erziehen, er ist ein gehetztes Wild ... Aber das Bild ist, wie H. Topsøe-Jensen nachgewiesen hat, schwerlich richtig, ausgenommen in dem einen Punkt, daß er nicht glücklich war. Die Ursache sucht er in äußerlichen Anlässen, aber sie ist eher in inneren zu suchen. Er näherte sich dem dreißigsten Lebensjahr, das immer kritisch ist, und hatte das Verlangen, sich über sich selbst klar zu sein. Sein etwas überspanntes Gefühlsleben und die krampfhafte Produktionslust erschöpften ihn. Der kluge und milde Ingemann setzte in einem ernsthaften Brief an ihn den Finger auf den wunden Punkt:

«Sie peitschen die Phantasie auf und spannen das Gefühl auf die Folterbank, wenn Sie gleich einem Schlafwandler ständig auf Redaktionen und Gesellschaften und auf den Brettern des Theaters herumstreifen, wobei Sie täglich gleichsam Ihren Lebensbaum herausziehen, um nachzusehen, ob er Wurzeln geschlagen hat, anstatt ihm Ruhe zu gönnen, damit er Kraft erhält zum Blühen und zum Früchtetragen ... Geben Sie dem unaufhörlichen Anreiz zum Produzieren nicht nach, wodurch Sie geistig ausgemergelt werden. Pfeifen Sie auf das ganze leere gesellschaftliche Leben und nehmen Sie kein Flugblatt in die Hand! Kümmern Sie sich weniger um den Poeten und den Kranz, aber dafür um so mehr um die Poesie! Aber schlitzen Sie nicht den Singvogel auf, um alle seine goldenen Eier auf einmal herauszunehmen!»

ʟ as war es nämlich. Dazu kam, was Ingemann nicht wissen konnte, daß Andersens schwieriges und leicht zu entflammendes Herz sich noch eine weitere Niederlage geholt hatte. Da er von Riborg Voigt verschmäht worden war, vertraute er sich Collins jüngster Tochter Louise an, die damals ein blutjunges, nicht eben hübsches, aber charmantes und sehr feinfühliges Mädchen war und daher besser für ein Vertrauen in Herzenssachen geeignet als die spottlustige Ingeborg. Sie brachte ihm Mitgefühl entgegen, und nach kurzer Zeit übertrug er seine Gefühle für Riborg auf die Trösterin. Daß der mächtige Collin seine Tochter dem bettelarmen Poeten geben sollte, der nicht viel andere Aktiva hatte als seinen Ehrgeiz und den Glauben an seinen Ruhm, war von vornherein unwahrscheinlich. Louise war daher auf ihre Weise genauso unerreichbar wie die verlobte Riborg, sie vermochte sein Gefühlsleben aufs neue elegisch zu bewegen ... Er wird sich ihr schwerlich jemals erklärt haben,

Louise Collin. Gemälde von Vilhelm Marstrand

Edvard Collin

aber die ganze Familie war sich darüber im klaren, wie es um ihn bestellt war. Er schrieb ihr empfindsame Briefe, und als die kluge Ingeborg merkte, wohin das führen würde, setzte sie es durch, daß sie die Briefe las, ehe Louise sie erhielt, eine Zensur, die seine heißen Ergüsse abkühlte. Damit war eine briefliche Werbung unterbunden, und er war zu sehr ein Liebhaber aus der Ferne, um sich mündlich erklären zu können. In einer solchen qual- und wonnevollen Ungewißheit ging er umher, bis Louise dieser Ungewißheit ein Ende machte und sich um die Neujahrszeit 1833 mit Auditeur Lind verlobte. *Das Märchen meines Lebens* teilt kein Wort von dieser Liebesgeschichte mit – man könnte sich daher versucht fühlen anzunehmen, daß sie einen überwältigend starken Eindruck auf ihn gemacht hat, aber näher liegt es, sie als einen Widerschein seiner ersten Verliebtheit anzusehen. Dafür aber ist die Dichtung, für die Louise den Anstoß gegeben hat, von höherem Wert als die, die mit Riborgs Namen verknüpft ist. Sowohl in *Der unartige Knabe* als auch in *Die kleine Seejungfrau* ist der persönliche Hintergrund seine aussichtslose Liebe zu Louise Collin.

Diese Mißhelligkeiten brachten ihn bis auf den Nullpunkt. Er verstummte. Seine einzige Rettung war fortzukommen, zu reisen, und der rettende Engel war abermals Jonas Collin, der ihm ein Reisestipendium verschaffte. Am 22. April 1833 ging der achtundzwanzigjährige Dichter auf die lange Reise, die in seinem Leben ein Wendepunkt werden sollte.

Reisen heißt leben

Reisen heißt leben! ... Das Reiseleben ist mir die beste Schule der Bildung geworden ... Gleich einem stärkenden Bad für den Geist, gleich dem Medea-Trunk, der immer wieder verjüngt, ist für mich das Reisen ... Nie wird er müde, in Selbstbiographien, Tagebüchern und Briefen das unstete Touristenleben zu verherrlichen, denn, wie er 1836 an Collin schreibt: *Meine Erziehungsschule sind das Leben und die Welt, ich habe die Gabe aufzufassen und darzustellen; aber ich muß meine Werkstatt haben, und das heißt, ich muß mich in der Welt herumtreiben.*

Er sollte der größte Reisende in der Literatur unseres «goldenen Zeitalters» werden, ja einer der meist gereisten Männer Europas. Im ganzen unternahm er 29 Auslandsreisen, von denen die meisten in seiner Produktion Spuren hinterlassen haben, aber keine von so einschneidender Bedeutung wie die große Bildungsreise nach Italien 1833 bis 1834, *dem Land meiner Sehnsucht und meines Glücks.*

Auch rein stilistisch spiegelt *Das Märchen meines Lebens*, beabsichtigt oder unbeabsichtigt, den Rhythmus seines Lebens wider: Der Abschnitt, der seine Erschöpfungsperiode 1830 bis 1833 schildert, ist ganz farblos in der Sprache und ganz lose in der Komposition, aber als er die Italien-Reise in Angriff nimmt, erhält die Darstellung wieder ein festes Gerüst, und die Sprache ist von jener Sommerwärme erfüllt, die für seinen dichterischen Aufbruch charakteristisch ist.

Die erste Station auf der Reise war Paris, das dem keuschen Nordländer einen jähen Schock versetzte: *Paris ist die liederlichste Stadt unter der Sonne, ich glaube, daß es hier nicht auch nur ein unschuldiges Geschöpf gibt ... Öffentlich auf der Straße hat man mir am Tage in den anständigsten Straßen «ein hübsches Mädchen von sechzehn Jahren» angeboten, eine junge Dame mit dem unschuldigsten Gesicht, dem artigsten Benehmen, hielt mich und S. an und forderte uns mit so anmutigem Gehaben auf, sie zu besuchen, sie sei ganz gesund usw. ...* schreibt er nach Hause. Er selber lebte nach dem Grundsatz: Wohl anschauen, nicht anrühren. Aber bis zum Ende seiner Tage bewahrte er ein lebhaftes Interesse für die Untugend anderer. Daß er indessen bald von dem Leben und Treiben in der Hauptstadt des Bürgerkönigs gefesselt war, zeigt die reizvolle Schilderung von einem Spaziergang durch die Stadt, die er im Juni an

Edvard Collin schickte – eine Pariser Reportage, über die er :
so sehr freute, daß er sie beinahe Wort für Wort als ein selb
Kapitel in den Roman: *Nur ein Spielmann* eingehen ließ (2. Teil
pitel). Er achtete genau auf seine Worte und ließ nicht einen glüc̣ ̣̣̣en
Einfall oder einen gelungenen Abschnitt verlorengehen.

Seiner Gewohnheit getreu suchte er die Berühmtheiten auf, die er
ausfindig machen konnte, den Komponisten Cherubini, Heine und Vic-
tor Hugo (*der im Schlafrock, Unterbeinkleidern und eleganten Morgen-
schuhen war*), ging fleißig ins Theater (große Begeisterung für Mlle
Mars) und schaffte es wahrhaftig auch noch, den ersten Teil des dramatischen Gedichts *Agnete und der Wassermann* zu schreiben, ehe er Mitte
August aufbrach. Einen Monat später konnte er von dem kleinen
Schweizer Gebirgsort Le Locle aus den zweiten Teil nach Hause schik-
ken, und nun ging die Reise über Mailand, Genua, Pisa und Florenz
nach Rom, wo er am 18. Oktober ankam, einem Datum, das er aus-
drücklich hervorhebt und seither immer als seinen römischen Geburtstag festlich beging.

Des Dichters Reisegepäck (Andersen-Haus, Odense)

Der Tiber in Rom. Zeichnung von H. C. Andersen

Was Deutschland und der Norden für das Herz sind, Frankreich für den Verstand, das ist Italien für die Phantasie, alles ist Malerei ... schrieb er nach Hause. Die Natur und das Volksleben ergriffen von seiner Seele Besitz, so frisch wie ein Sonnenaufgang, es war, als fielen ihm Schuppen von den Augen und als lerne er erst jetzt sehen.

Schöne Monate, in denen er enge Freundschaft mit dem Bildhauer Thorvaldsen schloß, in dem skandinavischen Künstlerkreise blühte und sich von neuen Eindrücken der Schönheit berauschen ließ, aber auch eine Zeit mit vielen und bitteren Enttäuschungen. Erstens tauchte sein Neider, der Verfasser der «Gespensterbriefe», Henrik Hertz, in Rom auf. Sie hatten beide ein Stipendium bekommen, *Hertz ein größeres, ich ein kleineres, und das war ganz in Ordnung*, steht in der deutschen Selbstbiographie, aber in der dänischen ist die zustimmende Hinzufügung (*und das war ganz in Ordnung*) gestrichen – was mit einigem guten Willen als Zurücksetzung gedeutet werden könnte, übersah er nie. Zunächst grauste ihm vor Hertz' Erscheinen, aber der alte Collin hatte ihm einen Wink gegeben, daß er entgegenkommend sein möge; er fügte sich und legte es nun darauf an, Hertz für sich zu gewinnen, fühlte sich jedoch zu Anfang in dessen Gesellschaft unsicher; späterhin kamen sie großartig miteinander aus und reisten gemeinsam nach Neapel, wo der Vesuv gerade einen Ausbruch hatte:

Gleich langen Feuerwurzeln von der Rauch-Pinie floß die Lava rundum an dem düsteren Berg hinab. Mit Hertz und ein paar anderen Nordländern besuchte ich den Ausbruch; der Weg nach oben verläuft zwischen Weingärten und außen um einsame Gebäude herum; bald schrumpfte die Vegetation zu schilfartigen Gewächsen ein, der Abend war so unendlich schön, entzückend anzusehen.

Von der Eremitenhütte ging es zu Fuß durch tiefe Asche den Berg hinan, ich war in einer glückseligen Stimmung, sang laut eine von Weyses Melodien und war der erste, der ganz nach oben gelangte; der Mond stand plötzlich gerade über dem Krater, aus dem kohlschwarzer Rauch aufstieg, glühende Steine wurden in die Höhe geschleudert und fielen fast senkrecht wieder zurück; der Berg unter uns erbebte. Bei jedem Ausbruch ward der Mond von Rauch verhüllt, und dann wurde es dunkle Nacht, so daß wir stehen bleiben und uns an den großen Lavablöcken festhalten mußten; allmählich spürten wir die Hitze, die unter uns hochkam. Der neue Lavastrom quoll am Berg entlang dem Meere zu, dorthin wollten wir, und um es zu können, mußten wir über einen jüngst erstarrten Lavastrom gehen; nur die oberste Kruste war an der Luft erstarrt; aus den Spalten, die in ihr aufgerissen waren, funkelte das rote Feuer; wir traten mit dem Führer vornweg auf diese Fläche hinaus, sie heizte durch unsere Stiefelsohlen hindurch; wäre die Kruste geplatzt, dann wären wir in einen Feuerschlamm eingesunken: Lautlos schritten wir vorwärts und erreichten die hingeschleuderten Lavablöcke, wo wir eine Menge Fremde antrafen und mit diesen über den herausquellenden, sich abwärtswälzenden, grützeligen Feuerstrom hinausblickten. Der Schwefeldampf war sehr stark, die Hitze unter unseren Füßen kaum auszuhalten, und nur wenige Minuten hielten wir es aus, hier zu bleiben; aber der Anblick während dieser war uns gleichsam für alle Zeiten ins Gedächtnis eingebrannt. Ringsum erblickten wir Feuerschlünde, es brauste vom Krater her, so wie wenn eine mächtige Schar von Vögeln aus einem Wald auffliegt. Den Kegel selbst konnten wir nicht besteigen, da ständig glühende Steine über ihn hinwegprasselten. Ungefähr eine Stunde hatten wir für die kurze, aber schwere Wanderung aus dem Aschenkessel bis zu der Stelle gebraucht, wo wir standen, der Abstieg dauerte keine zehn Minuten, wir flogen dahin, mußten ständig mit den Hacken bremsen, um nicht aufs Gesicht zu stürzen, sondern lieber auf den Rücken in die weiche Asche fallen; der Abstieg war ein lustiges Sich-durch-die-Luft-fallen-lassen. Es war herrlich stilles Wetter; die Lava glitzerte von dem schwarzen Boden auf wie riesige Sterne; es war bei Mondschein viel heller, als es daheim im Norden um die Mittagszeit an einem trüben Herbsttag ist. In Portici waren Häuser und Türen verschlossen, als wir dort hinunterkamen, keinen Menschen sahen wir, kein Wagen

Der Bildhauer Bertel Thorvaldsen.
Gemälde von C. W. Eckersberg, 1814

war zu bekommen, und so ging in dem schönen Wetter die ganze Gesell-
schaft zu Fuß nach Hause, aber schneller, als Hertz, der sich beim Berg-
steigen den Fuß gestoßen hatte, folgen konnte, ich blieb daher bei ihm,
wir gingen langsam, und bald waren wir beiden ganz allein. Die weißen
Häuser mit den flachen Dächern gleißten in dem klaren Mondschein,
nicht eine Menschenseele trafen oder sahen wir, Hertz sagte, «es sei ihm,
als gingen wir durch die ausgestorbene Stadt in Tausendundeinenacht».
Wir sprachen über Poesie und über – Essen; ja, wir waren so unsagbar
hungrig, und jede Osteria war geschlossen, wir mußten es aushalten, bis
wir nach Neapel kamen. Die großen Wellenlinien rangen im Mondschein
miteinander wie ein blaues Feuer, der Vesuv spie seine Feuersäule empor,
die Lava spiegelte einen dunkelroten Streifen in dem ruhigen Meer wider.
Mehrmals standen wir vor Bewunderung still, aber immer kehrte unser
Gespräch dahin zurück, daß wir gern eine gute Mahlzeit gehabt hätten:
das war in der späten Nacht die Blüte der ganzen Herrlichkeit.

So eine große, plastische Naturszenerie gehört zu dem, was Italien Andersens Kunst an Neuem zuführt – sie erhält Farbe und Form, bewahrt aber ihre Launigkeit: Das Bild von den beiden rivalisierenden dänischen Dichtern, wie sie auf den fast glühenden Lavamassen in der Asche herumkriechen, in eifrigem Gespräch über Poesie und – Essen, ist ja köstlich. Andersen mag bisweilen gehörig winseln, aber ohne Selbstironie war er nicht.

Von ungleich tragischerer Art war der nächste Kummer, der ihn in Rom traf: die Nachricht vom Tode seiner Mutter. Er war tief betroffen. Das Tagebuch vom 16. Dezember 1833 ist ein ergreifendes Dokument:

Es lag ein Brief da vom alten Collin, meine Mutter ist gestorben, meldete der. Gott, ich danke dir! war mein erster Ausruf, nun ist ihrer Not ein Ende gemacht, die ich nicht lindern konnte, aber ich kann mich doch nicht so recht an den Gedanken gewöhnen, so ganz allein zu sein, ohne einen einzigen Menschen, der mich durch die Bande des Blutes lieben muß! – Ich bekam auch eine Kritik von Heiberg über meine beiden Singspiele, ich bin nur ein Improvisator! – wegen meiner «Agnete» fürchtet man die Kritik sehr, und Reitzel traut sich nicht, fünfzig Spezies dran zu wagen. Nun kommt sie im eigenen Verlag heraus!»

Hinsichtlich der Reaktion auf den Tod der Mutter herrscht die genaueste Übereinstimmung zwischen dem Tagebuch und dem Antwortbrief an Collin (s. S. 28f).

Daß Heiberg ihn einen Improvisator genannt hatte, war ein böser Nadelstich, den er abwehrte, indem er seinem großen Italien-Roman eben diesen Titel mit einem ironischen Stachel gab. Daß aber *Agnete und der Wassermann*, wovon er sich viel versprach, mit gemischten Gefühlen aufgenommen wurde, war ein härterer Schlag, und als er ein paar Tage später einen Brief von Edvard Collin mit einer vernichtenden Kritik des ziemlich mißlungenen Werks erhielt, war er völlig niedergeschlagen, mußte ins Bett gehen und war einen ganzen Monat elend (s. das Briefzitat S. 40).

Collin hatte im großen und ganzen mit seinem Urteil recht, aber unrecht, daß er es in dieser Form und zu diesem Zeitpunkt von sich gab. Ebenso wie seine Ablehnung in der Duzgeschichte verrät diese Kritik eine sonderbare Fühllosigkeit dem empfindlichen Dichter gegenüber. Andersen schickte eine wütende Antwort nach Hause; Jonas Collin, der kluge Diplomat, war vernünftig genug, sie zu verbrennen, «nicht daß ich Ihnen ein einziges Wort vorwerfe, welches darin stand, aber ich mußte befürchten, daß es eine Wirkung haben könnte, die mich in höchstem Grade geschmerzt hätte – einen Bruch zwischen Ihnen und ihm».

Aber trotz der Enttäuschungen wurden diese Wintermonate in Rom entscheidend, er reifte sowohl als Mensch wie als Künstler und reiste mit neuem Lebensmut heimwärts.

Die Fahrt ging über Venedig (dessen Gondeln ihm vorkamen wie *schwimmende Totenbahren*) nach München, wo er natürlich Schelling aufsuchte, nach Wien, wo er Grillparzer kennenlernte, aber auf dem Wege nach Prag ereignete sich folgendes:

Im Wagen gab es keine vorbestellten Plätze, man mußte sich selber über diese einig werden, die beiden besten wurden uns indessen von zwei neuen Reisenden weggenommen, die in Iglau dazu stiegen und klüglicherweise hineingingen, als wir anderen alle, müde und hungrig, zum Abendbrottisch hinstrebten. Es war eine junge Dame mit ihrem Mann, er schlief schon, als wir ankamen und wieder einstiegen, sie war für beide wach und die Gesprächigkeit selber, redete über Kunst und Literatur, über feine Bildung, davon, wie man einen Dichter las und ihn verstand, über Musik und Plastik, über Calderón und Mendelssohn, zwischendurch hielt sie inne, mit einem Seufzer zu dem Mann gewandt, der seinen Kopf an sie gelehnt hatte: «Nimm deinen Engelskopf weg, der drückt mir die Brust ab!» sagte sie. Und nun sprach sie von der Bibliothek ihres Vaters, von dem Wiedersehen mit ihm, und als ich nach böhmischer Literatur fragte, war sie mit allen fähigen Schriftstellern des Landes bekannt, sie verkehrten bei ihrem Vater, in seiner Bibliothek war alle neuere Literatur zu finden usw. – Bei Tagesgrauen sah ich, daß sie und der Mann ein blondes Judenpaar waren, er wurde wach, trank Kaffee und schlief wieder ein, legte seinen Engelskopf auf die Brust der Frau und öffnete nur einmal den Mund, um einen uralten Witz zu erzählen, dann schlief er, der Engel! Sie wollte unser aller Stellung und Lebensumstände wissen, und als sie hörte, ich sei Schriftsteller, wurde ich ihr höchlichst interessant ... Ich hatte erzählt, daß ich gleich am nächsten Morgen weiterführe (von Prag) *gen Dresden, sie bedauerte es, denn sonst würde sie mich eingeladen haben, sie bei ihrem Vater zu besuchen, seine Bibliothek anzusehen und vielleicht «einen Geistesverwandten zu treffen!» – «Wir wohnen in dem größten Haus am Platz!» sie zeigte es mir, ich sah sie und den Mann dort hineingehen, und beim Abschied erhielt ich seine Karte. Am nächsten Morgen faßte ich den Entschluß, zwei ganze Tage in Prag zu bleiben, dann würde ich ja meiner Reisebekanntschaft auch einen Besuch machen und die Bibliothek dort mit der böhmischen Literatur ansehen können. Ich ging zu dem großen Haus, in das ich das Ehepaar hatte hineingehen sehen. Im Erdgeschoß wußte niemand etwas von dieser Familie, im ersten Stock auch nicht, als ich in den zweiten hinaufkam, sprach ich von der großen Bibliothek, die der Vater besitzen sollte! Nein, niemand kannte diese! Ich kam in den dritten hinauf, aber hier auch nicht, und man sagte, mehr Familien als die, bei denen ich nun schon gewesen war, gäbe es nicht; allerdings lebe hier ein alter Jude, der ein paar kleine Dachkammern ganz oben hätte, aber der könnte es durchaus nicht sein, immerhin ging ich dort hinauf; die Wände zur Treppe hinaus waren gehobelte Bretter, hier war eine niedrige Tür mit einem Zettel daran, ich klopfte, ein alter Mann in einem schmutzigen Schlafrock öffnete die Tür in eine niedrige Stube, mitten im Raum*

Die Spanische Treppe. Zeichnung von H. C. Andersen

stand ein großer Kleiderkorb, voll von alten Büchern. «Hier wohnt doch nicht», sagte ich, «diese Familie!» und ich zeigte die Karte vor. «Mein Gott!» wurde aus einer kleinen Nebenkammer gerufen, es war die Stimme der Dame, ich sah dorthin, und in tiefem Negligé, ihr feines schwarzseide-

81

*nes Reisekleid mit den Händen über den Kopf hochhaltend, um es sich
überzuziehen, stand sie dort, und in der Kammer gerade gegenüber gähn-
te der Mann so verschlafen und legte seinen «Engelskopf» auf die Seite.
Ich stand erstaunt da, die Dame kam herein, das Kleid auf dem Rücken
offen, die Haube lose auf dem Kopf, flammend rot vor Überraschung.
«Von Andersen!» sagte sie und bat um Entschuldigung, alles sei in
Unordnung, ihres Vaters Bibliothek – sie zeigte auf den Kleiderkorb – so
löste sich das ganze Geschwätz aus dem Reisewagen auf, «eine Dachkam-
mer und ein Sack voll Bücher!»*

Nur ein Schnappschuß von einer Landstraße in Mitteleuropa von einem Vorfall, der in seiner Biographie nicht die geringste Rolle spielt,
aber für Andersens Art, die Umwelt aufzufassen, unendlich charakteristisch ist, eine Reiseanekdote am Rande, aber wie beginnt sie unter seinen Händen zu wachsen und die Gestalt einer tragikomischen Kurzge-
schichte anzunehmen. Es ist nicht zu leugnen, daß seine Menschenschil-
derung bisweilen zum Stereotypen neigt, namentlich wenn es sich um
Berühmtheiten handelt, nicht ein einziges treffendes Wort hat er über
Heine, Schelling, Grillparzer zu sagen, und über die Vertreter des blau-
en Blutes hat er nur lauter peinliche Bemerkungen zu bieten, aber an-
onyme Personen stattet er mit lebendigen kleinen Zügen aus und verleiht ihnen eine außerordentliche Prägnanz. Dies Porträt aus der Diligence gehört zu seinen Meisterwerken. Der Mond über dem Vesuv und
der Engelskopf im Postwagen – so nehmen sich Natur und Mensch in
seiner impressionistischen Stimmungskunst aus.

Im August 1834 kehrte er nach Kopenhagen zurück, zog in eine bescheidene Wohnung im Nyhavn (auf der anständigen Seite), ganz nahe
beim Kongens Nytorv, und machte sich daran, seine Reiseeindrücke zu
bearbeiten. Es wurde nicht, wie er es sich zuerst gedacht hatte, ein Reisebuch daraus, sondern ein Roman, *Der Improvisator* (1835), in dem ein
farbenprächtiges, sinnenstrotzendes Italien den Rahmen um einen jungen Dichter bildet, Antonios (d. h. Andersens) wundersame Entwick-
lungsgeschichte. *Er richtete mein zusammengestürztes Haus von neuem
auf*, sagt er mit Stolz, und er verschaffte ihm den ersten internationalen
Ruhm: Im selben Jahr wurde er ins Deutsche übersetzt, 1838 kam er auf
schwedisch, 1844 auf russisch, englisch und amerikanisch, 1846 auf hol-
ländisch, 1847 auf französisch, 1857 auf tschechisch und polnisch . . .

Als genüge dies indessen nicht, tauchte im Buchhandel nur einen Monat nach dem *Improvisator* ein kleines, bescheidenes Heft auf, das ihm
größeren und dauerhafteren Ruhm bescheren sollte: *Märchen, für Kinder erzählt* (1835), enthaltend *Das Feuerzeug, Der Kleine Klaus und der
Große Klaus, Die Prinzessin auf der Erbse* und *Die Blumen der kleinen
Ida*; die ersten drei geben Volksmärchen wieder, die er als Kind gehört
hat, aber das letzte ist seine eigene Erfindung, jedoch mit Hoffmanns
Nußknacker und Mausekönig als Vorbild. Und tatsächlich, noch im sel-

Bildnis Andersens, gemalt von C. H. Jensen. 1836

ben Jahre sollte er ein neues Märchenheft vollenden, enthaltend *Däumelinchen*, ein Kindermärchen *völlig eigener Erfindung*, wie er sagt, *Der unartige Knabe* mit einem Motiv aus Anakreon, und ganz und gar nicht für Kinder, sowie *Der Reisegefährte*, wiederum ein Volksmärchen aus seiner Kindheit auf Fünen.

Wenn Andersen den Verlauf seines Lebens im allgemeinen als ein Märchen ansehen konnte, dann muß das Jahr des Herrn 1835 in seinem Bewußtsein ganz besonders im Märchenglanz erstrahlt sein: ein doppelter künstlerischer Erstlingserfolg, nämlich mit Roman und Märchen, zwei Genren, in denen er sich hier zum erstenmal versucht (abgesehen von der mißlungenen Probe im Stile des Musäus in den *Gedichten* 1830) und sogleich souverän beherrscht. Ja, im Roman gibt es meisterhafte Stellen, die er nie übertreffen sollte, und schon mit dem ersten Märchenheft schlug er spielend leicht und graziös seinen eigenen Ton an. Gewiß, das Register wurde später stark erweitert, er fand tiefere Töne auf seinem Instrument und lernte reicher instrumentieren, aber die Sprache stimmte er 1835 ein für allemal um. Mit einem Schlage war er reif geworden, hatte sich selber gefunden – und wurde berühmt. Hier hätte das Märchen sehr gut endigen können, denn von dem Tag an, als er sich durchgesetzt hatte, ist sein Leben gewissermaßen ereignislos. Nun hatte er erlebt, was es zu erleben gab. Indes, es sollten noch mehr Wermutstropfen in seinen Becher fließen und ihm weit mehr Lorbeeren noch um die Stirne geschlungen werden.

Mit einer fast ermüdenden Eintönigkeit hatte er immer und immer wieder behauptet, daß er unter dem Tadel welke, aber unter dem Lob aufblühe; Beispiele gibt es unzählige, aber nicht alle so hilflos flehend wie folgende Wendungen im Brief an Jonas Collin 1832: ...*Um eins möchte ich Sie im übrigen von Herzen bitten, wenn Sie mal schreiben – ja, es klingt sonderbar – aber – seien Sie nicht zu ernst, oder richtiger, moralisieren Sie nicht mir gegenüber (ich kann das richtige Wort dafür nicht finden), aber da ist hin und wieder einmal in Ihren Briefen etwas gewesen – etwas Solides – etwas über die Zukunft etc., etc., das mich so sehr verstimmt hat, und ich kann es weiß Gott nicht ertragen – es jetzt nicht ertragen.* Der Ausdruck «solide» ist in diesem Zusammenhang ein euphemistischer Fund.

Nun stellte sich heraus, daß er recht hatte. Sowie ihm Anteilnahme entgegengebracht wurde und er Anerkennung spürte, entfaltete er sich. Die Jahre von 1835 bis 1840 waren Arbeitsjahre voller Fleiß und Ergiebigkeit. Auf den *Improvisator* folgte 1836 *O. Z.*, eine Übertragung des italienischen Romans auf dänisches Milieu, und 1837 *Nur ein Spielmann*, dasselbe in anderer Art und Weise. Nach wie vor lieferte er verschiedene Bühnenwerke, aber einen wirklichen Sieg auf dem Theater erlebte er erst 1840 mit der Tragödie *Der Mulatte*, eigentlich die Dramatisierung einer französischen Novelle von einem hochkultivierten jungen Mann, der unglücklicherweise etwas Negerblut in sich hat und daher dem Geschick eines Sklaven anheimgefallen ist, eine Umformung von Andersens Paria-Gefühl. Aber vor allen Dingen baute er weiter an seinem Märchenschloß: 1837, 1838 und 1839 brachten je ein Heft mit Kleinodien, wie etwa die feinfühlige Erzählung *Die kleine Seejungfrau*, mit der er das verunglückte Agneten-Motiv in eine lebensfähige Form hinüberrettete, die glänzende Satire *Des Kaisers neue Kleider*, eigentlich mit einem Seitenhieb auf die einheimische Kritik, die einen Rivalen bis über den grünen Klee gelobt hatte, aber jegliche Spur örtlicher Verhältnisse ist sorgfältig aus dem Märchen getilgt, *Der standhafte Zinnsoldat*,

Programm der Tragödie «Der Mulatte»

mit dem er abermals das Genre gewaltig erweiterte und seinen eigenen
Ausnahmezustand in die Spielzeugfigur hineindichtete. In einer Sonder-
ausgabe erschien *Die Galoschen des Glücks* (1838), in dem sein Erstlingswerk *Die Fußreise* in der verklärten Form des Märchens wiederauf-
ersteht, der erste jener Erzählungskreise, die er zu einer erlesenen Spe-
zialität entwickeln sollte (*Die Schneekönigin, Ole Luköje*) – mit größter
Wirkung vielleicht in dem Meisterwerk, das er 1840 veröffentlichte: *Bilderbuch ohne Bilder*, das zwar kein Märchen ist, aber dennoch an der
Schwelle zum Märchen steht und das mit seinen gegensätzlich angeord-
neten Bildern die ganze Welt in sich schließt, «eine Iliade in einer Nuß-
schale» nannte es ein zeitgenössischer englischer Kritiker. Als Paradox
ist zu erwähnen, daß das Buch namentlich in illustrierten Ausgaben große Verbreitung erlangt hat.

Mitten in dieser großen Produktion hatte er auch noch Zeit zu verschiedenen kleinen Reisen, 1837 war er eine Weile in Schweden, die Besuche auf den dänischen Gütern wurden häufiger, und das gesellschaftliche Leben in der Hauptstadt vernachlässigte er auch nicht. In einem Brief an die Odenseer Freundin Henriette Hanck findet man ein treffendes Porträt von dem Märchendichter aus diesen sonnigen Jahren:

Kein Winter ist so ruhig und glücklich verlaufen wie dieser (1836). *Der Improvisator hat mir Achtung bei den Edelsten und Besten verschafft, sogar die Menge hat mehr Ehrerbietung an den Tag gelegt; von Nahrungssorgen weiß ich Gott sei Dank nichts, und ich habe mir in der letzten Zeit mein Leben ordentlich angenehm machen können. – Die Zeitungsherausgeber schicken mir Zeitungen, Reitzel Bücher und Kupfer; so sitze ich in bunten Pantoffeln und Schlafrock mit den Beinen auf dem Sofa, der eiserne Ofen schnurrt, die Maschine singt auf dem Tisch, und das Rauchwerk tut gut. Ich denke dann an den armen Jungen in Odense, der in Holzpantinen lief, und dann wird mein Herz weich, und ich segne den gütigen Gott!*

Ein Dichter nach der Mode der Biedermeierzeit. Wenn die kleinbürgerliche Stimmung der Gemütlichkeit ein wenig stickig wirkt, so wird die Wirkung durch denselben Gedanken neutralisiert, der den Dichter weich macht, den Gedanken an seine Jahre der Not. Es ist ein Mann, der endlich den Fuß unter den eigenen Tisch setzen durfte. Aber so sicher, wie er sich wirtschaftlich fühlte, als er diese Zeilen schrieb, war er in Wirklichkeit nicht. Die Honorare waren klein, die Übersetzungen trugen ihm nicht einen Heller ein, nur Ehren. Trotz großer Sparsamkeit, die seine ganze Lebenshaltung bestimmte (nur mit vornehmer Kleidung stattete er sich aus), sah er sich genötigt – es kostete große Überwindung –, sich an Collin zu wenden: *Da gibt es so viel, was mein Herz bedrückt, mich innig betrübt, ich muß mit Ihnen reden, aber mündlich kann ich es nicht! ... Ich bin arm und empfinde meine Armut schwerer als der kümmerlichste Bettler, und das drückt meinen Geist und meinen Mut nieder ...* – Die Bittschrift erstreckt sich über mehrere Seiten, die Antwort des Alten lautet in ihrer ganzen Kürze: «Seien Sie nur getrost heute abend und schlafen Sie wohl! Morgen reden wir zusammen und überlegen uns Hilfsquellen. Ihr C.» Wieder war es Collin, der ihm in diesen wirtschaftlich bedrängten Jahren half, bis er 1838 Dichtergage erhielt, eine jährliche staatliche Zuwendung von 400 Reichsthalern (späterhin ein paarmal erhöht) und damit auch wirtschaftlich in den sicheren Hafen kam, ein Ereignis, das ihn dazu veranlaßt, in den Erinnerungen das Leitmotiv seines Lebens zu unterstreichen:

Es war, als ob von diesem Tag an die Frühlingssonne in meinem Leben beständiger scheinen sollte; ich empfand eine größere Sicherheit, denn schaute ich zurück über die Jahre meines Lebens, so sah ich klarer, daß eine liebevolle Vorsehung über mir wachte, daß alles, wie durch höhere Gewalt, für mich zum Besten gelenkt wurde, und je fester eine solche Überzeugung wird, desto sicherer fühlt man sich.

Lorbeeren und Wermut

Die vierziger Jahre sollten seine ergiebigsten werden. Die vielen Reisen nahmen mehr und mehr den Charakter von Triumphzügen an, aber der Ruhm draußen ließ die Kritik daheim nicht verstummen. Der Mund stand ihm nicht still, wenn er von einer Huldigungsreise auf dem Kontinent in den Kopenhagener Ententeich zurückkehrte, er, der ohne jeglichen Egoismus war, wurde egozentrisch bis zum äußersten und mußte all und jeden an der Anerkennung teilhaben lassen; anstatt sich aber beeindrucken zu lassen, machte man sich über seine Eitelkeit lustig. Außerdem: wenn die einheimische Kritik nicht immer so bereitwillig anerkannte wie die ausländische, war dies nicht zuletzt darauf zurückzuführen, daß sie Arbeiten zu bewerten hatte, die das Ausland so gut wie gar nicht kannte: seine Dramatik. Aber selbst die überlegene, formalistische Kritik eines Heiberg hat nicht das geringste zu besagen im Vergleich zu der Enttäuschung, die die Begegnung mit der großen Passion seines Lebens, der schwedischen Sängerin Jenny Lind, ihm bereitete; immerhin wurde auch diese für seine Kunst ein Gewinn, denn sie vertiefte seine Auffassung von der Berufung des Künstlers, und er konnte sich nunmehr in Märchen, Roman und Reisebuch voll entfalten.

Ständig ist er unterwegs, um das Ungemach daheim zu vergessen und die Einsamkeit zu lindern, um neue Eindrücke zu erhalten und den Ruhm zu hätscheln und zu befestigen, denn zwar ist es die Vorsehung, die Berühmtheit schenkt, aber es schadet nichts, wenn man selber seine Kräfte einsetzt. Andersens Gottvertrauen verführte nicht zur Untätigkeit, sondern gestattete eigenes Eingreifen in den Lauf der Dinge.

Seine längste Reise unternahm er 1840 und 1841 über München nach Rom, wo er etwa zwei Monate blieb. Von Neapel fuhr er zu Schiff nach Griechenland, wo er an König Ottos Miniaturhof in Athen empfangen wurde und sich einen Monat aufhielt, bevor die Reise nach Konstantinopel fortgesetzt wurde. Über das Schwarze Meer und auf der Donau zurück gelangte er nach Wien, von wo er die Heimreise antrat. Ein Reiseplan, der gänzlich von den üblichen Touristenwegen und Bildungsreisen jener Zeit abwich und keineswegs ungefährlich war. Andersen war kein mutiger Mensch, selbst kleine Hunde konnten ihn in Schrecken versetzen; Schinken aß er nie aus Furcht vor Trichinen, und er konnte stundenlang auf Bahnhöfen herumstehen aus Angst, zu spät zu einem

Zug zu kommen, und wenn der Zug sich in Bewegung setzte, war er überzeugt, daß er in einem verkehrten saß ... Aber nächtlicherweile auf dem Vesuv in fast glühenden Lavamassen herumzuklettern oder eine halsbrecherische, monatelange Bootsfahrt auf der Donau zu machen durch unsichere Gegenden mit örtlichen Räuberfehden, dazu sagte er nicht nein, furchtsam im Kleinen, mutig im Großen, wieder diese charakteristische Zwiespältigkeit in seinem Wesen. Seine Erlebnisse faßte er in dem Reisebuch mit dem vielsagenden Titel *Eines Dichters Bazar* (1842) zusammen – das nämlich war die Welt für ihn.

Im darauffolgenden Jahre machte er eine eilige Reise nach Paris, wo er mit Hugo, Heine, Lamartine, de Vigny, Dumas père und Balzac zusammenkam. 1844 legte er sich Deutschland zu Füßen, ist wie früher schon bei dem Grafen Rantzau-Breitenburg in Holstein zu Gast und wird nun bei dem jungen Erbherzog Karl Alexander in Weimar eingeführt, wovon er in einem Brief an den alten Collin erzählt:

Es ist wahrlich wie ein Traum für mich, meine kurze Fahrt nach Deutschland hinein, mein Aufenthalt hier in Weimar, so bekannt und beliebt, wie ich hier in allen größeren Städten bin, hätte ich nicht zu sein geglaubt; ich schreibe dies hier nicht etwa in einem Hotel, nein, in einem reichen, gemütlichen Haus bei dem Kammerherrn, Baron Beaulieu Marconnay, der am Weimarer Hof ist und mich gebeten hat, die paar Tage, die ich in Weimar weile, doch bei ihm zu verbringen und nicht in einem Gasthaus zu hocken; ich bin heute morgen hierher umgezogen, habe zwei reich und elegant ausgestattete Zimmer und erhalte Visiten von so vielen tüchtigen Männern; für heute abend hat mich der Großherzog zu sich beschieden, und morgen bin ich beim Erbherzog zur Tafel; wie dies verläuft, werde ich am Schluß dieses Briefes erzählen ... Sie werden mich nicht mißverstehen, und nur Ihnen werde ich es sagen können, ich werde als Dichter hier in Deutschland höher eingeschätzt, als Sie es sich vielleicht vorstellen können!

Die Begegnung mit dem Erbherzog führte zu einem freundschaftlichen Verhältnis, das durch immer neue Besuche bis zum Jahre 1848 lebendig blieb. Der Krieg veranlaßte Andersen indessen, sich zunächst zurückzuziehen. Weiter ging die Reise nach Dresden, wo er Gast des Majors Serre auf dem Gute Maxen war. Auch hier sollte er Stammgast werden. In Berlin besuchte er Tieck und Humboldt und machte dreißig andere Visiten ...

Kaum war er zurückgekehrt, da wurde er als Gast des dänischen Königspaares auf die Insel Föhr eingeladen, von wo aus er am 5. September 1844 Edvard Collin in einem Brief erzählt: *Vor 25 Jahren kam ich mit meinem kleinen Bündel nach Kopenhagen, ein armer, fremder Junge, und heute habe ich meine Schokolade bei der Königin getrunken, bei der Tafel ihr und dem König gerade gegenüber gesessen ...* Von dort zu neuen Freuden beim Herzog von Augustenborg auf Schloß Augustenborg:

Charles Dickens.
Karikatur von André Gill

... ich lebe ganz und gar in der Familie des Herzogs ... ich nehme an allem teil, neulich fuhr ich im Wagen mit der Herzogin und den Prinzessinnen aus und ... ja, Sie werden nicht über mich lachen, aber als die armen Jungen auf der Straße standen und vor uns ihre Mützen zogen und in der Hand behielten, traten mir die Tränen in die Augen, ich dachte an meine arme Kindheit und – die Wechselfälle des Lebens, schreibt er an den alten Collin.

Im nächsten Jahr abermals eine Huldigungsfahrt durch Deutschland, jetzt liest er im Schloß zu Potsdam vor; dann weiter nach Italien und Südfrankreich.

1847 ging die Reise nach Holland, England und Schottland, wobei er nicht nur Dickens' Freundschaft gewann (etwa zehn Jahre später kam er wieder als Dickens' Gast nach Gad's Hill), sondern auch einen günstigen Vertrag über die Herausgabe seiner Schriften auf englisch abschloß.

1849 wagte er sich abermals auf eine Reise abseits von den üblichen Touristenwegen. Während er durch den Krieg von seinen Freunden auf dem Festland abgeschnitten war, zog er auf Entdeckungsfahrten ins in-

Johan Ludvig Heiberg

nere Schweden. Im Grunde war es Andersen, der die landschaftlichen Schönheiten dieses Landes entdeckte und in seinem künstlerisch am meisten durchgearbeiteten Reisebuch *In Schweden* (1853) davon kündete.

Schlag auf Schlag folgten jetzt die Auslandsreisen, und in den Erinnerungen legt er besonders genau Rechenschaft ab über die zunehmende Anerkennung, die ihm zuteil wird, was aber, um der Wahrheit die Ehre zu geben, ebenso wie gewisse dichterische Darstellungen vom Paradies, auf die Dauer auch etwas ermüdend wirkt. Jeder Blick, jeder Händedruck, jede Einladung, die von dieser Anerkennung Zeugnis ablegen, werden gewissenhaft zu Protokoll gebracht, Herzlichkeit und fürstliche Gunst Seite auf und Seite ab. Natürlich ist hier Eitelkeit mit im Spiele, aber gleichzeitig ist es auch offenbar, daß die Huldigung, die ihm dargebracht wird, für ihn eine Bestätigung seines Glaubens an die Vorsehung darstellt. Wieder und wieder muß er mit Freude wie auch mit Erstaunen das Wunder feststellen, das über seinem Schicksal waltet; wie symptomatisch ist es, daß er in den Briefen an die Collins aus Föhr und Augustenborg ständig daran denkt, daß er, der verwöhnte Liebling der europäischen Fürstenhöfe, der Sohn einer trunksüchtigen Waschfrau ist! Die eingehende Schilderung von dem Ruhme im *Märchen meines Lebens* deutet zwar auf einen unbändigen Geltungstrieb hin, aber nichtsdestoweniger ist sie auch der Ausdruck einer tiefen Demut vor Gott, der seine Schritte gelenkt hat. *Daß man erst so gräßlich viel durchmachen muß,* dokumentiert er wirkungsvoll in der Schilderung der Kinder- und Jugendzeit. Zu zeigen, daß *man dann berühmt wird*, ist in dem Bericht über die reiferen Jahre das Ziel. Aber es geht wie bei Dante: Die Qualen der Hölle und die Prüfungen des Fegefeuers wirken lebendiger als die Wonnen des Himmelreichs. Immerhin, auf den Pfaden des Paradieses schlüpft die Schlange dahin – es ist das Ehepaar Heiberg, Johan Ludvig, als Vertreter der Hegelschen Ästhetik der gescheiteste Kopf in Dänemark, und Johanne Louise, Primadonna des Königlichen Theaters und die größte Schauspielerin des Nordens im 19. Jahrhundert.

Andersen war nach wie vor empfindlich gegen Kritik, aber nach seiner ersten Italien-Reise hatte er es gelernt, mit barer Münze heimzuzahlen. 1840 war er auf einem Ausflug in Schonen, Südschweden, wo die Studenten in Lund ihn mit einem Fackelzug feierten. Mit einem ganz modernen Sinn für publicity trug er Sorge, daß die Besprechungen der schwedischen Zeitungen von dem Ereignis in der Kopenhagener Presse wiedergegeben wurden, aber das hätte er lieber bleiben lassen sollen, denn eines Tages sagt Heiberg zu ihm: «Wenn ich nach Schweden fahre,

Johanne Louise Heiberg. Lithographie, um 1840

müssen Sie mitkommen, damit ich auch ein bißchen von solchen Huldigungen abbekomme!» Aber Andersen hat nun allmählich so viel inneres Gleichgewicht erlangt, daß er imstande ist, eine Antwort zu geben, die der Stichelei Einhalt tut: *Fahren Sie mit Ihrer Frau hinüber! Und Sie werden es viel leichter erreichen.* Der weichherzige Dichter konnte ziemlich spöttisch sein. Aber hinterher trauerte er in seinen vier Wänden über die Bosheit der Welt.

Übrigens war es die Dame, die die Feindseligkeiten eröffnete. Andersen hatte zwar mit der Aufführung des *Mulatten* Erfolg gehabt, aber die Kritik murrte darüber, daß der Stoff aus einer französischen Novelle entlehnt war. Um zu zeigen, daß ihm sehr wohl selber *etwas einfallen könne*, machte er sich an ein neues, pikantes Stück *Das maurische Mädchen*, dessen weibliche Hauptrolle Frau Heiberg zugedacht war, ohne die das Stück ohne Frage durchfallen würde. Aber die Dame bekam Primadonnenschrullen und weigerte sich zu spielen. Andersen fiel aus der Rolle und fuhr sie an. Das war dumm, und kurz darauf wurde ihm denn auch in Heibergs vorzüglichstem Fiktionswerk übel mitgespielt, der apokalyptischen Komödie «Eine Seele nach dem Tode», nach welchem *Der Mulatte* und *Das maurische Mädchen* zum festen Repertoire in – der Hölle gehören. Die verlorene Seele freut sich, daß der Ruhm des Dichters so weit hinausgelangt ist, und Mephistopheles antwortet:

> Warum nicht hier so gut wie an anderm Ort?
> Schon lange glänzt des Ruhmes Mond für ihn
> Über das große Königreich Schonen hin –
> In Deutschland genießt er Ehren fort und fort.
> Südlich vom Hunsrück etwa das Glück beginnt
> Und endet oberhalb von Swinemünd'.

Heibergs Stück hatte ungemein großen Erfolg, und Andersen grämte sich. Er war zu der Zeit in Rom und stellt im Tagebuch die Frage, ob es für ihn zweckdienlich sei zu leben oder nicht! So dünnhäutig war er nach wie vor. Das kleinste Ungemach, und sogleich meldet sich der alte Mißmut. Neu ist dagegen, daß er wirkungsvoll zu antworten weiß. In *Eines Dichters Bazar* wird erzählt: Als er in Orsova in Quarantäne lag, träumte ihm eines Nachts, daß er in der Hölle sei, und er mußte es tatsächlich erleben, daß seine Schauspiele dort wirklich Erfolg hatten. Was aber sein Gegner zu erzählen vergessen hatte, wußte er nunmehr hinzuzufügen: daß Beelzebub eines Abends beschlossen hatte, auch Heibergs «Fata morgana» aufs Programm zu setzen; aber da hatten sich die Verdammten widersetzt: «Auch die Hölle kann einem zu heiß gemacht werden, und alles muß seine Grenzen haben!»

Nach verschiedenen solchen Ausfällen kam alsdann der hauptsächlichste Schlag, als Heiberg das Märchenspiel *Blume des Glücks* 1844 ablehnte. Da hielt Andersen es für geraten, die Feindseligkeiten einzustellen. Nach reiflichen Erwägungen suchte er Heiberg auf und brachte eine Unterredung zustande, die im *Märchen meines Lebens* gewissenhaft wiedergegeben ist; aber eine Almanachaufzeichnung über den Verlauf des Tages ist in ihrer lakonischen Form mindestens so bezeichnend: *Heute morgen draußen bei Heibergs, sprach über Die Blume des Glücks, über deren Idee wir uns nicht einig waren, sprachen uns über unser gegenseitiges Verhältnis aus, haben so etwas wie einen Vergleich geschlossen. Ging nach Hause, war aber so geschwächt.*

Kleine Scharmützel, die sich zu großen Qualen auswuchsen und seine gute Laune untergruben. Aber auch ein richtiggehendes Herzeleid erlebte er. Nach der Schwärmerei für Louise Collin beschäftigte ihn eine Zeitlang stark H. C. Örsteds Tochter Sophie, noch mehr aber die junge schwedische Comtesse Mathilde Barck, die augenscheinlich seine Gefühle erwiderte, aber starb, ehe es zu einer Verständigung zwischen ihnen gekommen war. *Das Märchen meines Lebens* übergeht diese beiden Schwärmereien mit Schweigen, dafür aber bringt es ein Porträt in ganzer Figur, neben Meislings das größte im ganzen Werk, von der Frau, die jetzt in den vierziger Jahren einen unauslöschlichen Eindruck auf ihn machen sollte: die schwedische Sängerin Jenny Lind.

Nichts kann Jenny Linds Größe auf der Bühne auslöschen, nichts als – ihre eigene Persönlichkeit daheim; ein kluger, ein kindlicher Sinn übte hier seine wundersame Macht aus; sie war glücklich, gleichsam nicht länger der Welt zu gehören! Ein friedlich einsames Zuhause war damals das Ziel ihrer Gedanken, und dennoch die Kunst mit ihrer ganzen Seele liebend, fühlte sie ihre Mission in ihr und war bereit, dieser zu folgen. Ein edler, frommer Sinn wie der ihre wird nicht durch Huldigungen verdorben! –

Mit dem ganzen Gemüt eines Bruders schätzte ich sie, war glücklich, eine solche Seele zu kennen und zu verstehen. Während ihres ganzen Aufenthaltes hier sah ich sie täglich; sie war in Bournonvilles Hause, und dort hielt ich mich die meiste Zeit auf. Vor ihrer Abreise gab sie im Hotel Royal ein großes Festessen, zu dem alle, die, wie sie es nannte, ihr einen Gefallen erwiesen hatten, eingeladen waren, und ich glaube, alle, bis auf mich, erhielten ein kleines Andenken an sie; Bournonville überreichte sie einen silbernen Becher mit der Inschrift: «An den Ballettmeister Bournonville, der sich mir gegenüber wie ein Vater gezeigt hat, in Dänemark, meinem zweiten Vaterland»; in den Dankesworten, die Bournonville aussprach, hieß es, daß nun alle Dänen seine Kinder sein wollten, um Jenny Linds Bruder zu werden! «Das würden mir zu viele werden!» entgegnete sie scherzend. «Ich möchte dann lieber einen vor ihnen allen zum Bruder erwählen! Möchten Sie, Andersen! mein Bruder sein?», und sie näherte sich mir, stieß mit dem vollen Champagnerglas an, und der Trunk der Brüderschaft wurde getan. Sie verließ Kopenhagen, die Brieftaube flog mitunter zwischen uns hin und her, sie war mir unendlich lieb – und wir trafen uns wieder, wie die folgenden Seiten erzählen werden; in Deutschland und England sahen wir uns – es könnte eine Dichtung darüber geschrieben werden, ein Buch des Herzens, das heißt das meine, und das darf ich wohl sagen: durch Jenny Lind habe ich erst die Heiligkeit der Kunst verstanden, durch sie habe ich gelernt,

*Die Sängerin Jenny Lind
in der Titelrolle der Oper
«Die Tochter des Regiments»*

daß man sich selbst im Dienste des Höheren vergessen muß! Keine Bücher, keine Personen haben eine Zeitlang auf mich als Dichter besser und veredelnder eingewirkt als Jenny Lind, und es ist darum natürlich, daß ich so lange und lebhaft bei dem Andenken an sie verweilen muß.

Etwas weiter unten im Erinnerungsbuch heißt es im Bericht über den Berliner Aufenthalt im Winter 1845:

Mitten in diesem Rauschen und Getümmel, in all diesem Übermaß an Güte und Interesse, mir meinen Aufenthalt hier angenehm zu machen, blieb ein Abend leer, unbesetzt, ein Abend, da ich plötzlich die Einsamkeit in ihrer drückenden Gestalt fühlte. Das war der Weihnachtsabend. Gerade der Abend, den ich mit dem Gemüt des Kindes im Festglanz sehe, wo es dazu gehört, daß ich den Weihnachtsbaum sehen muß, mich an der Freude der Kinder ergötzen, sehen muß, wie die Älteren wieder zu Kindern werden. – Gerade an diesem Abend, wie ich nachher von den Vielen hörte, die mich gastlich und gern gesehen hätten, jeder meinte, ich hätte längst eine Einladung angenommen dort, wo ich am liebsten sein wollte, saß ich ganz allein in meiner Stube im Hotel und dachte an das Zuhause in Kopenhagen. Jenny Lind war in Berlin, Meyerbeer hatte es, wie er früher mir gegenüber äußerte, durchgesetzt, daß sie hier auftrat, gehuldigt und bewundert, ertönte überall ihr Lob, nicht nur das der Künstlerin, sondern der Frau, beide zu einem vereinigt weckten eine Begeisterung, einen Enthusiasmus, daß das Theater förmlich bestürmt wurde, wenn sie sang. In allen Städten, an allen Orten, wohin ich kam, wurde von ihr gesprochen, doch dieser Erwähnung bedurfte es nicht, sie war tief in meinen Gedanken, und es war lange mein schönstes Phantasiebild gewesen, mir vorzustellen, daß ich den Weihnachtsabend bei ihr verbrachte, ich war davon überzeugt, daß, wenn ich um jene Zeit in Berlin sein würde, ich diesen Festabend in ihrer Gesellschaft sein würde. Es war mir eine derart fixe Überzeugung, daß ich Einladungen von den Freunden in Berlin ausschlug, und als dann der Abend kam – war ich nicht bei Jenny Lind eingeladen und saß ganz einsam im Hotel, fühlte mich so verlassen, öffnete das Fenster, sah in den Sternenhimmel hinauf, der war mein Weihnachtsbaum; mir war so weich ums Gemüt, andere würden es vielleicht sentimental genannt haben, sie kennen das Wort, ich kenne die Stimmung. Am Morgen danach war ich verärgert, kindisch verärgert über meinen vergeudeten Weihnachtsabend, und ich erzählte Jenny Lind, wie trübselig ich ihn verbracht hätte. «Ich hatte gedacht, Sie seien bei Prinzen und Prinzessinnen!» sagte sie; da erzählte ich ihr, daß ich alle Einladungen ausgeschlagen hätte, um bei ihr zu sein, und daß ich mich seit langer, langer Zeit darauf gefreut hätte, ja, deshalb wäre ich gerade zu Weihnachten nach Berlin gekommen.

«Kind!» sagte sie lächelnd auf deutsch zu mir, strich mir mit ihrer Hand über die Stirn, lachte mich aus und sagte: «Das wäre mir nie eingefallen,

ich war außerdem eingeladen, aber nun müssen wir noch einen Weih-
nachtsabend feiern, nun werde ich den Baum für das Kind anstecken las-
sen! Altjahrsabend wird der Weihnachtsbaum bei mir gefeiert!» Und gera-
de am letzten Abend des Jahres stand für mich allein ein kleiner Baum mit
Lichtern und Schmuck bei ihr; Jenny Lind, ihre Begleiterin und ich waren
der ganze Kreis. Wir drei Kinder aus dem Norden waren am Sylvester-
abend versammelt. Ich war das Kind, für das der Weihnachtsbaum ange-
zündet wurde; es war, wie wenn Kinder «Besuch kriegen» spielen, wir be-
kamen alle Gänge wie auf einer großen Gesellschaft, Tee, Eis und wahr-
lich auch das Nachtmahl; Jenny Lind bescherte uns eine große Arie und
ein paar schwedische Lieder, es war eine ausnehmend festliche Soirée,
und ich bekam alle Geschenke des Weihnachtsbaumes. Unser stiller, fest-
licher Abend wurde ruchbar und wurde in der Zeitung erwähnt, die bei-
den Kinder aus dem Norden, Jenny Lind und Andersen, beide unter dem
Weihnachtsbaum, so ungefähr stand da.

Dieses rührende Histörchen von dem einsamen Heiligabend in Berlin
ist wohl geeignet, Mitgefühl mit dem Ärmsten zu erwecken, und da er
nichts Eiligeres zu tun hat, als dem Vorwurf der Sentimentalität zu begegnen (*sie kennen das Wort, ich kenne die Stimmung*) ist man bereit,
eine Träne zu vergießen; aber es ist nicht unbedingt nötig, denn die Darstellung stimmt nicht ganz mit der Wahrheit überein. Wie das Tagebuch
zeigt, ging der umschwärmte Erfolgsdichter, nachdem er kurze Zeit seinen eigenen, trübseligen Gedanken nachgehangen hatte, auf eine Gesellschaft zu Frau Zimmermann, wo ein Weihnachtsbaum stand und viele Gäste waren, darunter eine Hofdame, und wo er sogar ein paar Märchen laut vorlas ... Aber derartige harmlose Erinnerungsverschiebun-
gen sind verzeihlich.

Dagegen kann es nicht auf einem Gedächtnisfehler beruhen, wenn er
erzählt, daß er die schwedische Nachtigall *mit dem ganzen Herzen eines*
Bruders schätze, denn er war nicht ausschließlich menschlich und künstlerisch, sondern auch erotisch berückt von ihr und bewarb sich 1843 erwiesenermaßen um sie, erhielt aber ein Nein. Während bei seinen früheren Verliebtheiten ein «literarisches» Moment mit im Spiele gewesen
sein mochte, wobei es ungewiß war, ob das Mädchen oder seine eigenen
produktiven Gefühle der Mittelpunkt waren, so ist sein Verhältnis zu
Jenny Lind von weit tieferer Art, weil sie alle Seiten seines Wesens in
Beschlag nimmt. Ihr Leben und ihre Kunst weisen auffallende Ähnlich-
keiten mit ihm selber auf: beide erlangten sie Weltruf, sie durch das
Volkslied, er durch das Märchen, beide setzten sie sich kraft einer tiefen
Ursprünglichkeit durch und traten als Naturbegabungen in Gegensatz
zum vorherrschenden Geschmack (sie: zur italienischen Oper, er: zur
Heibergschen Schule) – es erhellt aus seiner Schilderung von ihrem Ge-
sang, daß er sich über ihre geistige Verwandtschaft völlig im klaren ist:
Hier waren Wahrheit und Natur, alles erhielt Bedeutung und Klarheit –

Andersen, 40 Jahre alt

dies sind ja die Stichworte in seiner eigenen Ästhetik. Wenn er aber damit recht hat, daß *was ein tief durchdachtes Studium (in ihrem Spiel) zu sein scheint, hier die Eingebung des Augenblicks ist*, dann ist sie eine naivere und unmittelbarere Künstlerin gewesen als er selber; denn die Natur in seinen Märchen ist aus strengsten künstlerischen Überlegungen hervorgegangen. Aber gerade dieser Gegensatz kann weiterhin dazu beigetragen haben, daß er sich zu ihr hingezogen fühlte. Anstatt ihre Hand schenkte sie ihm ihr Vertrauen, wodurch sie mit der Zeit einen riesigen Einfluß auf ihn ausübte. Das Märchen *Der Engel* ist aus den Eindrücken von ihrer Persönlichkeit entstanden, *Die Nachtigall* aus solchen von ihrer Kunst. *Unter dem Weidenbaum* ist nichts anderes als sein Gefühl für sie, aber wichtiger als diese oder jene Spuren in den einzelnen Dichtungen sind die tieferen und reineren Töne, die sie ihn überhaupt gelehrt hat, seinem Instrument zu entlocken, das Verwegene im *Feuerzeug*, der Kopenhagener Tonfall in den *Galoschen des Glücks* weichen dem großen, schlichten Stil in der *Geschichte einer Mutter*. Sie vermittelt seiner Kunstauffassung eine größere Tiefe: die Berufung zur Kunst ist heilig und fordert alles.

1852 heiratete sie den Musiker Otto Goldschmidt, zwei Jahre später besuchte er sie in Dresden, wo *ein kleiner Sohn mich mit großen Augen anstarrte. Ich hörte sie wieder singen, es war dieselbe Seele, dieselbe Flut der Töne! Tauberts kleines Lied: «Ich muß nun einmal singen, ich weiß doch nicht, warum» scheint gleichsam auf ihren Lippen entstanden zu sein ...*

Traurig und doch froh, seltsam nachdenklich reiste der frauenlose Dichter weiter – *nach Illyrien*, sagt er.

Er blieb nun ein Rastloser und Umherirrender, wenn er auch immer stärker im Collinschen Hause verwurzelt war und sich auf dänischen Gütern mehr und mehr heimisch fühlte. Aber das Verhältnis zu den Collins war noch immer nicht frei von Reibereien. Man hatte sich immer über seine Schrullen lustig gemacht und ihn ziemlich viel aufgezogen, aber das konnte er im Grunde gut vertragen, als er erst begriff, daß man es nicht so bös meinte. Schlimmer war es, daß man seinen zunehmenden Ruhm nicht so ernst nahm, wie er es wünschen mochte, aber in diesem Punkte hatten Collin und sein Günstling die genau entgegengesetzte Ansicht. Wie die Probe (S. 88 f zeigt, schickte Andersen begeisterte Briefe aus Deutschland nach Hause wegen all des Aufhebens, das von ihm gemacht wurde, um «dem Hause der Heimat» zu zeigen, daß er der Stütze würdig sei, die man ihm hier gewährt hatte. Aber Collin, dem jegliche Art von Snobismus gänzlich abging, und der im Geiste von 1789 lebte, konnte sich nicht damit aussöhnen, daß der Dichter sich's um die Fürstenhöfe angelegen sein ließ. Als Antwort auf eine Beschreibung des Familienlebens im Schloß zu Weimar schrieb der Alte zurück: «Ich kann nicht von einem Zusammenleben mit Herzögen und Herzoginnen berichten und krauche nicht mit deren Kindern auf dem Fußboden herum.»

Hatten sie aber bisweilen Ursache, weniger zufrieden miteinander zu sein, so konnte die Familie doch mit der Zeit den Dichter ebensowenig entbehren wie er sie. Als Andersen sich einmal (von unzähligen Malen)

*Aus einem Bilderbuch, das Andersen
für eine Enkelin des alten Collin fertigte*

darüber beklagt hatte, daß man ihn in Dänemark vergesse, antwortete Collin: «Man denkt hier in der Amaliegade immer mit Liebe an Sie, wenn es auch nicht immer in Worten ausgedrückt wird.» Nicht weniger willkommen war er auf den dänischen Rittergütern.

Die vielen großen Auslandsreisen könnten den Anschein erwecken, als seien sie eine Flucht vor dem Schreibtisch, sie sind es indessen nicht:

In demselben Zeitraum, da der Koffer ständig gepackt steht und er so viel reist wie nie zuvor und später nicht wieder, erreicht seine Produktion auch ihren Höhepunkt, und sie ist zum großen Teil ringsum auf dänischen Herrensitzen entstanden, wo er zur Ruhe kam und sich ganz der Arbeit hingeben konnte. Natürlich ist es ihm nicht unlieb gewesen, in so erlesener Umgebung zu weilen, die viel von ihm hermachte; aber es ist auch von fast ebenso großer Bedeutung gewesen, daß er hier das Lehrlingsverhältnis zur Natur tiefer ausbauen konnte, in das die erste Italien-Reise ihn gebracht hatte: *An den stillen Seen drinnen in den Wäldern, auf den grünen Wiesen dort, wo das Wild vorübersprang und der Storch auf seinen roten Beinen einherging, hörte ich weder von Politik noch Polemik, hörte niemanden Hegel nach dem Munde reden; die Natur um mich her und in mir drinnen predigte mir meine Mission.*

Auch in den vierziger Jahren setzte er seine Lieferungen an die Bühne fort, die von sehr unterschiedlichem Werte waren, darunter das Lustspiel *Die neue Wochenstube* (1844) und den Operntext *Kleine Kirsten* (1846) (*selbst Heiberg mochte den Text*), seine beiden lebensfähigsten dramatischen Arbeiten – daß das Lustspiel ein Erfolg wurde, führt er selber darauf zurück, daß es anonym aufgeführt wurde. Nunmehr erscheint auch das Buch über die Orientreise *Eines Dichters Bazar* (1842), seine deutsche Selbstbiographie *Das Märchen meines Lebens ohne Dichtung* (1847) und ein neuer großer Roman *Die beiden Baroninnen* (1848), der zur Abwechslung einmal nicht sein eigenes Schicksal zum Gegenstand hatte. Aber vor allem anderen eine Flut von Märchen in einem abgeklärten und vollkommenen Stil, im ganzen bringt das Jahrzehnt sechs neue Hefte mit den genialsten Stücken, wie *Der Schweinehirte, Die Nachtigall, Die Liebesleute, Das häßliche Entlein, Der Tannenbaum, Die Schneekönigin, Die roten Schuhe, Die Hirtin und der Schornsteinfeger, Die Stopfnadel, Der Schatten, Das kleine Mädchen mit den Schwefelhölzern, Die Geschichte einer Mutter* ...

1847 begannen seine *Gesammelten Werke* auf deutsch herauszukommen (erst sieben Jahre später auf dänisch), und 1849 kam die erste berühmte deutsche Ausgabe der Märchen in einem Band mit über hundert Illustrationen von einem jungen dänischen Künstler Vilhelm Pedersen, der mit seinem naiv-empfindsamen Strich wohl von sämtlichen ausländischen und dänischen Illustratoren der Märchendichtung am kongenialsten sein dürfte (erst ein Jahr später erschien ein ähnliches Buch in Dänemark).

Um die Mitte des Jahrhunderts steht Andersen nunmehr auf der Zinne seines Ruhms, aber je höher er steigt, desto demütiger beugt er sich:

Es liegt etwas Erhebendes und zugleich Erschreckendes darin, wenn man sieht, wie die eigenen Gedanken weit umher und in die Menschen eingehen; es ist beinahe beängstigend, so den Vielen anzugehören. Das

Der Anfang des Manuskriptes
«Des Kaisers neue Kleider»

Edle und Gute wird ein Segen, aber unsere Irrwege, das Böse, hat auch seine Keime in sich, und unwillkürlich drängt sich einem der Gedanke auf: Gott, laß mich niemals ein Wort niederschreiben, für das ich dir nicht Rechenschaft ablegen kann. Ein eigenartiges Gefühl, gemischt aus Freude *und Angst, erfüllt mich jedesmal, wenn mein Glücksgenius meine Dichtung zu einem fremden Volke trägt.*

Mit welch einem strengen Ethos faßte er jetzt seine künstlerische Sendung auf!

Das letzte Kapitel

In den 25 Jahren, die Hans Christian Andersen noch zum Leben bleiben, spielte er die Rolle eines «großen Mannes». Er war eine welterfahrene Berühmtheit, auf die Orden und Ehrentitel niederprasselten. Daß er gelernt hatte, mit einem gewissen Gewicht aufzutreten, geht aus dem Bild hervor, das Georg Brandes aus diesen Jahren von ihm entwirft:

«Am einnehmendsten war er indessen, wenn er mir zwischendurch einmal einen Besuch in dem lächerlich kleinen und sehr hochgelegenen Zimmer machte, das ich damals bewohnte. Er trat ein, setzte sich auf den schmalen, mit Leder bezogenen Puff, der das einzige war, was ich ihm bieten konnte, schaute verstohlen zum Fenster hin; wie sorgfältig es auch geschlossen war, so rückte er in seiner Angst vor Zugwind ein wenig weg und holte eine Handschrift aus der Brusttasche. Doch ehe er anfing zu lesen, bereitete er mit einigen einleitenden Worten seine Zuhörer darauf vor, was kommen würde: Er habe diese Geschichte schon zwei oder drei Personen vorgelesen, nicht eben den Geringsten in Dänemark, und sie seien ganz entzückt davon gewesen. Gade habe gesagt, Andersen habe nie in seinem Leben etwas Besseres gemacht, und Professor Rasmus Nielsen habe die ganze Zeit gesagt: Vortrefflich! Vortrefflich! Ein jugendlicher Zuhörer erkannte hiernach im voraus, daß es für ihn unmöglich wäre, etwas anderes zu tun, als eine Träne zu zerdrücken und schweigend Andersens Hand zu pressen. Aber wie er las! Man glaube nicht etwa, daß er sich in dieser kleinen Stube, wo er mit seinem großen Corpus und seinen großen Gebärden kaum Platz hatte, sich zu rühren, weniger Mühe gegeben hätte, als wenn er in irgendeinem Festsaal vorläse. Er tat sein allerbestes, und er war bereit, sich auf die Erörterung mancher Einzelheit einzulassen, vorausgesetzt, man war froh und dankbar für das Ganze», ein Porträt, das sowohl um der Parallele wie auch um des Gegensatzes willen verdient, mit dem schon mitgeteilten Erinnerungsbild von Just Matthias Thiele verglichen zu werden: In dem einen Fall ist es der ältere Schriftsteller, der den Dichter am Beginn seiner Laufbahn schildert, im zweiten der jüngere Kritiker, der ihn am Ende seines Lebensweges porträtiert, aber ob es sich nun um den jungen, überspannten Glückssucher handelt, der dem Schöngeist mit dem guten Namen die Türen einrennt, oder um den ordensgeschmückten Konferenzrat, der den vielversprechenden Kritiker mit einer Visite beehrt, in

H. C. Andersen auf dem Landsitz «Rolighed»

beiden Fällen ist das Anliegen das gleiche: Er möchte so gern ein bißchen vorlesen!

Er sollte sich nunmehr im Glücke sonnen können, tat es aber nicht.
Bis zuletzt war er die Prinzessin auf der Erbse. Trotz allen äußerlichen
Triumphen behielt er stets und ständig jede alte, wirkliche oder ver-
meintliche Kränkung im Gedächtnis, und sein Gemüt konnte von un-

bändigem Selbstvertrauen in schwärzeste Verzweiflung umschlagen, ständig diese merkwürdige Zwiespältigkeit zu jedem Zeitpunkt seines Lebens. Über den Roman *O. Z.* erzählt er im *Märchen meines Lebens*, daß er *in einer Zeit, zwischen Mißmut und guter Laune wechselnd* entstanden sei. Wenn diese Bemerkung das einzige Kriterium wäre für die Zeitbestimmung des Romans, dann wäre man übel dran: er könnte in dem Fall jeder beliebigen Zeit seines Lebens zugerechnet werden. Es ist, als lägen genau entgegengesetzte Stimmungen nebeneinander in seinem Gemüt und wechselten bei dem kleinsten Anlaß mit Blitzesschnelle. In den Worten aus dem Tagebuch am 10. November 1870 kann man den Wechsel von Trübsal zu Humor in ein und demselben Satze feststellen: *Ich bin gesättigt von Tagen – für heute abend!*

Zur Erklärung seines geistigen Habitus könnte man sich versucht fühlen, eine so zweifelhafte Lehre wie die Humoralpathologie anzuwenden (mit der man vom Altertum bis zum 18. Jahrhundert großartig auskam), laut deren das Temperament wechselt, je nachdem, welche der vier Kardinalflüssigkeiten im Körper die Oberhand hat. Ich glaube, daß in Andersens Körper gleich große Mengen jener Flüssigkeiten vorhanden waren, die Melancholie und Leichtsinn ablagern, und daß sie daher böse um die Vorherrschaft gestritten haben. Hat man aber größeres Vertrauen zu einer soziologischen Erklärung als zu dieser überholten Flüssigkeitslehre, dann ist nichts dagegen einzuwenden, wenn man das leichte Umschwenken in seiner Psyche als einen Ausdruck seiner sozialen Wurzellosigkeit ansieht: Er nahm alle gesellschaftlichen Schranken mit Gewalt, fand aber im Grunde nirgendwo eine bleibende Stätte, obwohl er das innigste Verlangen hatte, zur Ruhe zu kommen. Die Schwankungen in seinem Gemüt gehen ausgezeichnet Hand in Hand mit einer solchen Vagabondage.

In seiner Lebensform traten keine großen Veränderungen ein. Er setzte seine Besuche auf den Herrenhöfen fort, jetzt vor allem in Holsteinborg und auf Basnæs in Südseeland, wo viele seiner spätesten Dichtungen entstanden sind. Noch war er nicht leer geschrieben, im Gegenteil, einige seiner stärksten Arbeiten stammen aus diesem Zeitabschnitt. Im Gegensatz zu so vielen «Naturbegabungen», die genial beginnen und mittelmäßig enden oder jedenfalls mit der Routine durchkommen, mußte Andersen sich zur Meisterschaft hintasten; als er diese aber erst einmal erreicht hatte, erhielt er sie sich bis zum letzten. Das zeigen nicht zuletzt die neuen Märchen: *Des Pförtners Sohn, Der Wind erzählt von Waldemar Daa und seinen Töchtern, Des alten Eichbaums letzter Traum, Schlammkönigs Tochter, Der Gärtner und die Herrschaft, Tante Zahnweh*, um nur ein paar Proben aus den reichhaltigen Heften zu nennen – annähernd die Hälfte der gesammelten Märchenproduktion stammt aus dieser Periode. 1850 erhielt Kopenhagen sein erstes Volkstheater, das Casino, dem Andersen umgehend eine Reihe Märchenstücke lieferte,

Andersen mit den Kutschern von «Rolighed»

Ole Luköje (1850) und *Holundermütterchen* (1851), die Erfolg hatten. Seinen Romanen fügt er den mit schwerem Geschütz bestückten *Sein oder Nichtsein* (1857) hinzu, über die religiösen Probleme, die ihn in seinem vorgerückten Alter beschäftigten, und den anmutigen Künstlerroman *Glücks-Peer* (1870). Aber das Hauptwerk neben dem Märchenbuch ist *Das Märchen meines Lebens* (1855).

Auch seine Auslandsreisen setzt er fort, häufige kleine Fahrten nach Weimar, aber daneben lange Reisen nach Schweden, Norwegen, England, Frankreich, Italien, Spanien (mit einem Abstecher nach Nordafrika) und Portugal, die Eindrücke aus den beiden letzten Ländern sind in den Reisebüchern *In Spanien* (1863) und *Ein Besuch in Portugal* (1868) niedergelegt, reine Triumphzüge mit vielen Ehrenbezeigungen, die jedoch in des Dichters Bewußtsein ganz durch das Fest in Odense 1867 mit Illumination und der Ernennung zum Ehrenbürger seiner Geburtsstadt in den Schatten gestellt werden.

Einer grundlegenden Veränderung in seinen späteren Jahren ist sein Dasein in der Hauptstadt unterworfen. 1861 starb der alte Collin, und wenn Andersen auch die Verbindung mit den Kindern nach wie vor aufrechterhielt, nicht zuletzt mit Edvard, so war der alte Zusammenhalt in der Familie nicht mehr der gleiche wie früher. Dagegen schuf er sich im Laufe der letzten zehn bis fünfzehn Jahre einen fast durchweg neuen Umgangskreis, der ihn in seinen ärmlichen Jahren nicht gekannt hatte, sondern für den er ausschließlich die große Berühmtheit war, und der ihn daher mit einer Ehrerbietung behandelte, die ihm sehr willkommen war. Es waren dies zwei reiche, kunstinteressierte Familien aus der Geschäftswelt, Melchior und Henriques – auf dem Landsitz des ersteren, «Rolighed», etwas außerhalb Kopenhagens, pflegte er die letzten Sommer zuzubringen, und hier sollte ihn auch, nachdem er längere Zeit gekränkelt hatte, am 4. August 1875 der Tod ereilen.

Liegt in dem Höhepunkt des äußeren Triumphs die Erfüllung der Prophezeiung und bildet somit einen wirkungsvollen Abschluß des Lebensmärchens, so wird das Werk auf der inneren Ebene in sublimer Weise mit der Vorbereitung zum Tode abgeschlossen, die der Dichter in einer Sturmnacht auf dem Meere erlebt, als er sich von Portugal aus auf dem Heimweg befand:

Es wurde schnell Abend, die Sterne kamen heraus, die Luft wurde sehr kalt; ich wagte mich nicht in meine Kajüte hinunter, sondern ging in den Speisesaal, wo ich um Mitternacht der einzige war, der blieb. Die Lichter wurden gelöscht, ich spürte die rollenden Seen, den Gang der Maschinen, die Schläge der Signalglocke und die Antworten, die darauf folgten. Ich dachte an die Gewalt der See, die Gewalt des Feuers, viel zu lebhaft meldete sich bei mir die Erinnerung an den schrecklichen Tod meiner Jugendfreundin Jette Wulff auf der Ausreise nach Amerika. Und wie ich da so lag, schlug eine See heftig gegen das Fahrzeug, es war, als ob es dadurch aufhörte, weiterzufahren, als ob der Dampf seinen Atem anhalte. Einen Augenblick dauerte es nur, und die Maschine erhielt ihr gewohntes Geräusch und ihre Bewegung zurück, aber unfreiwillig malten sich meine Gedanken, und zwar immer stärker und stärker, einen Schiffbruch aus, wie das Wasser das Deck zerschmetterte und wir sanken und sanken, wie lange würden das Bewußtsein und die Todesangst dauern? Ich erlitt deren ganze Qual, in solchem Maße riß die Phantasie mich mit, ich konnte es nicht länger aushalten, sprang auf und rannte an Deck, riß das Segel an der Reling beiseite und blickte hinaus. Welche Pracht, welche Größe! Das ganze rollende Meer leuchtete wie Feuer; die großen Wellen wälzten sich mit phosphorischem Glanze heran. Es war, als glitten wir über ein Feuermeer. Diese Herrlichkeit überwältigte mich so sehr, daß die Todesangst im selben Augenblick verschwand. Die Gefahr war nicht größer, nicht kleiner, als sie immer sein könnte, aber jetzt dachte ich nicht mehr daran; die Phantasie hatte eine andere Richtung genommen. Ist es für mich wohl so wichtig, noch einige Jahre zu leben? Kommt der Tod in dieser Nacht, er kommt in Größe und Herrlichkeit! Ich stand lange in der sternklaren Nacht und blickte auf das große, rollende Weltmeer hinaus, und als ich wieder in den Salon hinunter und zur Ruhe ging, war das Gemüt erquickt und fröhlich in der Hingabe an Gott.

Kann die Biographie die Poesie erklären?

Es war dieser Lebenslauf, den Andersen selbst für den besten Kommentar zu seinen Werken hielt. Hierin hatte er recht und auch unrecht. Recht insofern, als die Biographie bekundet, daß seine Dichtung im großen wie im kleinen auf einem soliden Boden der Wirklichkeit ruht. Unrecht insofern, als die *Poesie* in seinem Werk nicht aus seinen Erlebnissen ihre Kraft holt, sondern unabhängig ist von dem Verlauf seines Daseins.

Die Glücksvorstellung, die wie ein roter Faden durch die Märchendichtung läuft, angefangen mit den frühen Märchen *Das Feuerzeug, Der Kleine Klaus und der Große Klaus, Der Reisegefährte*, weiter über *Das häßliche Entlein* und *Der Flachs* bis zu den späten Märchen *Das Glück hat auf einem Stengel Platz* und *Sonnige Geschichten*, ist nicht ein luftiger Traum oder ein Spiel der Phantasie, sondern eine erfahrene Wirklichkeit. Das wundersame Geschick, das seine Märchengestalten erleben, ist sein eigenes. Kurz und bündig ist der Glücksgedanke in seiner Nacherzählung des Volksmärchens vom *Tölpel-Hans* gestaltet.

Ein alter Gutsbesitzer hat drei Söhne – zwei, die für sehr gescheit gelten, und einen, den man neben ihnen nicht zu nennen wagt: Tölpel-Hans. Als die Tochter des Königs ausrufen läßt, sie werde den Mann heiraten, der ihr die schlagfertigsten Antworten erteilt, beschließen die beiden gescheiten Brüder, ihr Glück zu versuchen. Tölpel-Hans hört von ihnen, was sie vorhaben, und macht sich – ihrem Gelächter zum Trotz – gleichfalls auf den Weg zur Hauptstadt, wo die Freier sich zu Tausenden drängen und zu Tausenden abgewiesen werden. Im Rededuell mit der Prinzessin versagen die beiden Brüder schon beim ersten Satz. Tölpel-Hans aber ist um keine Antwort verlegen, er besteht auf seine derb-witzige Art die Probe und wird König.

Die wirkungsvolle Ausnutzung der alten Erzählerschablone, der launige Witz, das hurtige Zeitmaß – alles zeugt von einem strotzenden Gefühl von Überschwang beim Dichter. Das Glück steht dem Kecken bei. Das gilt für Tölpel-Hans, und das gilt für seinen Erzähler.

Andere Seiten in dem farbigen Märchenbuch tragen dagegen Merkmale von des Dichters schwer erkauftem Wissen um das «gräßlich böse» Dasein. Eine bittere Erfahrung spricht aus den Märchen *Die Liebesleute* und *Die Springer; Der Tannenbaum* und *Der Wind erzählt von Walde-*

mar Daa und seinen Töchtern zeigen eine pessimistische Lebensanschauung, aber die schwärzeste Verzweiflung ist in der tiefsinnigen Mythe festgehalten, die den Titel *Der Schatten* trägt.

Ihr Inhalt ist, in aller Kürze, folgender: Ein junger Gelehrter aus dem Norden, der sich in einer südlichen Stadt aufhält, schickt eines Abends vom Balkon aus seinen Schatten in eine Wohnung des Nachbarhauses, die seine Neugierde erregt; der Schatten kehrt nicht wieder, auch am nächsten Tage nicht. Zu des Gelehrten Beruhigung wächst ihm jedoch allmählich ein neuer Schatten, der auf der Heimreise weiter zunimmt. Zu Hause angekommen, schreibt der Gelehrte Bücher, und darüber vergehen viele Jahre. Eines Abends besucht ihn ein hagerer, vornehm gekleideter Fremder, der sich als sein alter Schatten zu erkennen gibt. Er ist zu Vermögen gekommen und will sich von seinem ehemaligen Herrn loskaufen. Doch der Gelehrte will davon nichts hören; er schenkt seinem alten Schatten die Freiheit und verspricht ihm, daß er niemandem das Geheimnis verraten wird. Der Schatten erzählt ihm, daß die Wohnung, die er seinerzeit betreten, niemand anderem gehörte als der Poesie und daß er durch den Aufenthalt im Reich der Poesie zum Menschen geworden sei. Während der Übergangzeit zu einer körperhaften Existenz war er der Schwerkraft nicht untertan, er konnte sich frei im Raum bewegen. Dabei gewann er Einblicke in das intime Leben der Menschen und nutzte diese Kenntnisse zu Erpressungen aus, die ihn reich machten.

Der Schatten verabschiedet sich von dem Gelehrten, spricht aber nach Jahr und Tag wieder vor. Als der Gelehrte darüber klagt, daß es ihm schlecht gehe, weil die Leute seine Bücher nicht lesen, schlägt der Schatten seinem früheren Herrn vor, er möge ihn auf eine Reise begleiten, als sein Gefährte, sein Schatten. Der Gelehrte lehnt dies zunächst ab, doch schließlich gibt er nach und geht mit dem Schatten auf Reisen. Die Rollen sind jetzt vertauscht; der Schatten ist der Herr, er duzt den Gelehrten wie einen Diener und verlangt, daß dieser «Sie» zu ihm sage. Die Reisenden kommen in einen Badeort, wo auch eine Königstochter sich aufhält, die sehr klug ist und sofort bemerkt, daß der Fremde keinen Schatten hat; sie sagt es ihm auf den Kopf zu. Der Schatten aber redet sich heraus, der Gelehrte sei sein Schatten, er habe ihn zu einem Menschen herausputzen lassen, und die Königstochter glaubt es ihm. Sie verliebt sich in den Fremden. Um herauszubringen, ob er wirklich so allwissend ist, wie er vorgibt, unterwirft sie ihn einem strengen Examen. Als der Schatten einige besonders schwierige Fragen nicht beantworten kann, entschuldigt er sich mit schlechtem Gedächtnis und verweist die Fragerin an seinen «Schatten». Die Königstochter prüft an seiner Statt den Gelehrten, der sich in der Tat als ungemein beschlagen erweist.

Da beschließt die Königstochter, den Fremden, der einen so weisen Schatten hat, zum Manne zu nehmen. Zu dritt reisen sie in das Reich der

Illustration zu Andersens «Tölpel-Hans» von Vilhelm Pedersen

Königstochter. Dort, am Abend der Vermählung, fordert der Schatten von dem Gelehrten, er solle sich gegen hohe Bezahlung hinfort von jedermann Schatten nennen lassen und niemandem erzählen, daß er je ein Mensch gewesen sei. Nicht genug damit, solle er einmal im Jahr, wenn der Schatten sich öffentlich in der Sonne zeige, diesem zu Füßen liegen, «wie es einem Schatten geziemt». Empört weist der Gelehrte den Betrug von sich und droht, die Wahrheit zu erzählen. Doch der Schatten ist rascher und mächtiger, er läßt den Gelehrten von der Schildwache verhaften und berichtet der Königstochter, sein Schatten sei verrückt geworden, er halte sich für einen Menschen und ihn für seinen Schatten. Da schlägt die Königstochter vor, den Schatten hinrichten zu lassen, damit der Tod ihn von seinem Wahn erlöse. Dies geschieht, und das Hochzeitsfest nimmt seinen Lauf.

In der Form eines Märchens eine beißende Satire auf die Welt, wo das Simili der Echtheit vorgezogen wird, ja, wo die Kopie das Original tötet. Wie tief reicht nicht der Stachel in dem genialen Einfall, daß der gelehrte Mann die Rolle vom Schatten des Schattens auf sich nehmen muß. Nicht ein versöhnliches Wort und kein harmonischer Schluß. Andersens Waffen waren nicht nur zur Verteidigung gemacht, und sein Florett hatte nicht immer eine Zwinge. Mit diesem scharfen Auge für die Erbärm-

111

lichkeit der Welt nähert er sich einer Kierkegaardschen Domäne. Während aber Kierkegaards titanische Auseinandersetzung mit der Zeit eine Verdammung enthält, liegt im *Schatten* eine zerschmetternde Selbstverurteilung, denn wer sollte der Schatten anderes sein als der Dichter selbst mit der absonderlich langgezogenen Gestalt, wenn auch einer von seinen Aussprüchen (die Duz-Geschichte) in eine andere Richtung weist. Der gelehrte Mann, der über das Gute, das Wahre, das Schöne schreibt, ist Andersens philosophischer Lehrmeister H. C. Örsted, aus dessen Arsenal er die meisten seiner Begriffe holte. Indessen, wie die richtigen alten Mythen gestattet das Märchen unzählige Auslegungen, und insofern kann es gehupft wie gesprungen sein, wer wer ist, aber will man dem Dichter gerecht werden, so ist es zweckdienlich, wenn man weiß, ob er sich selbst als den Betrüger oder den Betrogenen aufgefaßt hat.

Tölpel-Hans contra *Der Schatten*. Das ist der große Gegensatz in Andersens Dichtung. Aber der Glaube an das Glück ebenso wie die Verzweiflung, Optimismus und Pessimismus haben ihre Wurzel in seinem eigenen, zwiespältigen Gemüt.

Was für das Große gilt, gilt auch im Kleinen: Ringsum in dem bunten Schriftwerk wimmelt es von Sätzen und Situationen, Abschnitten und Kapiteln, die genau seinen persönlichen Erlebnissen nacherzählt sind. Wenn im *Improvisator* die feurige Santa dem Antonio nachstellt, und sie sagt zu ihm: *«Sie sind nicht ein Mann wie die anderen!»* und

«Sagen Sie doch etwas über mein Kleid! ... Ich bin schlank wie eine Pinie! ordentlich mager! Nicht wahr?»

«Das kann man gleich sehen!» entgegnete ich.

«Süßholz!» rief sie aus. «Bin ich nicht wie gewöhnlich? Das Kleid hängt ganz lose um mich herum! Ist das nun ein Grund, rot zu werden? Sie sind mir auch ein Mannsbild ...» – so ist dies ja fast wörtlich der Schüler Andersen vor Frau Meisling.

Wenn es im *Schatten* heißt: *«Sie, als gelehrter Mann, wissen sicherlich, wie sonderbar die Natur ist. Manche Menschen können es nicht ertragen, graues Papier zu berühren, dann wird ihnen übel; anderen geht es durch Mark und Bein, wenn man mit einem Nagel über eine Glasscheibe kratzt; ich habe genauso ein Gefühl, wenn ich höre, daß Sie du zu mir sagen, ich fühle mich gleichsam zu Boden gedrückt wie in meiner ersten Stellung bei Ihnen. Sie sehen, es ist ein Gefühl, es ist nicht Stolz ...»;* so ist die Stimme zwar die des Schattens, aber die Worte stammen von Edvard Collin (s. S. 70).

Wenn der kraftpatriotische norwegische Lump in dem Märchen *Die Lumpen* mit dem vergnüglichen dänisch-norwegischen Gezänk zu seinem bescheiden-wichtigtuerischen dänischen Kollegen sagt:

Flachland-Bewohner, soll ich ihn zum Fjäll hinaufheben und ihn nordlichtern, Waschlappen, der er ist! Wenn das Eis vor der norwegischen

Szene aus «Der Schatten». Zeichnung von Vilhelm Pedersen

Sonne schmilzt, dann kommen die dänischen Obstschuten zu uns herauf mit Butter und Käse, recht edle Waren! und als Ballast ist dänische Literatur mit dabei. Die brauchen wir nicht! man verzichtet am liebsten auf schales Bier, dort wo der frische Quell sprudelt, und hier ist es ein Brunnen, der nicht gebohrt wurde ... Frei weg von der Leber spreche ich, und der Däne muß sich an den freien Ton gewöhnen, und das wird er tun in seinem skandinavischen Sichanklammern an unser stolzes Fjälland, das Urgestein der Welt!, so ist diese Tirade einer siebzehn Jahre älteren Zeitungskritik über *Eines Dichters Bazar* mit fast demselben Wortlaut erstaunlich verwandt.

Über die im *Improvisator* Auftretenden stellt Andersen mit Stolz fest, daß jeder Charakter aus dem Leben geholt sei: *Nicht einer ist erdichtet, ich kenne sie alle und habe sie gekannt.*

In den wertvollen, aber fragmentarischen Anmerkungen, die er selbst zu den Märchen gemacht hat, hebt er hinsichtlich des Märchens *Herrlich* nur eines hervor, was also für ihn von grundlegender Bedeutung gewesen ist, nämlich, daß *so gut wie alle dumm-naiven, alltagsfaden Reden der Witwe nach der Natur wiedergegeben sind.*

Diese zufälligen Beispiele lassen sich ad libitum fortsetzen. Wenn sein Leben der beste Kommentar zu seiner Dichtung ist, so ist es auch nicht schwierig, das Bild umzukehren und die Dichtung als den hervorragendsten Kommentar zu seinem Leben anzusehen. Doch ist die Sache nicht so einfach, als wären die Bücher ein Spiegel des Lebens. In vielen Fällen ist es eher umgekehrt. Andersen macht selber darauf aufmerksam, daß

113

er erlebte, als die Halbschwester 1842 in seinem Dasein auftauchte, was er sechs Jahre vorher im Roman *O. Z.* geschildert hat. Und dem veredelnden Prozeß, den er unter Jenny Linds Einwirkung durchgemacht hat, hatte er im Grunde im *Improvisator* etwa zehn Jahre früher vorgegriffen. Wie in anderen großen Künstlerbiographien scheint die Persönlichkeit nicht eine Folge des Milieus zu sein, sondern das Milieu eher eine Folge der Persönlichkeit – in seiner berühmten Maxime aus *Das häßliche Entlein* verkleinert der Dichter selber die Macht der Umwelt: *Es tut nichts, daß man im Ententeich geboren ist, wenn man nur in einem Schwanenei gelegen hat.* Ohne behaupten zu wollen, daß das Genie sich seine Eltern selber aussucht, kann man wohl der Ansicht huldigen, daß die hervorragende Künstlerpersönlichkeit sich in gewissem Sinne ihr Milieu selber schafft und sich die äußeren Anregungen verschafft, die ihre

Kunst benötigt. Viele von den besten Märchen lagen, wie der Dichter sagt, *im Gedanken wie ein Samenkorn, sie bedurften nur einer Stimmung, eines Sonnenstrahls, eines Wermutstropfens, und sie wurden zur Blüte.* Das heißt, die Idee ist das primäre, die biographischen Umstände das sekundäre, aber ohne Sonne keine Blüte.

In einem streng naturalistischen Schrifttum ist es eher trivial als eigentlich erschreckend, wenn zwischen Biographie und Werk eine so genaue Übereinstimmung herrscht. Aber in einer Dichtung mit einer so überströmenden Phantasie und einem so schwellenden Fabulierungsvermögen wie bei Andersen ist ein so intimer Zusammenhang zwischen Leben und Dichtung ein einzig dastehendes Phänomen. Daraus schreibt sich seine Sonderstellung unter den europäischen Märchenerzählern der Zeit her. In der Literaturgeschichte pflegen Andersen und Grimm Hand in Hand aufzutreten. Aber unter dem eben erwähnten Gesichtswinkel betrachtet, stehen sie mit den Rücken gegeneinander.

Und dennoch leben Andersens kleine Dichtungen ganz unabhängig von den biographischen Daten. Wer Vorkenntnisse hat – und die sind nützlich, steht im *Tölpel-Hans* über die beiden Brüder, die die Prinzessin *nicht* bekamen –, kann zeigen, daß die richtige Nachtigall (aus *Die Nachtigall*), deren Gesang *sich am besten im Grünen ausnimmt*, Jenny Lind ist, und der Musikmeister, der die Vorzüge der künstlichen Nachtigall gegenüber der richtigen hervorhebt (*denn bei der richtigen Nachtigall kann man niemals berechnen, was kommen mag, aber bei dem Kunstvogel ist alles bestimmt*), Johan Ludvig Heiberg. Mit kulturhistorischen, autobiographischen und literaturhistorischen Anmerkungen kann das Märchen mit dem bezaubernden chinesischen Schnörkel auf eine gegebene Situation in der kleinen Hauptstadt eines kleinen Landes in Nordeuropa vor hundert Jahren zurückgeführt werden. Hat es sich aber in Ländern und unter Menschen ausgebreitet, die niemals den Namen der schwedischen Sängerin oder des dänischen Kritikers vernommen haben, so muß es im Besitz eines Universalwertes sein, der das Spezielle und Lokale ins Allgemeine umgewandelt hat. Diese Umwandlung läßt sich nicht aus der Biographie des Dichters in einem engeren Sinne, sondern aus seinem künstlerischen Genius erklären. Um diesem auf die Spur zu kommen, muß man den verschlungenen Pfaden seiner Dichtung nachgehen bis zu der Auffindung der kleinen Form, in der sich ein Genie souverän entfalten konnte.

Auf dem Wege zum Märchen

Andersens Schriftwerk hat drei Perioden. Die erste umfaßt die Zeit der Ansätze, da er sich durch krampfhaft angestrengtes Produzieren vorwärtstastet. Die große dramatische Dichtung *Agnete und der Wassermann*, von der er selbst meinte, sie werde eine neue Phase einleiten, schließt statt dessen diese Jugendperiode ab. Der Durchbruch kam 1835 an zwei Fronten: mit dem ersten Roman *Der Improvisator* und dem ersten Märchenheft. Hier wird das Instrument neu gestimmt, und der Dichter erlebt nunmehr eine fruchtbare Periode bis hinauf zur Mitte des Jahrhunderts, da sein Ruhm bereits legendär geworden ist. In der dritten Phase festigt er seinen Ruf, und wenn er auch einzelne Dinge hervorbringt, die einen Anflug von Routine haben, bewegt er sich im großen gesehen auf derselben hohen Ebene wie in der Kulminationsperiode. Daß von einer Schwächung infolge seines zunehmenden Alters nicht die Rede ist, dafür legen sowohl der frische Roman *Glücks-Peer* aus dem Jahre 1870 als auch das letzte doppelbödige und tiefsinnige Märchenheft von 1872 unzweideutig Zeugnis ab.

Das Märchen ist das Wunder dieses Schrifttums. Aber sowohl vor wie nach der Entdeckung des kleinen Genres war Andersen als Dramatiker, Lyriker, Roman- und Reiseschriftsteller produktiv. Namentlich der Kunst des Theaters widmete er sich mit einer unglücklichen Liebe – man fühlt sich versucht, Edvard Collin recht zu geben, wenn er einmal an den Dichter schreibt: «Sie und Dänemark kommen vortrefflich miteinander aus und würden sich noch besser vertragen, wenn es in Dänemark nicht ein Theater gäbe: hinc illæ lacrimæ! dies verdammte Theater! ist das denn Dänemark, und sind *Sie* nichts weiter als ein Theaterschriftsteller?» Es gibt nicht weniger als 30 szenische Arbeiten von Andersens Hand, und wenn auch einige ein besseres Lob verdienen – und erhalten haben – als den Ehrenplatz, den Heiberg ihnen in der Hölle der Trivialität zuerkannt hat, so ist dieser Teil seines Schaffens in erster Linie von literarhistorischem Interesse. Wohl hatte Andersen den Kopf voller Ideen für die «Bretter, die die Welt bedeuten», aber er hat es nie richtig gelernt, seine Phantasie den Anforderungen der Bühne gemäß zu bändigen; zwar lag ihm unleugbar die treffsichere Dialogkunst, aber ihm fehlte die dramatische Ader. Er selbst hat eine sehr einleuchtende Erklärung für seine Schwäche auf diesem Gebiet abgegeben: *Marmier sagt,*

Titelblatt einer deutschen Ausgabe

man werde in Paris womöglich darauf verfallen, mich für die Bühne zu verwenden; aber das wird nicht geschehen; es gibt lyrische Situationen in meinem Leben, aber keine dramatischen.

Was er weder als Dramatiker noch als Lyriker erreichte, wurde ihm als Romanschriftsteller zuteil, nämlich Ruhm, und nach Ruhm trachtete er. Dieser Teil des Bauwerks umfaßt sechs Nummern. Die ersten drei Romane folgten Schlag auf Schlag in einem Abstand von je einem Jahr: 1835 *Der Improvisator*, 1836 *O. Z.*, 1837 *Nur ein Spielmann*, während sich die drei letzten über einen längeren Zeitraum erstrecken: 1848 kommt *Die beiden Baroninnen* heraus, 1857 *Sein oder Nichtsein*, 1870 *Glücks-Peer*.

In dem italienischen Roman, mit dem er sich endgültig durchsetzte, verherrlicht er, als er die Entwicklung des Dichters Antonio schildert,

In Frijsenborg, Sommer 1863

seine eigentliche künstlerische Sendung; da er aber diesen streng persönlichen Stoff in den Süden verlegt, hat er buchstäblich einen solchen
Abstand bekommen, daß er mit klarer, fester Kontur hervortritt; die ge-
nauen Umrisse sind in seiner Kunst ein neues Moment, das notwendig
war.

Auch die beiden nächsten Bücher sind selbstbiographischer Art. An
Stelle der bisherigen Methode, sein Wesen innerhalb desselben Romans

in zwei gegensätzliche Figuren zu zerlegen, hat Andersen eine Seite seines Gemüts in *O. Z.* unverfälscht erscheinen lassen, eine andere in *Nur ein Spielmann*. Die Hauptperson im ersteren, Otto Zostrup, ist ein harter und stolzer Charakter, eine tragische Figur mit leidenden Zügen, über düsteren Sippengeheimnissen brütend: die beiden Buchstaben O. Z., die er auf seiner Schulter hat einbrennen lassen, sind nicht nur die Anfangsbuchstaben seines eigenen Namens, sondern können auch «Odenseer Zuchthaus» bedeuten, wo er, wie sich herausstellt, geboren ist. Ohne Kenntnis von der Biographie des Dichters mag die Gestalt leicht wie eine rein literarische Erfindung wirken, ein typischer Romanheld aus dem Zeitalter der Romantik. Heute wissen wir, daß sie Trägerin tief persönlicher Probleme ist. Der Held in *Nur ein Spielmann*, der hochmusikalische Schneidersohn Christian aus Südfünen ist dagegen ein weiches und demütiges Gemüt, der ein großer Künstler hätte werden können (so wird postuliert), der aber zugrunde geht, weil die Umwelt ihm nicht hilft. Also mehr Selbstverteidigung als Selbstbiographie.

Während die drei ersten Romane solchermaßen Phasen in der Entwicklung des Dichters selber widerspiegeln und in verschiedener Vermummung von ihm selber handeln, wird in den letzten das Register sichtlich erweitert. Das Buch, mit dem er nach einer Pause von elf Jahren seine Romanproduktion wieder aufnimmt, der reife und geschlossenste Roman, *Die beiden Baroninnen*, ist einzigartig dadurch, daß er *nicht* ihn selbst zum Mittelpunkt hat – er ist nun über den Hang zur Selbstbespiegelung hinweg, der seine Jugendjahre kennzeichnete, und kann sich selbst in der bunten Personengalerie als komische Nebenfigur (den Kammerjunker) einreihen, während die Hauptrollen von zwei Damen aus der besten Gesellschaft belegt sind, beide jedoch mit einer düsteren Kindheit, eine die Tochter eines armen Instbauern, dem von einem tyrannischen Gutsherrn böse mitgespielt wurde, die zweite das Kind eines Vagabunden, das unter den trostlosesten Umständen zur Welt kommt; aber beide gehören schließlich zu den Spitzen der Gesellschaft. Der Roman hat einen sozialen und zugleich einen menschlichen Gesichtspunkt: Adel hat nichts mit der Herkunft zu tun, sondern mit Geist.

Sein oder Nichtsein nimmt als Ideeroman eine Sonderstellung in dieser Gruppe ein. Der vordrängende Materialismus in der Philosophie und Naturwissenschaft war dem Dichter ein Dorn im Auge. *Der Mensch wird ... nur ein Glied einer ganzen Schöpfungsart; Unsterblichkeit – Gott selbst – verschwindet; es ist grauenhaft! Es kann nicht so sein ...* schreibt er während der Arbeit an Henriette Wulff. Der Roman ist eine Stellungnahme zu jener Unsterblichkeit, über die er mit zunehmendem Alter doch seine Zweifel bekommen sollte. Die Hauptperson Niels Bryde kommt aus einem orthodoxen Elternhaus in Jütland nach Kopenhagen, um Theologie zu studieren, verliert aber beim Lesen von Strauß' und

Andersen-Büste. Satirische Zeichnung von Hans Tegner, 1875

Feuerbachs Schriften seinen Kinderglauben. Statt dessen stürzt er sich auf die Medizin und bricht mit dem elterlichen Haus; aber durch die Bekanntschaft mit einem jungen, geistreichen jüdischen Mädchen, das während der Cholera-Epidemie stirbt, wendet er sich wieder vom Materialismus ab und bekennt sich schließlich zu einem undogmatischen Christenglauben. Mit diesem Konflikt greift Andersen dem naturalistischen Roman in Dänemark mit seinen Erörterungen von Problemen vor, wenn auch die Tendenz späterhin gerade den entgegengesetzten Weg einschlagen sollte, als der seine gewesen.

Erst mit *Glücks-Peer* kehrt er zu dem Lieblingsthema der Romane aus der Jugend zurück, seinem eigenen, unfaßbaren Lebenslauf, aber hier als reine Idylle dargestellt. *Glücks-Peer* ist ein Aladdin ohne einen Noureddin. Er gelangt zu Ruhm, aber ohne Kampf. Eine etwas süßliche Geschichte, aber wie hervorragend erzählt!

Zu den Vorzügen der Romane gehört in erster Linie ihre lebensvolle, farbige Kunstprosa, die schon im ersten Erfolgsbuch zu voller Blüte gelangt: *...die schönen grünen Wassermelonen, die übereinander lagen, in zwei Teile zerschnitten, und das purpurrote Fleisch mit den schwarzen Kernen zeigten.* Das ist ein neuer, koloristischer Stil. Was der Dichter während der Arbeit an *Nur ein Spielmann* in einem Brief schreibt, trifft für alle sechs Bücher zu: *Die Sprache schwillt von einer sommerlichen Wärme, der Herrgott mag wissen, wo ich die herbekommen habe.*

Fernerhin ihre Fülle von brillanten Einzelszenen, Episoden und Anekdoten, im *Glücks-Peer* zum Beispiel die drollige Geschichte von der Witfrau mit «ihrer Leiche» und ihrer Grabstelle, in *Nur ein Spielmann* die launige, muntere Erzählung von der Segelfahrt von Fünen nach Kopenhagen, und in *O. Z.* die unheimliche Szene mit dem vergessenen Hut, der eine heftige Auseinandersetzung zwischen Vater und Sohn herbeiführt: Es stellt sich heraus, daß diese beiden wohlanständigen Großbürger eine Geliebte haben und obendrein ein und dieselbe. *Das ist Kopenhagener Straßenkot, in einer Seifenblase präsentiert,* äußert der Dichter in einem Brief. Ein ganz wesentliches Moment in seiner Kunst ist, daß er gerade in den kleinen Vorfällen, dem Detail, das ein Licht auf die Gesamtheit wirft, seine Triumphe feiert. In der kleinen Form ist er der Poesie am nächsten.

Dann ferner die scharf umrissenen Nebenfiguren. Alle Romane enthalten eine umfangreiche Personengalerie. Aber je gründlicher der Dichter zu Werke geht, wenn er einen Charakter erklären will, desto undeutlicher wird dieser. Das genau ausgearbeitete Porträt ist seine Sache nicht. Dagegen hat er eine unvergleichliche Gabe, mit ein paar schnellen Strichen oder mit einem Ausspruch eine Person aufs Korn zu nehmen. Im *Glücks-Peer* kommt ein Propst vor, der zwei Leidenschaften hat: er liebt gutes Essen, und er liebt es, sich selber reden zu hören. Jedoch wird beides nicht unmittelbar gesagt. Statt dessen heißt es, daß er *ein rotes, rundliches Gesicht hatte, mit blitzenden weißen Zähnen, wie dazu geschaffen, in einen gebratenen Rehrücken hineinzubeißen. Seine Unterhaltung bestand immer aus Anekdoten; er konnte sich mit jedermann unterhalten, aber keiner hat jemals ein Gespräch mit ihm geführt.* Örsted mochte wohl recht haben, wenn er sagte, der Dichter sei am größten im Humoristischen, aber dann ist hinzuzufügen, daß es ein verhaltener Humor ist, und der ist am gefährlichsten. Die Ironie in diesem Konterfei von dem Propsten ist scheinbar gutmütiger Art, aber in Wirklichkeit schlechterdings tötend. Oder was sagt man zu der abgedankten Tänzerin, die ohne einen Kommentar seitens des Dichters sich selbst und ihre Vita in folgendem Ausspruch ausliefert: *Von guter Figur und moralisch! das war meine Glanzperiode* – zwischen den Zeilen steht zu lesen, daß es in beiderlei Hinsicht mit ihr bergab gegangen ist.

Endlich die treffenden Schilderungen vom Volksleben und der Landschaft, von denen es in den Texten wimmelt, und zu denen er seinen

Stoff aus dem großen Vorrat der Reiseeindrücke holte. Mit Ausnahme von *Glücks-Peer* sind in allen Romanen Abschnitte einer Reisebeschreibung enthalten, ja, *Der Improvisator* ist, ebenso wie Mme de Staëls «Corinne», als eine Schilderung von Italien in erdichteter Form aufzufassen, aber da Andersen den Helden in dem dänischen Roman im Süden groß werden läßt, rückt er den fremdartigen Stoff ein paar Schritte näher an uns heran, als Mme de Staël es tut, deren Hauptperson erst als erwachsener Vergnügungsreisender hinkommt. Allerdings schwärmt der Improvisator auf vorschriftsmäßig romantische Art und Weise für die Farbenpracht des Südens, aber er kennt auch die Kehrseite der Medaille: die Bauern in der römischen Campagna, ausgemergelte und fieberkranke Arbeiter, stinkendes, trübes Wasser ... Es ist das Italien des Realismus, das hinter dem der Romantik undeutlich zu erkennen ist.

In den anderen Romanen ist der Schauplatz ein heimatlicher, aber *O. Z.* bringt doch einen Abstecher nach Le Locle in der Schweiz und nach Italien, der Schluß von *Nur ein Spielmann* spielt in Paris und Rom und *Die beiden Baroninnen* enthalten Schilderungen von den Halligen in Nordfriesland. Auch die dänischen Landschaftsbilder sind mit sicherer Künstlerhand entworfen: In *O. Z.* sind dieselben Örtlichkeiten benutzt, die in des Dichters Biographie eine wichtige Rolle spielen, *Nur ein Spielmann* und *Die beiden Baroninnen* enthalten prachtvolle Schilderungen von Fünen, und in *Sein oder Nichtsein* ist Schauplatz der Handlung teils die Hauptstadt teils – und das ist neu – ein primitives ländliches Kirchspiel im Innern von Jütland. In diesen malerischen Darstellungen entfaltet sich ein ganzes kleines Bildnis von Dänemark, mit einem ausgesprochenen Sinn für das Charakteristische aufgefaßt und gestaltet.

Aber so wie viele der lebendigen Einzelszenen in einem losen Verhältnis zur Haupthandlung stehen, entbehrt die Schilderung der wechselnden Milieus bisweilen einer tieferen künstlerischen Begründung. Überhaupt ist die Komposition der wunde Punkt bei dem Romanschriftsteller Andersen. Wohl ist er von einer lobenswerten Angst beherrscht, seine Leser zu ermüden, er kurbelte daher die Geschwindigkeit an und schraubte die besinnlichen Stellen, die sich in älteren Romanen gräßlich breitmachten, auf ein Minimum zurück. Dadurch brachte er Leben in die Darstellung, aber doch ein merkwürdiges Sammelsurium von Leben. Wie ein zeitgenössischer dänischer Kritiker einmal sagte, sei Andersens Fehler nicht Armut, sondern mangelnde Behutsamkeit im Ausnutzen seines Reichtums. Er verliert sich an seinen Stoff, ohne ihn zu bändigen. Auch wenn es sich ums Komponieren handelt, verläßt er sich auf den lieben Gott, aber der Roman gehört augenscheinlich nicht zu den himmlischen Genres. Daß *Glücks-Peer* so geglückt ist, kommt nicht daher, daß er hier die Geschichte erzählt, die er am meisten liebt, nämlich seine eigene, es hängt vielmehr damit zusammen, daß die ganze Mär auf einen bescheidenen Umfang zurückgenommen ist. Sie ist eher eine große Erzählung als ein kleiner Roman. Wo er aber eine Handlung und einen Charakter über 500 Seiten ausdehnen muß, da wird es ihm selber sauer, das Interesse wachzuhalten, und was soll dann erst der Leser sagen?

Ebenso wie die Metrik wirkt sich das große Romanformat als Zwangsjacke aus. Sobald er sich aber den Kopf nicht mit Charakteranalysen und Handlungsverlauf zerbrechen muß, kommt seine Schreibweise sofort in Schwung. Daher haben sich die Reisebücher auch durchweg frischer erhalten als die Romane. Hier blüht seine Erzählerkunst mit launigen Assoziationen und poetischen Abschweifungen. Es ist ja auch bezeichnend, daß er die Reiseschilderung bis zuletzt pflegte, während er das Interesse für den Roman als Genre allmählich einbüßte. Noch in den sechziger Jahren kamen die glühenden und munteren Bücher über Spanien und Portugal – das erstere von einem solchen Feuer, daß Frau Örsted es bedauerte, seine Bücher nun nicht mehr jedem Beliebigen schenken zu können. In gewisser Weise war es auch dies Genre, mit dem er begann, wenn auch *Die Fußreise vom Holmens Kanal zur Ostspitze von Amager* (1829), sein Erstlingsbuch, fiktiv ist und nur ein Vorwand, um mit Hoffmannschen Phantasien brillieren zu können, trotz der Kürze der Reise (über die flache Amagerinsel bei Kopenhagen) ein etwas langatmiger Spaß.

Aber *Eines Dichters Bazar* (1842) und *In Schweden* (1851) gehören zu seinen Hauptwerken. Mit beiden gewinnt er Neuland für die Literatur. Zwar ist er nicht der erste, der den Orient beschreibt, aber *Eines Dichters Bazar* ist wirklichkeitsnäher als Lamartines *Voyage en Orient*, die Andersen vor seiner großen Reise 1840/41 bewunderte, die er aber späterhin mit kritischen Augen ansah. Gen Norden zu ziehen, gehörte um die Mitte des vorigen Jahrhunderts ebenso zu den Seltenheiten wie ostwärts zu reisen, aber mit seinem Schwedenbuch leitete Andersen eine neue Epoche ein. Nicht einmal die Schweden selbst hatten früher die unberührten Naturschönheiten bemerkt, die er in seinem Buch enthüllte, und seine Beschreibung von der Gegend um den Siljansee in Dalarne setzte alsbald ihre Spuren in der Malerei ab.

In den Reisebüchern wechseln die Bilder von der romantischen Natur mit Blitzlichtern vom Alltagsleben, und historische Skizzen mit Zukunftsperspektiven: Ein Besuch in einer mechanischen Fabrik in Schweden regt ihn zu einer Huldigung an die Maschine an, und in *Eines Dichters Bazar* schildert er begeistert ein neumodisches Phänomen, welches heißt.

Der Hauptbahnhof von Kopenhagen zu Andersens Zeit

Die Eisenbahn

Da viele meiner Leser noch keine Eisenbahn gesehen haben, möchte ich diesen zuerst einen Begriff von einer solchen zu geben versuchen. Wir wollen eine gewöhnliche Landstraße nehmen, die kann geradeaus verlaufen, sie kann eine Biegung machen, das ist einerlei, aber eben muß sie sein, eben wie ein Fußboden, und daher sprengen wir jeden Berg, der sich ihr in den Weg stellt, wir bauen auf starken Pfeilern eine Brücke über Sümpfe und tiefe Täler, und wenn dann die glatte Straße vor uns liegt, legen wir dort, wo die Radspuren verlaufen würden, eiserne Schienen, um die die Wagenräder herumgreifen können. Die Dampfmaschine wird vorgespannt mit ihrem Meister darauf, der sie zu lenken und anzuhalten weiß, Wagen wird an Wagen gekettet mit Menschen oder Vieh, und dann fährt man los.

An jeder Stelle des Weges weiß man Stunde und Minute, wann die Wagenreihe eintrifft, man hört auch meilenweit den Ton der Signalpfeife, wenn der Zug in Fahrt ist, und rundum, wo Seitenwege für gewöhnliche Fahrende und Fußgänger die Eisenbahn schneiden, läßt die aufgestellte Wache die Holzschranke vor ihnen herunter, und die guten Leute müssen warten, bis wir vorüber sind; an der Bahn entlang, alle die Meilen, die sie sich hinzieht, sind kleine Häuser so weit voneinander entfernt aufgestellt, daß diejenigen, die Wache stehen, gegenseitig ihre Flaggen sehen und beizeiten darauf achten müssen, daß die Bahn sauber ist, daß kein Stein oder Zweig auf den Schienen liegt. Seht, das ist eine Eisenbahn! ich will hoffen, daß man mich verstanden hat.

Es war das erste Mal in meinem Leben, daß ich eine solche zu sehen bekam. Einen halben Tag und die darauffolgende Nacht war ich mit der Diligence auf einer schrecklichen, schlechten Straße von Braunschweig nach Magdeburg gefahren, müde kam ich hierher, und eine Stunde später mußte ich mit dem Dampfwagen weiterfahren.

Ich will nicht leugnen, daß ich vorher ein Gefühl hatte, das ich Eisenbahn-Fieber nennen möchte, und dies war an seinem höchsten Punkt angelangt, als ich in das großartige Gebäude eintrat, aus dem die Wagenreihe hinausfährt. Hier war ein Gedränge von Reisenden, ein Rennen mit Koffern und Reisesäcken, ein Sausen und Schnurren von Maschinen, aus denen der Dampf herausquoll. Man weiß das erste Mal nicht so recht, wo man es wagen kann, sich hinzustellen, damit nicht ein Wagen oder ein Dampfkessel oder eine Kiste mit Frachtgut auf einen herunterfliegen soll; allerdings steht man sicher auf einem hervorspringenden Balkon, die Wagen, in die man hinein muß, liegen in der Reihe dicht an ihm entlang, wie die Gondeln am Kai, aber unten auf dem Hofe kreuzen sich die Eisenschienen wie Zauberbänder, und es sind Zauberbänder, die die menschliche Gewitztheit ausgeworfen hat; an diese müssen sich unsere magischen Wagen halten, geraten sie außerhalb des Zauberbandes, ja, dann geht es um Kopf und Kragen. Ich starrte diese Wagen an, Lokomotiven, lose Karren, wandernde Schornsteine und Gott weiß was alles, sie liegen wie in einer Zauberwelt alle durcheinander; alles schien Beine zu haben! und nun dieser Dampf und dies Zischen, verbunden mit dem Gedränge, um Platz zu bekommen, dieser Gestank von Talg, der taktfeste Gang der Maschinen und das Pfeifen und Schnaufen des abgelassenen Dampfes verstärkte den Eindruck, und ist man, wie gesagt, zum ersten Male hier, dann denkt man, daß man umkippt, Arme und Beine bricht, in die Luft fliegt oder zermalmt wird, weil man mit einer anderen Wagenreihe zusammenstößt; aber ich glaube, das denkt man nur beim erstenmal ...

Die Signalpfeife ertönt – aber die klingt nicht schön, sie hat viel mit dem Schwanengesang des Schweines gemein, dem das Messer in den Hals dringt; man setzt sich in die behaglichste Kutsche, der Kondukteur schließt hinter uns die Tür ab und nimmt den Schlüssel an sich, aber wir können das Fenster herunterlassen, die frische Luft genießen, ohne ein Ungemach durch den Luftdruck fürchten zu müssen; man sitzt ganz wie in jedem anderen Wagen, nur bequemer, man ruht sich hier aus; wenn man kurz vorher eine anstrengende Reise gemacht hat.

Das erste Gefühl ist ein ganz sachtes Rucken an den Wagen, und nun sind die Ketten gespannt, die diese zusammenfügen; die Signalpfeife er-

tönt wieder, und die Fahrt beginnt, aber langsam, die ersten Schritte geht es so sacht, als ob eine Kinderhand den kleinen Wagen zöge. Die Geschwindigkeit nimmt unmerklich zu, aber du liest in deinem Buch, siehst in deine Karte und weißt noch nicht so recht, ob die Fahrt begonnen hat, denn der Wagen rutscht wie ein Schlitten über ein ebenes Schneefeld. Du siehst aus dem Fenster und entdeckst, daß du von dannen jagst wie mit Pferden im Galopp; es geht noch rascher, du scheinst zu fliegen, aber hier gibt es kein Schuckeln, keinen Luftdruck, nichts von dem, was du dir unbehaglich denkst!

Es gibt eine ziemlich bekannte Anekdote von einem Amerikaner, der zum erstenmal mit Dampfwagen fuhr und, als er so andauernd einen Meilenstein nach dem anderen vorbeisausen sah, meinte, er führe über einen Friedhof und sehe Grabmäler; ich sollte sie daher nicht anführen, aber sie kennzeichnet ganz die Schnelligkeit, und mir fiel sie ein, obwohl man hier keine Meilensteine sieht, die roten Signalfahnen müssen daher solche Meilensteine sein, und derselbe Amerikaner könnte hier gesagt haben: Weshalb sind alle Menschen heute mit roten Fahnen unterwegs?

Ich möchte dagegen erzählen, daß, als wir an einem Zaun vorüberfuhren, den ich so verkürzt sah wie eine Stange, ein Mann neben mir sagte: «Seht, nun sind wir im Fürstentum Köthen», und dann nahm der Mann sich eine Prise, bot mir auch die Dose an, ich verbeugte mich, versuchte den Tabak, nieste und fragte alsdann: «Wie lange sind wir nun in Köthen?» – «Oh», antwortete der Mann, «da waren wir raus, als Sie niesten!» ...

Oh, welch großes Werk des Geistes ist doch dies Erzeugnis! Man fühlt sich ja mächtig, wie ein Zauberer des Altertums! Unser magisches Roß spannen wir vor den Wagen, und der Raum verschwindet; wir fliegen wie die Wolken im Sturm, wie die Zugvögel fliegen! Unser wildes Roß schnaubt und schnauft, der schwarze Dampf steigt aus seinen Nüstern. Schneller konnte Mephistopheles mit Faust auf seinem Mantel nicht fliegen! Wir sind durch natürliche Mittel in unserer Zeit ebenso stark, wie man im Mittelalter glaubte, daß nur der Teufel es sein könne! Wir haben ihn durch unsere Gescheitheit eingeholt, und ehe er es sich noch versieht, sind wir an ihm vorbei...

Eine Schilderung, der die Zeit einen Reiz verliehen hat, den sie ursprünglich nicht besaß: Andersen hat keine Eisenbahnterminologie, deren er sich hätte bedienen können, sondern muß jedes Teil auf eigene Faust beschreiben (*ich will hoffen, daß man mich verstanden hat*): der Bahnsteig ist *ein vorspringender Balkon*, die Station ist *das großartige Gebäude, aus dem die Wagenreihe hinausfährt*, eine Unbeholfenheit, die der Darstellung sowohl Patina verleiht (so sahen unsere Vorfahren die Dinge an) als auch Frische (so muß ein Wilder die Zivilisation beschreiben). Selbst wenn man lächeln muß bei dem Gedanken an das bescheidene Tempo, das der «Dampfwagen» in seiner Kindheit machte, so ist

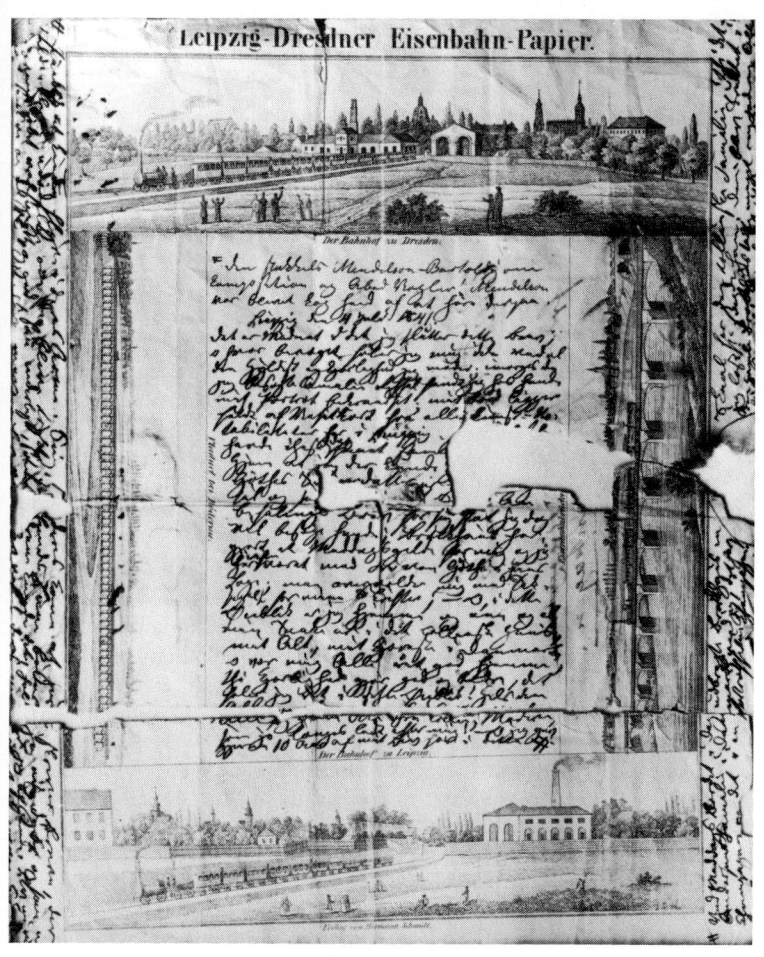

Ein Brief Andersens, geschrieben auf «Leipzig-Dresdner Eisenbahnpapier»

nicht zu leugnen, daß Andersens Schilderung von der atemraubenden Geschwindigkeit außerordentlich suggestiv ist, dank dem Umstand, daß er den Blick vom Nahen zum Fernen schweifen läßt.

Die Apotheose auf die Technik, die den Abschnitt beschließt, ist eines der vielen Zeugnisse von Andersens Fortschrittsglauben. Im Gegensatz zu der Mehrzahl der Romantiker war er ohne Begeisterung für die Vergangenheit, aber voller Enthusiasmus für die Erfindungen der Neuzeit. Eisenbahn, Dampfschiff, Telegraf. Im Gegensatz zu Kierkegaard erhoffte er alle nur denkbaren Segnungen von der Technik, und er phantasierte besonders eingehend vom Radio als auch vom Flugzeug, nur hinsichtlich des Zeitpunkts waren seine Voraussagen irrig – was er ganz obenhin mit Jahrtausenden angab, war schon hundert Jahre später eine Realität: *Ja, nach Jahrtausenden werden sie auf den Flügeln des Dampfes durch die Lüfte über das Weltmeer ankommen! Amerikas junge Bewohner besuchen das alte Europa. Sie kommen zu den Denkmälern her und den zu jener Zeit versinkenden Stätten, so wie wir in heutiger Zeit zu den zerbröckelnden Herrlichkeiten Süd-Asiens ziehen ... «In Europa gibt es viel zu sehen!» sagt der junge Amerikaner; «und wir haben es in acht Tagen gesehen, und das ist zu machen, wie der große Reisende» – ein Name wird genannt, der zu ihren Zeitgenossen zählt – «es in seinem berühmten Werk gezeigt hat: Europa, in acht Tagen gesehen.»* (Aus dem Märchen *Nach Jahrtausenden.*)

Vergegenwärtigt man sich diesen intimen Kontakt mit dem, was kommen sollte, dann ist es auffallend, daß er so gar keine Fühlung mit dem politischen Treiben seiner Zeit hatte. Die Bewegung und Unruhe, die in diesen Jahren in Europa herrschten, finden in seinen Reisebüchern nicht den leisesten Widerhall. Er war außerstande, politisch zu denken, was aber wiederum zur Folge hat, daß er seine Beobachtungen ohne Vorurteile anstellen konnte. Die Welt war für ihn ein farbenprächtiger, malerischer Basar, den er bald aus der Vogelschau und bald mit Insektenaugen betrachtet. Die Sehenswürdigkeiten in seinen Reiseschilderungen sind nicht die von einem Baedeker mit drei Sternen versehenen in systematischer Reihenfolge, sondern eher die unbeachteten Schönheiten, die er genau und nuanciert wiedergibt, die Stille einer schwedischen Provinzstadt, das Farbenspiel über dem Schwarzen Meer ... Es ist, als ob alle seine Beobachtungen und Empfindungen von dem Kleinen, dem scheinbar ganz Belanglosen, magnetisch angezogen würden. Charakteristisch für das ganze Genre ist das Kapitel aus dem Buch *In Schweden* mit der außerordentlich bezeichnenden Überschrift *Bilder ohne Zahl*, kleine Bilder mit einer poetischen Wiedergabe der Wirklichkeit sind es, auf die alle Reisebücher hinzielen. Und in diesen Miniaturen – ebenso wie im *Bilderbuch ohne Bilder* – liegt die Märchendichtung ja wie in der Hülle verborgen! *Der Wassertropfen von der stehenden Wasserpfütze hat eine ganze lebendige Welt in sich* – aus diesem Keim entfaltete sich später das Märchen vom *Wassertropfen.*

Man sieht nun auch, daß Kapitel aus den Reisebüchern später als selbständige Märchen auftreten. Aus *Eines Dichters Bazar* sind *Das Metallschwein, Der Freundschaftsbund* und *Eine Rose von Homers Grab* in die Märchenhefte übernommen und aus *In Schweden: Vogel Phönix, Großmutter, Eine Geschichte* und *Das stumme Buch*, und noch weitere Kapitel verdienten es, hier eingereiht zu werden.

«Das ausgedehnteste Reich der Poesie»

Dies ist die kleine Welt, in der der Dichter sich frei bewegt. Es war daher ein glücklicher Griff, als er nur einen Monat nach dem *Improvisator* 1835 sein erstes bescheidenes Märchenheft herausgab, in dem er nach jahrelangem Experimentieren nun endlich mit schlafwandlerischer Sicherheit den Mikrokosmos fand, mit dem er die ganze Welt erobern sollte, nicht nur, wie mit seinen Romanen, zu seiner Zeit, sondern auch in der Nachwelt. Erst in der Märchendichtung wird ernstlich offenbar, daß das häßliche Entlein ein junger Schwan ist.

Aber Andersen selbst war sich zu Anfang keineswegs darüber im klaren, daß hier sein vornehmster Bereich in der Welt der Dichtung lag, was aus einem Brief an Ingemann aus verhältnismäßig später Zeit, nämlich 1843, hervorgeht, in dem er ausspricht, daß *ich mit mir darüber im reinen bin, Märchen zu dichten. Die ersten, die ich herausgab, waren ja meist ältere, die ich als Kind gehört hatte, und die ich, meiner Art und Weise entsprechend, zu erzählen und umzudichten pflegte: die, die ich selber schuf, zum Beispiel Die kleine Seejungfrau, Die Störche, Das Gänseblümchen fanden indessen mehr Beifall, und das hat mich angespornt. Jetzt erzähle ich aus meiner eigenen Brust . . .* Es ist mit anderen Worten der Erfolg der Märchen, der ihn von deren Qualität überzeugt. Wenn er im *Märchen meines Lebens* erzählt, daß den Zeitgenossen der Sinn für die Märchen fehlte, muß das also dahin richtiggestellt werden, daß er selber kein Verständnis für den Fund hatte, den er gemacht. Erst etwa acht Jahre nach der Herausgabe der ersten Sammlung dämmerte ihm der wahre Zusammenhang.

Von 1835 bis zu seinem Tode 1875 gab er über 150 Märchen heraus.

Diesen kleinen Dichtungen durchweg diese Bezeichnung zu geben, ist im Grunde eine ziemlich blasse Charakteristik, denn bei Lichte besehen stellen sie völlig verschiedenartige Dinge dar. Zu Anfang ist die Verbindung mit dem Volksmärchen am größten. Gegen Schluß nähert die Art sich der Novelle. Von 1855 ab wird der Titel der Hefte denn auch zu *Märchen und Erzählungen* erweitert. Aber nicht genug damit: Andersen wandelt die Märchenform um, so daß sie die Essenz der großen Genres in sich aufnehmen kann. Es ist, als ob er seine übrige Produktion in der verdichteten Form des Märchens umschriebe, und erst hier wird alles an seinen rechten Platz gerückt. Mit allem möglichen Vorbehalt einzelnen anderen Dichtungen gegenüber wiegen die kleinen Prosastücke alles, was er sonst geschrieben hat, auf.

Welche Mannigfaltigkeit liegt doch in diesem Märchenland!

Die Ausdrucksweise ist bald herzergreifend wie in der *Geschichte einer Mutter*, bald ironisch wie in *Der Gärtner und die Herrschaft*; sie beherrscht das Sublime in *Die Glocke* so gut wie das Lustige in *Der Schweinehirte*. Sie ist geistvoll in der *Nachtigall*, empfindsam in *Die Kleine Seejungfrau*, sentimental in *Der Reisegefährte*, verschmitzt in *Der unartige Knabe*, elegant in den *Galoschen des Glücks*, komisch in *Das ist ganz gewiß*, tragisch in *Die roten Schuhe*, humoristisch in *Der Kragen* ...

Geographisch erstrecken sie sich über einen beträchtlichen Teil des Erdballs. Die meisten spielen in Dänemark, *wo meine Welt entspringt*, aber *Der Schatten* ist nach Italien verlegt (Neapel während der Hitzewelle), *Der Freundschaftsbund* nach Griechenland, *Die Eisjungfrau* in die Schweiz, *Die Dryade* spielt in Paris, *Unter dem Weidenbaum* in Nürnberg, *Der Floh und der Professor* führt uns in das Land der Wilden, *Die Schneekönigin* in arktische Gegenden, *Die Nachtigall* nach China ...

Soziologisch ist in ihnen fast jede Seite der menschlichen Gesellschaft vertreten, von der Wäscherin (*Sie taugte nicht*), der Bettlerin (*Das kleine Mädchen mit den Schwefelhölzern*), dem Zuchthäusler (*Ein Bild vom Kastellwall*) über das kleinbürgerliche Milieu (*Holundermütterchen*), das wohlhabende Bürgertum (*Kinderrede*), die Geistlichkeit (*Eine Geschichte*), die Vertreter der Kunst (*Herrlich*) und der Wissenschaft (*Der Schatten*) bis zu den feinen Palästen (*Des Pförtners Sohn*), den Herrensitzen (*Der Gärtner und die Herrschaft*), dem Hofe (*Der Schweinehirte*) ...

Einige von den Märchen, wie *Elfenhügel* und *Der Reisegefährte*, spielen in der Welt der Phantasie, mehrere, wie *Die Glocke* und *Was die alte Johanne erzählte*, in einem realistischen Milieu, viele, wie *Der Schatten* und *Die Schneekönigin*, bewegen sich unbekümmert an beiden Orten. Der Dichter ist sowohl im Alltag als auch im Reiche der Feen gleicherweise heimisch.

Die Märchen handeln indessen nicht nur von Menschen und Heinzelmännchen, sondern auch von Tieren, Pflanzen und Gegenständen, und hier feiert die konkrete Phantasie des Dichters neue Triumphe. Unter den Tiergeschichten gehören *Das häßliche Entlein, Die glückliche Familie* und *Die Nachtigall* zu den berühmtesten, aber außer diesen gibt es eine ganze Reihe, die ebenfalls großartig sind: *Der Mistkäfer, Die Kröte, Der Falter, Die Springer, Die Störche, Das Schwanennest*. Von den Pflanzenmärchen kann man so bekannte Dinge nennen wie etwa *Die Blumen der kleinen Ida, Der Tannenbaum, Der Flachs*, schließlich unter jenen Märchen, welche Gegenstände behandeln, *Der standhafte Zinnsoldat, Das alte Haus, Der Kragen, Die Hirtin und der Schornsteinfeger*,

Subskriptions-Indbydelse

paa

Udkommer i omtrent 60 Hefter à 50 Øre.

H. C. ANDERSENS
SAMLEDE SKRIFTER.
C. A. Reitzels Forlag.
ROSENSTAND. sc.

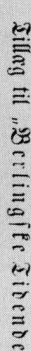

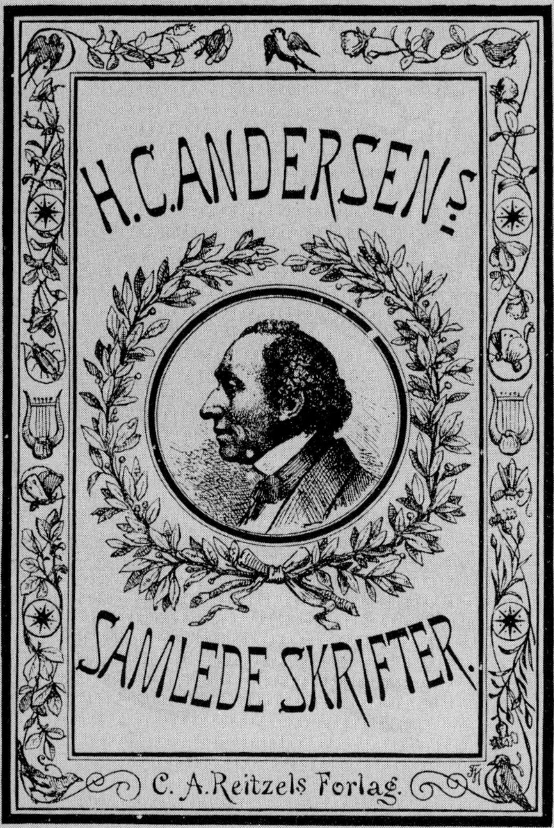

Tillæg til „Berlingske Tidende".

Subskription modtages i alle Boglader i Danmark, Sverrig og Norge, samt hos Forlæggeren

Kjøbenhavn, Maj 1876.

C. A. Reitzel.
Løvstræde 7.

Vend om!

Subskriptions-Einladung zu Andersens «Gesammelten Schriften»

Die Liebesleute (oder, wie er es auch nannte, *Der Kreisel und der Ball*), *Die Lumpen, Die Stopfnadel* ...

Andersen hat die kleine Dichtungsart so erweitert, daß aus einer Provinz ein Universum wurde. Mit seinen eigenen Worten: *Die Märchendichtung ist das ausgedehnteste Reich der Poesie, es erstreckt sich von den blutdampfenden Gräbern des Altertums bis zum Bilderbuch der frommen, kindlichen Legende, nimmt in sich auf die Volksdichtung und die Kunstdichtung, es ist für mich der Vertreter aller Poesie, und wer es meistert, muß das Tragische, das Komische, das Naive, die Ironie und den Humor hineinlegen können und hat hier sowohl die lyrische Saite, das kindlich Erzählende als auch die Sprache des Naturbeschreibenden zur Verfügung* ...

Aber die Bezeichnung Märchen ist, wenn sie die Vorstellung von einer entlegenen, altmodischen Provinz im Reiche der Poesie hervorruft, nicht nur unglücklich, sie ist auch irreführend, falls sie den Gedanken auf das Phantastische und Unwirkliche hinlenkt. Bei Andersen verhält es sich ganz anders. *Aus dem Wirklichen sprießen gerade die wundersamsten Märchen*, heißt es im *Holundermütterchen*, und das sind Worte, die über dem Eingangsportal zu dem ganzen dänischen Märchenbuch stehen könnten. Sie haben im Realen ihre Wurzel. Das Phantastische darf sich nicht von der Wirklichkeit losreißen, und gerade dadurch wirkt das Unglaubliche glaubhaft. Mit unendlicher Feinheit bewegt sich der Dichter innerhalb ein und derselben Erzählung vom Realistischen zum Phantastischen hinüber: *Der Schatten* reckt und streckt sich abends, *um nach der Hitze des Tages zu Kräften zu kommen*, wodurch es sich zuletzt von selbst ergibt, daß er sich losreißt. Die Illusion hält Stich. Der gleiche unmerkliche Übergang vom Natürlichen zum Übernatürlichen ist in der *Schneekönigin* zu beobachten bei der Einführung der Titelgestalt. Der kleine Kay ist mit den anderen Jungen zusammen auf dem Schlittenplatz:

Als sie gerade so schön spielten, kam ein großer Schlitten angefahren; der war ganz weiß gestrichen, und drinnen saß jemand, in einen zottigen weißen Pelz gehüllt und mit weißer, zottiger Mütze; der Schlitten fuhr zweimal um den Platz herum, und Kay band geschwind seinen kleinen Schlitten daran fest, und nun fuhr er mit. Es ging rascher und rascher, schnurstracks in die nächste Straße hinein, der, welcher lenkte, wandte den Kopf, nickte Kay gar freundlich zu, es war, als kennten sie einander; jedes Mal, wenn Kay seinen kleinen Schlitten losbinden wollte, nickte der Betreffende wieder, und dann blieb Kay sitzen; sie fuhren geradeswegs zum Stadttor hinaus. Da begann der Schnee so sehr herniederzustürzen, daß der kleine Junge nicht eine Hand vor Augen sehen konnte, während er dahinsauste; da ließ er schnell die Leine los, um von dem großen Schlitten loszukommen, aber es nützte nichts, sein kleines Gefährt hing fest, und es ging mit Windeseile weiter. Da rief er ganz laut, aber niemand hörte ihn, und der Schnee stöberte, und der Schlitten flog dahin; mitunter

Fotografie von Franz von Hanfstaengl, 1862

machte dieser einen Hopser, es war, als sause er über Gräben und Zäune. Kay erschrak ordentlich, er wollte sein Vaterunser beten, aber er konnte sich nur auf das große Einmaleins besinnen.

Die Schneeflocken wurden größer und größer, zuletzt sahen sie aus wie große weiße Hühner; mit einem Mal sprangen sie zur Seite, der große

Schlitten hielt an, und die Person, die darin gesessen hatte, richtete sich auf, der Pelz und die Mütze waren nichts als Schnee; eine Dame war es, so groß und von stolzer Haltung, so schimmernd weiß, es war die Schneekönigin.

Man bemerke die einzelnen Stufen in der Vorstellung: ... *und drinnen saß jemand, in einen zottigen weißen Pelz gehüllt ... der, welcher lenkte ... nickte der Betreffende wieder ... die Person, die darin gesessen hatte ... eine Dame war es ... es war die Schneekönigin.* Erst mit dem allerletzten Wort, nach der großen Schilderung vom Schnee, wird die Identität der Dame verraten. Dies ist nicht die Beschreibung des Dichters von seiner Person. Es ist die Gestalt, wie sie schrittweise in Kays Gesichtskreis tritt. Also ein Porträt von einer irrealen Figur, realistisch durchgeführt.

Selbst in Erzählungen von so obligaten Märchenfiguren wie Königinnen und Prinzessinnen und Kaisern treffen wir auf unzählige realistische Züge, die allerdings für einen folkloristischen Geschmack wie ein Stilbruch wirken müssen: Am chinesischen Hof in der *Nachtigall* ist ein Schloßpropst angestellt, und die Kammerzofen geben einen Kaffeeklatsch. Der alte König im *Reisegefährten* wischt sich die Augen mit seinem Schlafrock ab, und im *Schweinehirten* zieht der König seine Pantoffeln hinten hoch, es waren nämlich Schuhe, die er heruntergetreten hatte.

Sogar in diesem traditionellen Märchenuniversum wimmelt es von modernen Erscheinungen: Die Prinzessin spielt Klavier. Man hat Zeitungen, eine davon wird von dem Zunftmeister geschrieben, und auf die ist kein Verlaß. Man hat ein Kunstkabinett mit der Erbse, auf der die Prinzessin geschlafen hatte, und die man sich ansehen kann, falls keiner sie entwendet hat. Man geht ins Schauspielhaus und fährt in ein Kurbad. Ja, man hat auch Gelehrte. Einer von ihnen schreibt alljährlich eine Abhandlung über die Eule im Wald, aber deshalb weiß man doch nicht mehr (*Die Glocke*). Ein anderer schreibt 25 Bände über den künstlichen Vogel, *das war so gelehrt und so lang und mit den allerschwersten chinesischen Wörtern, so daß alle Leute sagten, sie hätten es gelesen und verstanden, denn sonst wären sie ja dumm gewesen ... (Die Nachtigall).*

Andersen macht aus dem phantastischen Universum eine Wirklichkeit. Aber seine Größe zeigt sich vor allen Dingen, wenn er in umgekehrter Richtung vorgeht: das wirkliche Universum in ein phantastisches umzuwandeln. Das ganze Dasein nimmt sich für ihn aus wie ein Wunder. Das Wunder liegt im Alltag, die Poesie ist in der Prosa verborgen.

Vom Haustürschlüssel und dem Schneemann, von der Straßenlaterne und dem Tintenfaß ebenso wie von den Streichhölzern und der Teekanne, dem Federhalter und der Flasche hat er Geschichten erzählt, die seine Dichtung zu einer surrenden und schwirrenden Welt machen mit unzähligen Reflexen aus den verschiedensten Milieus.

«Die ganze Welt und ein Paar neue Schlittschuhe»

Grimm und Andersen, sagt man. Ohne einen von den beiden herabsetzen zu wollen, müßte es heißen: Grimm, aber Andersen. Zwar begegnen sich die beiden an einer Kreuzung, aber dann geht jeder seinen Weg. Die Gebrüder Grimm sahen eine philologische und kulturelle Aufgabe darin, Volksmärchen aufzuschreiben und sie vor dem Untergang zu bewahren. Aber antiquarische und folkloristische Gesichtspunkte waren Andersen fremd, Treue gegen die Überlieferung war ihm daher auch gleichgültig. Für ihn war die Entdeckung der kleinen, anonymen Erzählungen das wichtigste Glied in seiner künstlerischen Entwicklung. Was er bisher hatte vermissen lassen, die kurze Form, die feste Struktur, fand er im Volksmärchen; durch das Wiedererzählen lernte er erzählen; als er in eine fremde Form einging, fand er seine eigene. Er ist kein Bewahrer des Volksmärchens, sondern ein Erneuerer des Kunstmärchens. Hier fällt einem die Verwandtschaft mit E. T. A. Hoffmann ein, ohne daß indessen eine Verwechselung möglich ist: die Phantastik des Deutschen ist von groteskerer und dämonischerer Art als die des Dänen. Dafür aber spielt die Natur im dänischen Märchenbuch eine vorherrschende Rolle, während diese im deutschen bescheiden ist. Zwar beseelt Hoffmann die leblosen Dinge und läßt einen Nußknacker auftrepen, aber es bleibt bei derartigen Ansätzen. Erst bei Andersen kommt ernstlich Leben in die Gegenstände.

Die alten Volkserzählungen kannte Andersen aus dem Volksmund, abgesehen davon, daß er natürlich alles verschlungen hat, was ihm an gedruckten Dingen in die Hände kam. In seiner Kindheit hatte er gehört, wie die Frauen im Graabrödre-Hospital in Odense freiweg erzählten, und als er seine Märchenproduktion begann, waren es vor allen Dingen deren Geschichten, an denen er weiterspann. *In meiner Art und Weise habe ich sie erzählt*, sagt er, *mir jede Veränderung erlaubt, die ich für richtig hielt, die verblichenen Farben in den Bildern von der Phantasie wieder auffrischen lassen.* Aber von seinen mehr als 150 Märchen und Geschichten können nur die folgenden acht als eigentliche Nacherzählungen oder Neudichtungen der Volksmärchen gelten: *Das Feuerzeug, Die Prinzessin auf der Erbse, Der Kleine Klaus und der Große Klaus* (alle drei von 1835), *Der Reisegefährte* (von 1836), *Die wilden Schwäne* (von 1838), *Der Schweinehirte* (von 1842), *Tölpel-Hans* (von 1855), *Was Vat-*

ter tut, ist immer das richtige (1861) – die Chronologie ist bezeichnend: Im Anfang ist die Anknüpfung an die volkstümliche Tradition am stärksten. Aber auch in den Dichtungen eigener Erfindung spürt man den Einfluß des Volksmärchens, sowohl in einzelnen Zügen wie in der Gesamtheit. *Die Geschichte einer Mutter* kann an Grimms «Der Gevatter Tod» gemahnen, und für seinen großen Märchenzyklus *Die Schneekönigin* hat er von überallher Motive entlehnt, und dennoch ist eine ganz selbständige Dichtung daraus geworden. Es ist, als ob der gleiche mittelalterliche Geist, der das Volksmärchen schuf, in Andersen wirksam wäre.

Will man nun der Besonderheit dieser Dichtung auf die Spur kommen, so lohnt es sich vielleicht, einen Augenblick bei denjenigen von Andersens Märchen zu verweilen, die aus dem Volksmärchen entstanden sind oder mit diesem Berührung haben, und uns anzusehen, welche Veränderungen er vornimmt.

Eine Sache wie das klassische *Feuerzeug*, das in der ersten Sammlung an erster Stelle steht, bewegt sich völlig im Rahmen des Volksmärchens, wie es sich auch der feststehenden volkstümlichen Formeln bedient. Aber – mit welchen genialen Einfällen! Ein einzelnes Beispiel: In aller Volksdichtung spielt die Zahl drei eine wichtige Rolle. Hier ist bei Andersen keine Veränderung vorgenommen worden: Sein Soldat wird drei Hunde unter der Erde vorfinden, einer immer größer als der andere. Aber nun kommt dem Dichter der barocke Einfall, diese Ungeheuer durch die Größe der Augen von einander zu unterscheiden: Der erste hat Augen so groß wie Teetassen, der zweite wie Mühlräder, aber der dritte – *Nein, das ist gräßlich. Der Hund da drinnen hatte wirklich zwei Augen so groß wie der Runde Turm! Und die liefen ihm im Kopf herum wie Räder!* (Hier hat Andersen noch nicht ein internationales, sondern nur ein Kopenhagener Publikum im Sinn.)

Solche Ungetüme gibt es in der Überlieferung nicht. Sie sind aus des Dichters konkreter, humoristischer Phantasie entsprungen. Mit einem sprühenden Sinn für das Wortspiel bekommen die Hunde die Erlaubnis, mit auf die Hochzeit zu kommen, die den Abschluß bildet – denn ein traditionelles Märchen endet nun einmal mit der Hochzeit. Daß der Soldat eines Morgens über das sonnengoldene Haar der Prinzessin streichen und denken kann: *Gott weiß, ob ich eigentlich noch immer Blondinen vorziehe!*, ist eine Erfahrung, die dem modernen Roman vorbehalten, aber der Welt des Märchens fremd ist, bei dem man nur zum Hochzeitsmahl geht. Aber statt der obligaten Versicherung, daß «das Fest acht Tage dauerte, und ich war selbst dabei», hält Andersen seine eigene Person diskret zurück und lädt die drei Hunde ein, *die mit bei Tische saßen und große Augen machten!* Man glaubt ihm. Ganz bis zum Ende des Märchens holt er sich mit diesem Augen-Motiv humoristische Trümpfe.

Die Brüder Jacob und Wilhelm Grimm.
Daguerreotypie

Oder nehmen wir ein anderes Volksmärchen, das Andersen auf seine Art nacherzählt hat, das genial kurze Märchen *Tölpel-Hans*, so wird man wiederum sehen, wie er eine Reihe lustiger und lebendiger kleiner Züge in den Bericht von der Freierprüfung einflicht. Im Volksmärchen sind die beiden älteren Brüder ein paar gleichgültige Hinz und Kunz, deren Aufgabe darauf beschränkt ist, einen wirkungsvollen Hintergrund zu Tölpel-Hansens Erscheinen in der Arena abzugeben. Aber bei Andersen werden die beiden Brüder individualisiert:

Sie hatten Vorkenntnisse, und die sind nützlich. Der eine konnte das ganze lateinische Lexikon und die Lokalzeitung von drei Jahren auswendig, und zwar vorwärts und rückwärts; der andere hatte sich alle Zunftartikel einverleibt und was jeder Zunftmeister wissen mußte; dann könne er über den Staat mitreden, meinte er, darüber hinaus verstand er, Hosenträger zu besticken, denn er war fein und geschickt mit den Händen.

«Ich kriege die Königstochter!» sagten sie beide, und dann schenkte ihr Vater jedem von ihnen ein schönes Pferd; der, welcher das Lexikon und die Zeitungen auswendig konnte, bekam ein kohlschwarzes, und der, welcher so gescheit wie ein Zunftmeister war und stickte, bekam ein milchweißes, und dann schmierten sie sich Lebertran um die Mundwinkel, damit diese geschmeidiger würden! –

Aus den anonymen Gestalten Hinz und Kunz der Überlieferung schuf Andersen ein paar lächerliche Karrieremacher und Aufklärungsphilister und schmuggelte pfiffig eine Satire mit in die Erzählung ein. Das Volksmärchen lieferte ein Stichwort, an dem er weiter spinnt.

Die alten Volkserzählungen machen so gut wie nichts aus dem Schauplatz her. Da ist nicht viel von eingehenden Beschreibungen weder eines natürlichen noch eines übernatürlichen Milieus zu merken. Es wird, bitte schön, vorausgesetzt, daß man wisse, wie es an beiden Orten aussieht. Aber bei Andersen – in welche schönen Landschaftsbilder liegen seine Erzählungen nicht eingebettet? Man denke nur an die Einleitung zu *Was Vatter tut, ist immer das richtige*. Und welch einen verschwenderischen Einblick gewährt er uns nicht in die Trollwelt? Zum Beispiel in der Schilderung vom Fest in *Elfenhügel*:

Die Elfen tanzten schon auf dem Elfenhügel, und sie tanzten mit langen Schals, das sieht wunderhübsch aus für die, die so was mögen. Mitten drinnen im Elfenhügel war der große Saal gehörig geputzt worden: der Fußboden war mit Mondschein gewaschen, und die Wände waren mit Hexenfett eingerieben, so daß sie vor dem Lichte wie Tulpenblätter glänzten. In der Küche gab es Unmengen von Fröschen am Spieß, Natternhäute mit kleinen Kinderfingern darin und Salate aus Pilzsamen, nasse Mäuseschnauzen und Schierlingskraut, Bier vom Gebräu der Moorfrau, funkelnden Salpeterwein aus der Kellergruft, alles sehr solide; rostige Nägel und Kirchenfensterscheiben gab es zum Knabbern.

Der alte Elfenkönig ließ seine goldene Krone mit gestoßenem Griffel polieren, es waren Griffel vom besten Schüler aus der Klasse, und für den Elfenkönig ist es sehr schwierig, die Griffel vom Besten zu bekommen! Im Schlafgemach hängte man Gardinen auf und klebte sie mit Natternspeichel fest. O ja, da herrschte ein ordentliches Summen und Brummen.

Dies ist nicht dem Volksmärchen entlehnt, sondern neue Dichtung in tiefer Übereinstimmung mit der alten.

Andersen füllt den gegebenen Rahmen mit greifbaren Einzelheiten aus und nuanciert die stereotypen Wendungen. Man entsinnt sich von den Volksmärchen der Formel, daß man ans Ende der Welt reist oder die ganze Welt für das Gold kauft, das man erobert. Aber im *Feuerzeug* kann man *ganz Kopenhagen und die Zuckerschweinchen der Kuchenfrauen kaufen, alle Zinnsoldaten, Peitschen und Schaukelpferde, die es in der Welt gab*. Das läßt sich hören und verstehen. Das unfaßbar Große wird begreiflich gegenwärtig. Ebenso wie *Die Schneekönigin* sich nicht

damit begnügt, dem kleinen Kay die ganze Welt zu versprechen, sondern *die ganze Welt und ein Paar neue Schlittschuhe*. Nicht um alles in
der Welt würde man die Schlittschuhe missen wollen. Hier wird nicht
nur an das Fassungsvermögen des Kindes appelliert, sondern auch – und
mindestens ebensoviel – an das Lächeln des Erwachsenen.

   Diese Doppelheit ist wichtig. Viel von dem verborgenen Leben der
Märchen findet hierin seine Begründung. *Ich greife nach einer Idee für
die Älteren – und erzähle dann den Kleinen, während ich daran denke,
daß Vater und Mutter mit zuhören, und denen muß man etwas für den
Gedanken geben.* Er erzählt dem einen Publikum, einem spontan lau-
schenden und offenen, hat aber ein anderes im Sinn, ein kritisches und
wählerisches. Darum sind die Märchen einfach und dennoch voller List,
geradezu und dennoch mit einer Menge Dinge zwischen den Zeilen.
Darum verschmilzt er andauernd mit dem Vorstellungskreis des Kindes:
Das größte grüne Blatt hierzulande, das ist aber wirklich das Huflattich-

blatt; hält man es sich vor seinen kleinen Bauch, dann ist es gerade so wie eine ganze Schürze, und legt man es sich auf den Kopf, dann ist es bei Regen fast ebenso gut wie ein Schirm, denn es ist so furchtbar groß. (Der Auftakt zu *Die glückliche Familie.*) Und dennoch haben die Worte oftmals einen anderen Sinn als den buchstäblichen. Man denke zum Beispiel an den Bauersmann (in *Der Kleine Klaus und der Große Klaus*), der an der seltsamen Krankheit leidet, daß er es nicht ertragen kann, einen Küster zu sehen, weshalb der örtliche Vertreter dieses amourösen Standes so rücksichtsvoll ist, nur dann auf Besuch zu kommen, wenn die Frau allein zu Hause ist. Der pikante Sinn dieser diskreten Umschreibung einer ehelichen Dreiecksgeschichte ist nur für die Erwachsenen bestimmt. Und die reizende Anakreon-Paraphrase *Der unartige Knabe* ist für denjenigen, der nicht erwachsen ist, schlechthin unverständlich.

Andersen, aber Grimm. Auch unter diesem Gesichtswinkel tritt der Gegensatz zutage. Grimms Ziel war, in einem philologisch korrekten, volkstümlichen Stil zu schreiben, Andersens Ziel war es, die kindlichen Zuhörer einzufangen, *ich habe sie ganz und gar so geschrieben, wie ich sie einem Kind erzählen würde*, heißt es in einem Brief an Ingemann 1835.

Sich in dieser Weise an ein kleines Publikum zu wenden, war ein glücklicher, aber auch ein unheilvoller Schachzug. Glücklich, weil er dadurch auf Symbole angewiesen ist, die überall auf dem Erdball verständlich sind. Unheilvoll, weil binnen kurzem das Mißverständnis auftrat, daß die Märchen in erster Linie für Kinder und kindliche Gemüter seien. Andersen selbst hatte nichts Eiligeres zu tun, als die Adresse *für Kinder erzählt* von der Titelseite zu entfernen, sie erscheint nur auf den ersten Heften aus den dreißiger Jahren, und als seine Landsleute in den siebziger Jahren ihm ein Standbild errichten wollten, widersetzte er sich energisch dem Projekt, das ihn von Kindern umgeben zeigt: Er wollte nicht zu einem harmlosen Idylliker heruntergeschraubt werden, der Jungen und Mädchen unterhielt, da er doch nun den viel weiter greifenden Ehrgeiz gehabt hat, für die ganze Gesellschaft zu schreiben. Und er hatte recht. Aber es nützte alles miteinander nichts. Gewiß, den Plan mit der Statue konnte er vereiteln. Aber dem Mythos vom Kinderdichter konnte er nicht beikommen. Wie eine Reihe anderer unter den großen Kanonen der Weltliteratur ist er unverdientermaßen im Kinderzimmer gelandet, weil, wie Egon Friedell sagt, «das große Publikum zu Andersen ungefähr dieselbe Stellung einnimmt wie jener preußische Gardeleutnant, der behauptete, Iulius Caesar könne unmöglich ein großer Mann gewesen sein, denn er habe ja bloß für untere Lateinklassen geschrieben. Weil nämlich Andersen ein so großer Dichter war, daß er sogar von Kindern verstanden wird, glauben die Erwachsenen, er sei für sie nicht gescheit genug.»

Schritt für Schritt kann man verfolgen, wie Andersens Märchen sich aus der Gleichförmigkeit der Volksmärchen herauswickeln und ihren eigenen, listigen Charakter annehmen. Was ist es nur für ein einfältiger Gedanke, daß Hans Christian Andersen naiv sei? Als Künstler ist er alles andere – subtil, kapriziös, raffiniert, und gerade aus diesen anderen Eigenschaften holen die Märchen, in denen das Licht sich in Tausenden von Facetten bricht, ihr Leben. In seiner Lebensanschauung huldigt er zwar dem naiven Gemüt, aber nicht ohne eine gewisse Koketterie und mit satirischem Stachel gegen einen sterilen Intellektualismus. Das Kind in *Des Kaisers neue Kleider* ist nichts weiter als die Ursprünglichkeit, die den Flitterkram der Zivilisation anprangert. Eine Naivität, die zu polemischen Zwecken ins Feld geführt wird, ist nicht nur naiv.

Kulturoptimismus
und andere fortschrittliche Ideen

Was ist es, das diese Kleinkunst zu großer Dichtung erhebt? Das läßt sich nicht in wenigen Worten erklären. Eine wesentliche Ursache ist die, die der Dichter als die einzige ansah: daß er überall aus den Quellen seiner Erfahrung schöpfte, und daß eine tiefe persönliche Wahrheit in dem Bilde liegt, das die Erzählungen vom Leben zeichnen. Man kann auch auf die klare und zugleich tiefe Symbolik der Märchen hinweisen (*Der Schatten*), und die Verbindung des Lokalen mit dem Universellen darin hervorheben (*Das häßliche Entlein*), und ob man es nicht auch teilweise damit erklären kann, daß Andersen sowohl in seinen Ideen wie in seinem Stil die Grenzen sprengt, die seine Zeit und die Tradition abgesteckt hatten?

In der gleichen Weise, wie der Dichter in seinem Leben alle Gesellschaftsklassen überwindet, bewegt er sich über die Vorstellungswelt seines Zeitalters hinaus. Mehrere von den Märchen sind um der Erzählung selber willen erzählt – vom *Elfenhügel* sagt er selbst, daß es ein *Feuerwerk* sei – und das konnte er getrost tun, denn er lebte in einer Zeit, da der pharisäische Gedanke, Kunst habe einem Zweck zu dienen, noch nicht aufgekommen war. Aber dem größten Teil seiner Märchendichtung liegt doch eine Idee zu Grunde, ja, die Erneuerung an sich, die die Dichtungsart bei ihm erfährt, ist zu einem wesentlichen Teil auf die Gedanken zurückzuführen, die er in sie hineingelegt hat. Aus Ammenmärchen wird Idee-Dichtung.

Man hätte seiner proletarischen Herkunft wegen erwarten können, daß ein sozialer Dichter größten Ranges aus ihm geworden wäre. Das wurde er nicht – wenn er auch der erste war, der erschreckende Enthüllungen von der Unterwelt der Hauptstadt gebracht hat (*O. Z.*), und obwohl sich in den Märchen viele scharfe soziale Gesichtspunkte verstecken. Das Porträt, das er von den Machthabern entwirft, in *Sie taugte nicht* durch den Stadtvogt dargestellt, ist alles andere als liebenswürdig. Die Geldmagnaten hat er ständig beim Wickel, zum Beispiel in *Kinderrede*, das in der harmlosesten Form von der Welt eine ganze Gesellschaftssatire enthält. Der Oberklasse werden in *Des Pförtners Sohn* die Leviten gelesen, und über die Vertreter des Hofes sind ringsum in den Texten etliche unsanfte Spitzen eingeschmuggelt: Der entscheidende Beweis für den Erfolg der *Nachtigall* ist der, daß *die Lakaien und Kam-*

mermädchen melden ließen, auch sie seien zufrieden, und das will viel heißen, denn es ihnen recht zu machen, ist am allerschwersten. Das kleine *Mädchen mit den Schwefelhölzern* als reinste Sozialliteratur aufzufassen, würde leichtsinnig sein, daß aber diese rührende Geschichte wenigstens ein soziales Nebenmotiv enthält, ist nicht von der Hand zu weisen. Und die Abschiedsrede, die der Hund Ajola in der *Eisjungfrau* dem kleinen Rudy hält, der in die Welt hinaus will, bekundet immerhin, daß der politisch indifferente Andersen jedenfalls nicht ohne soziale Empfindungen war:

... ich werde dir eine Geschichte erzählen, mit der ich mich immer schon herumgeschlagen habe: ich kann sie nicht verstehen, und das kannst du auch nicht, aber das mag nun auch einerlei sein, denn eins habe ich immerhin herausgekriegt, daß es so ganz richtig in der Welt nicht verteilt ist für Hunde oder Menschen; nicht alle sind dazu erschaffen, auf einem Schoß zu liegen oder Milch zu schlabbern; ich bin es nicht gewöhnt gewesen, aber ich habe einen jungen Hund gesehen, der fuhr mit der Postkutsche und saß dort auf einem Menschenplatz, die Dame, die seine Herrschaft war oder zur Herrschaft gehörte, hatte eine Milchflasche mit, von der sie ihm zu trinken gab: Zuckerbrot kriegte er, mochte es aber nicht einmal fressen, schnupperte bloß dran, und dann fraß sie es selbst; ich rannte durch den Matsch neben der Kutsche her, hungrig, wie ein Hund es sein kann, ich kaute an meinen eigenen Gedanken, das war nicht in der Ordnung – aber da gibt es sicher noch allerlei, was auch nicht in Ordnung ist! Mögest du auf den Schoß kommen und in der Kutsche fahren, aber das kann man sich nicht selber einrichten, ich hab es nicht gekonnt, weder durch Bellen noch durch Gähnen.

Positiv – und prophetisch – formuliert er die künftige Auffassung von der Gesellschaft in dem *Häßlichen Entlein* durch die sprichwortartige Maxime: *Es macht nichts, daß man im Entenhof geboren ist, wenn man nur in einem Schwanenei gelegen hat!* – alles dies Gedanken, die schon der Zukunft angehören.

Zwar fühlte Andersen sich der romantischen Dichtung vom Anfang des Jahrhunderts zugehörig, greift aber nichtsdestoweniger der realistischen Literatur vom Ausgang des Jahrhunderts vor. Er stimmt nicht in die Begeisterung der Romantik für die Vergangenheit ein. Was sagt doch noch die weise Frau in dem Märchen *Was man sich ausdenken kann*: «*Nein, in alter Zeit wurden die weisen Frauen verbrannt, und die Poeten liefen herum mit schlotternden Gedärmen und Löchern am Ellbogen. Die Zeit ist gerade gut, es ist die allerbeste!*» Die Linie wird in den Schlußworten der *Dryade* fortgesetzt wo *unsere Zeit*, genauer *die Zeit der Ausstellung in Paris 1867, die große wunderbare Zeit des Märchens* genannt wird. In Andersens Dichtung schlägt der Traum des goldenen Zeitalters um in einen Fortschrittsglauben mit einem schier unbändigen Vertrauen auf die Wunder der Technik (*Die große Seeschlange*).

Er nimmt auch nicht ohne weiteres an der Vergötterung des Genies durch die Romantik teil, sondern verrät eine zurückhaltendere Auffassung, die späterhin sehr beliebt werden sollte: *Es ist eine törichte Vorstellung*, heißt es in den *Galoschen des Glücks, wenn man sich einen Dichter anders denkt als andere Menschen; unter diesen können weit poetischere Naturen sein, als manch ein großer, anerkannter Dichter es ist. Der Unterschied ist nur der, daß der Dichter ein besseres geistiges Erinnerungsvermögen hat ...*

Und noch weniger beteiligt er sich an der Geringschätzung, mit der die Romantik die Wissenschaft betrachtet, er erweist ihr im Gegenteil eine Hochachtung, die auf die Doktrinen des Naturalismus hinzielt. Im *Wassertropfen* bedient er sich der wissenschaftlichen Naturbetrachtung für seine Dichtung, und in der beseelten Parabel *Die Glocke*, die seine Kunst auf dem höchsten Gipfel zeigt und den Kern in seiner Ideenwelt bildet, ist die Poesie nicht der einzige Weg zur Lebensweisheit; sie ist der Naturwissenschaft an die Seite gestellt. Auf beiden Wegen, durch Kunst und Wissenschaft, gelangt man zur Lebenspoesie:

Die Glocke

Abends, wenn die Sonne sank und die Wolken oben zwischen den Schornsteinen wie Gold glänzten, hörte bald der eine, bald der andere einen seltsamen Ton, so ähnlich wie der Klang einer Kirchenglocke, aber er war in den engen Gassen der großen Stadt nur einen Augenblick zu hören, denn es war solch ein Geratter von Wagen und solch ein Geschrei, und das stört. «Jetzt läutet die Abendglocke!» sagte man. «Jetzt geht die Sonne unter!»

Diejenigen, die vor die Stadt hinausgingen, wo die Häuser weiter auseinander lagen mit Gärten und kleinen Feldern dazwischen, sahen den Abendhimmel noch prächtiger und hörten den Klang der Glocke viel stärker, es war, als komme der Ton aus einer Kirche tief drinnen in dem stillen, duftenden Wald; und die Leute blickten dann dorthin, und ihnen wurde ganz feierlich zumute.

Nun verging geraume Zeit, der eine sagte zum anderen: «Ob dort draußen im Wald eine Kirche ist? Die Glocke hat doch solch einen seltsam herrlichen Klang, wollen wir nicht hinausziehen und sie uns ein wenig näher anschauen?» Und die reichen Leute, die fuhren, und die Armen, die gingen, aber der Weg wurde ihnen so sonderbar lang, und als sie zu einer ganzen Menge Weidenbäume kamen, die am Rande des Waldes standen, setzten sie sich dorthin und sahen in die langen Äste hinauf und meinten, daß sie richtig im Grünen seien; der Konditor drinnen aus der Stadt kam heraus und schlug sein Zelt auf, und dann kam noch ein Konditor, und der hängte eine Glocke gerade über seinem Zelt auf, und das war eine Glocke, die geteert war, um den Regen aushalten zu können, und der

Illustration von Vilhelm Pedersen zu dem Märchen «Die Glocke»

Klöppel fehlte. Wenn dann die Leute wieder nach Hause zogen, sagten sie, es sei so romantisch gewesen, und das war etwas, was man nicht alle Tage vorgesetzt bekam. Drei Personen versicherten, daß sie in den Wald eingedrungen seien bis ganz dorthin, wo er zu Ende sei, und immer hätten sie den wunderlichen Glockenton gehört, aber dort war es ihnen so, als komme er von drinnen aus der Stadt; der eine machte ein ganzes Lied darauf und sagte, die Glocke klinge wie die Stimme einer Mutter, die zu einem lieben, klugen Kind spricht, keine Melodie sei schöner als der Klang der Glocke.

Der Kaiser des Landes wurde auch darauf aufmerksam und versprach, daß derjenige, der richtig entdecken könne, woher der Laut komme, der sollte den Titel «Weltglöckner» erhalten, und zwar auch dann, wenn es keine Glocke sei.

Nun gingen denn viele in den Wald um des guten Verdienstes willen, aber nur einer war darunter, der mit einer Art Erklärung nach Hause kam. Keiner war tief genug drinnen gewesen, und der nun auch nicht, aber er sagte dennoch, der Glockenklang komme von einer sehr großen Eule in einem hohlen Baum, es sei so eine Weisheitseule, die ohne Unterlaß ihren Kopf gegen den Baum schlage, aber ob der Klang von ihrem Kopfe kam oder von dem hohlen Stamm, das konnte er noch nicht mit Bestimmtheit sagen, und so wurde er denn als Weltglöckner angestellt und schrieb alljährlich eine kleine Abhandlung über die Eule; aber deshalb wußte er doch nicht mehr.

Nun war gerade Konfirmationstag, der Pfarrer hatte so hübsch und innig gesprochen; die Konfirmanden waren so bewegt gewesen, es war ein wichtiger Tag für sie, sie wurden mit einem Mal erwachsene Menschen und waren doch eben noch Kinder gewesen, die Kindesseele sollte nun gewissermaßen in eine verständigere Person hinüberfliegen. Es war herrlichster Sonnenschein, die Konfirmanden gingen aus der Stadt hinaus, und aus dem Wald ertönte seltsam kräftig die große, unbekannte Glocke. Sie hatten gleich solch eine Lust, dorthin zu gehen, und zwar alle miteinander bis auf drei, die eine von diesen wollte nach Hause und ihr Ballkleid anprobieren, denn es waren gerade dies Kleid und dieser Ball, denen sie es verdankte, daß sie diesmal konfirmiert wurde, denn sonst wäre sie nicht mit aufgenommen worden; der andere war ein armer Junge, der sich seinen Konfirmationsanzug und die Stiefel von dem Sohn des Wirtes geliehen hatte, und die mußte er auf einen bestimmten Glockenschlag wieder abliefern; der dritte sagte, er gehe niemals an einen fremden Ort, wenn seine Eltern nicht mit dabei seien, und daß er immer ein braves Kind gewesen sei, und das wollte er weiter bleiben, selbst als Konfirmand, und darüber darf man sich nicht lustig machen! – aber das taten sie.

Drei von ihnen gingen also nicht mit; die anderen trabten drauf los; die Sonne schien, und die Vögel sangen, und die Konfirmanden sangen auch und hielten einander an den Händen, denn sie waren ja noch nicht in Amt und Würden und waren alle Konfirmanden vor dem lieben Herrgott.

Aber bald wurden zwei von den kleinsten müde, und da kehrten die beiden wieder um und gingen in die Stadt zurück; zwei kleine Mädchen setzten sich hin und wanden Kränze, die gingen auch nicht weiter mit, und als die anderen bis zu den Weidenbäumen gekommen waren, wo der Konditor wohnte, da sagten sie: «Seht nun, jetzt sind wir hier draußen, die Glocke gibt es ja eigentlich gar nicht, die bildet man sich ja bloß ein!»

Da ertönte im selben Augenblick tief drinnen im Walde die Glocke so süß und feierlich, daß vier, fünf sich entschlossen, doch ein wenig weiter in den Wald hineinzugehen. Der war so voller dichten Laubes, es machte richtig Mühe, vorwärtszukommen, Waldmeister und Anemonen wuchsen fast zu hoch, blühende Winden und Brombeerranken hingen in langen Girlanden von Baum zu Baum, wo die Nachtigall sang und die Sonnenstrahlen spielten; oh, es war so göttlich, aber es war kein Weg für die Mädchen, sie hätten sich die Kleider zerrissen. Hier lagen große Felsblöcke, mit Moos in allen Farben bewachsen, das frische Quellwasser sickerte hervor und machte so sonderbar «kluck kluck».

«Das sollte doch nicht etwa die Glocke sein!» meinte einer der Konfirmanden und legte sich nieder und horchte. «Das muß man aber wirklich studieren!», und dann blieb er hier und ließ die anderen gehen.

Sie kamen an ein Haus aus Rinde und Ästen, ein großer Baum mit wilden Äpfeln neigte sich darüber, so als wolle er seinen ganzen Segen über das Dach ausschütten, auf dem Rosen blühten; die langen Äste zogen sich am Giebel hin, und darin hing eine kleine Glocke. Sollte die es sein, die man vernommen hatte? Ja, darüber waren sich alle einig, bis auf einen, der meinte, diese Glocke sei zu klein und zu fein, als daß sie so weithin zu hören wäre, wie sie sie gehört hatten, und daß es ganz andere Töne gewesen seien, die in solcher Weise ein Menschenherz anrühren könnten; der da sprach, war ein Königssohn, und da sagten die anderen: «So einer will nun immer klüger sein.»

Da ließen sie ihn allein weitergehen, und je länger er ging, desto mehr wurde seine Brust von der Waldeinsamkeit erfüllt; aber noch hörte er die kleine Glocke, mit der die anderen so zufrieden gewesen waren, und zwischendurch, wenn der Wind von dem Konditor herwehte, konnte er auch hören, wie dort zu wäßrigem Tee gesungen wurde; aber die tiefen Glokkenklänge ertönten doch stärker, es war bald, als ob eine Orgel dazu spiele, der Ton kam von links, von der Seite, auf welcher das Herz sitzt.

Jetzt raschelte es im Gebüsch, und da stand ein kleiner Knabe vor dem Königssohn, ein Knabe in Holzschuhen und mit einem Wams so kurz, daß man richtig sehen konnte, wie lang seine Handgelenke waren. Sie kannten beide einander, der Knabe war gerade derjenige von den Konfirmanden, der nicht mitgehen konnte, weil er nach Hause mußte und an den Sohn des Wirts den Rock und die Stiefel abliefern sollte; das hatte er getan und war nun in Holzpantinen und den ärmlichen Sachen allein losgelaufen, denn die Glocke tönte so kräftig, so tief, er mußte hinaus.

«Dann können wir ja zusammengehen!» sagte der Königssohn. Aber der arme Konfirmand mit den Holzpantinen war ganz schüchtern, er zerrte an den kurzen Wamsärmeln und sagte, er fürchte, daß er nicht so schnell mitgehen könnte, außerdem meinte er, die Glocke müsse rechts gesucht werden, denn an dem Platz sei ja alles Große und Herrliche.

«Ja, dann treffen wir uns gar nicht!» sagte der Königssohn und nickte dem armen Knaben zu, der in den finstersten, dichtesten Teil des Waldes hineinging, wo die Dornen seine ärmlichen Kleider entzweirissen und das Gesicht, Hände und Füße blutig kratzten. Der Königssohn bekam auch allerhand kräftige Schrammen ab, aber die Sonne schien dennoch auf seinem Weg, und er ist es, mit dem wir nun weitergehen, denn ein forscher Bengel war er.

«Die Glocke will und muß ich finden!» sagte er, «und wenn ich bis ans Ende der Welt gehen muß!»

Die ekligen Affen saßen oben auf den Bäumen und zeigten grinsend alle ihre Zähne. «Wir wollen ihn verhauen!» sagten sie; «wir wollen ihn verhauen; er ist ein Königssohn!»

Aber er ging unverdrossen tiefer und tiefer in den Wald hinein, wo die wunderlichsten Blumen blühten, hier standen weiße Sternlilien mit blutroten Staubfäden, himmelblaue Tulpen, die im Winde funkelten, und Apfelbäume, deren Äpfel ganz und gar aussahen wie große, glitzernde Seifenblasen, denkt bloß, wie die Bäume im Sonnenschein strahlen mußten.

Rings um die schönsten grünen Wiesen, wo Hirsch und Hindin im Grase spielten, standen prächtige Eichen und Buchen, und war an einem der Bäume die Rinde geplatzt, dann wuchsen in dem Spalt Gras und lange Ranken; es gab auch große Waldstücke mit stillen Binnenseen, auf denen weiße Schwäne schwammen und mit den Flügeln klatschten. Der Königssohn stand oftmals still und horchte, oft meinte er, es sei einer dieser tiefen Seen, aus dem die Glocke zu ihm emportöne, aber dann merkte er doch, daß der Glockenton nicht von dorther kam, sondern noch tiefer drinnen aus dem Walde.

Jetzt ging die Sonne unter, die Luft glühte rot wie Feuer, es wurde so still, so still im Wald, und er sank auf seine Knie nieder, sang seinen Abendchoral und sagte: «Niemals finde ich, was ich suche! Nun geht die Sonne unter, nun kommt die Nacht, die finstere Nacht; doch kann ich vielleicht noch einmal die runde rote Sonne sehen, bevor sie ganz hinter der Erde versinkt; ich werde auf die Felsen dort steigen, sie erheben sich so hoch wie die größten Bäume!»

Und er faßte in die Ranken und um die Wurzeln, kletterte auf den nassen Steinen empor, wo sich die Wasserschlangen dahinwanden, wo die Kröte ihn gleichsam anbellte; – aber hinauf kam er, ehe die Sonne ganz fort war, von dieser Höhe aus gesehen: oh, welche Pracht! Das Meer, das große, herrliche Meer, das seine langen Wogen gegen die Küste wälzte, dehnte sich vor ihm aus, und die Sonne stand wie ein großer, schimmernder Altar dort draußen, wo Meer und Himmel sich begegnen, alles verschmolz in glühenden Farben, der Wald sang und das Meer sang und sein Herz sang mit; die ganze Natur war eine große, heilige Kirche, darin Bäume und segelnde Wolken die Pfeiler waren, Blumen und Gras die gewobene Sammetdecke und der Himmel selbst die große Kuppel; dort oben erloschen die roten Farben, als die Sonne versank, aber Millionen von Sternen wurden angezündet, Millionen von diamantenen Lampen leuchteten nun, und der Königssohn breitete seine Arme dem Himmel entgegen, dem Meer und dem Wald entgegen – und im selben Augenblicke, vom rechten Seitenpfad, kam mit den kurzen Ärmeln und in Holzpantinen der arme Konfirmand; er war ebenso früh dorthin gekommen, auf seinem Wege dorthin gelangt, und sie liefen aufeinander zu und hielten sich bei den Händen in der großen Kirche der Natur und der Poesie, und über ihnen ertönte die unsichtbare, heilige Glocke, selige Geister umschwebten sie im Tanz zu einem jubelnden Hallelujah!

Wie viele Seiten von Andersens Kunst sind nicht in diesem Stück zusammengefaßt, der Krone der ganzen romantischen Glockenpoesie. Lyrische Naturstimmungen sind mit literarischer Satire verflochten (*der eine machte ein ganzes Lied darauf*), kleine, launige Bemerkungen sind mit freigebiger Hand über die Seiten ausgestreut: romantisch – *das war etwas, was man nicht alle Tage vorgesetzt bekam*, die Konfirmanden *hiel-*

Auf Frijsenborg im Sommer 1863

ten einander bei den Händen, denn sie waren ja noch nicht in Amt und *Würden*, aber ebenso sicher greift der Dichter in die pathetischen Saiten. Von der Ebene des Alltags zu Anfang wird das Märchen gegen Schluß auf die Ebene der Vision hinaufgehoben. Trotz der vielen Seitensprünge ist die Linie der Erzählung klar: Mit jeder neuen Etappe näher

an die Glocke heran wird das Naturerlebnis intensiver. Stärker und stärker ertönt die Glocke – aber sie war es dennoch nicht. Als der Königssohn dann die anderen verläßt, und das ist der Wendepunkt in der Geschichte, tönt es schwächer und schwächer hinter seinem Rücken von den zurückgelegten Stationen, aber vorn braust es wie mit Orgelklängen. Jetzt kommen die sublimen Höhen näher, der Dichter muß die früheren Natureindrücke verdunkeln und alles hell in hell malen (*die Äpfel sind wie funkelnde Seifenblasen*) und phantastische Farben anwenden (*himmelblaue Tulpen und weiße Lilien mit blutroten Staubfäden*), als aber die geheimnisvolle Landschaft im Begriff ist, sich wie eine Fata Morgana zu verflüchtigen, werden die Wasserschlangen und die Kröten eingeführt als handfeste Vertäuungen in der Wirklichkeit, und der Hymnus an die große Natur, das Meer, den Himmel und den Wald kann frei erschallen.

Und wie viele von des Dichters Motiven sind in dieser zentralen Parabel enthalten! Von jedem Satz laufen Fäden zu anderen Dichtungen von ihm. Ein paar Beispiele: die Vorstellung, daß die Poesie nicht auf dem Pflaster gedeiht (die Glocke wird nur einen Augenblick in der Stadt vernommen, denn *es war solch ein Geratter von Wagen und solch ein Ge-*

schrei, und das stört), kehrt auch im *Schatten* wieder, wo der gelehrte Mann rund heraus sagt, daß die Poesie *oftmals ein Einsiedler in den gro-ßen Städten* sei. Wenn der arme Knabe allein losgegangen ist, *denn die Glocke ertönte so kräftig, so tief, er mußte hinaus*, so entspricht das ge-nau dem häßlichen Entlein, das bei der alten Frau mit der Katze und dem Huhn unwillkürlich *an die frische Luft und den Sonnenschein den-ken mußte! Es kriegte solch eine wunderliche Lust, auf dem Wasser zu schwimmen, zuletzt konnte es gar nicht widerstehen, es mußte es der Hen-ne sagen* – und beide Stellen stimmen prächtig mit dem Bericht aus dem *Märchen meines Lebens* über den Aufbruch aus Odense überein: Er mußte fort. *Es war ein völlig unerklärlicher Trieb, der mich zog.*

Ebenso wie das biblische Gleichnis von dem großen Abendmahl, aus dem Andersen die Anregung entnommen hat, läßt *Die Glocke* eine Deutung jeder einzigen Schriftstelle zu. In dem bis ins einzelne gehen-den Bericht über die vielen fehlgeschlagenen Expeditionen zur Glocke hinaus hat der Dichter sich bei jedem einzelnen Ausflug das Seine ge-dacht, und es ist nicht schwierig, gewisse Vertreter idealen, über den Alltag hinausgehenden Strebens zu identifizieren. Der eine, der mit ei-ner ungefähren Erklärung heimkehrt und seine alljährliche Abhandlung über die Eule schreibt, soll die spekulative Philosophie darstellen, die keine gründlichen Untersuchungen auf dem Gebiet anstellt. Er kommt bei der Universität an. Der, welcher sich an der Quelle niederläßt, *das muß man richtig studieren*, soll dagegen die Fachwissenschaft in pedanti-scher Ausgabe vorstellen. Die Waldglocke, die nicht sehr weit zu hören ist und der Töne ermangelt, die ein Menschenherz bewegen können, ist die Heibergsche Kunstpoesie, *klein und fein!* Aber das wichtigste von allem – und hierin liegt die positive Idee der Parabel: der Königssohn und der arme Knabe, die einzigen, die das Mysterium erleben, symboli-sieren Wissenschaft und Kunst. Der eine sucht die Wahrheit, der andere die Schönheit, aber es stellt sich heraus, daß *in der großen Kirche der Natur und der Poesie* das Ziel dasselbe ist. Daß der arme Knabe mit den zu lang geratenen Handgelenken der Dichter selber ist, dürfte kaum zu bezweifeln sein, und alles spricht dafür, daß der Königssohn mit dem Mann übereinstimmt, der in entscheidender Weise Andersens Vorstel-lungswelt geprägt hat, nämlich H. C. Örsted. Ebenso wie das Verständ-nis für die Wissenschaft verdankte er dem genialen Naturforscher den Kulturoptimismus – die sozialen Überlegungen dahingegen sind «eigene Erfindung», wie er von dem originalen Märchen im Gegensatz zu den Nachdichtungen sagte. Und der Grundgedanke, von dem das ganze Märchenwerk getragen ist: das Dasein ist voller Wunder, dieser Gedan-ke ist ebenfalls mit Örsteds Hauptgedanken identisch, wie er in dessen Abhandlung «Der Geist in der Natur» entwickelt wird, dessen Inhalt schon aus dem Titel ersichtlich ist: Es gibt keine Kluft zwischen Geist und Natur, der Geist ist in der Natur. Andersens großartigster Ausdruck für diese monistische Weltanschauung ist die Schlußvision in der *Glokke*, aber darüber hinaus ist seine ganze Dichtung davon durchsetzt. Wohl ist sie ein Ergebnis seiner persönlichen Erfahrungen, aber es ist die Frage, ob er es gewagt hätte, ihr einen so kühnen Ausdruck zu verleihen, wenn nicht Örsted ihn angespornt hätte. *Auf meine geistige Entwicklung hatte er* (Örsted) *eine starke Einwirkung und war derjenige von allen, welcher mir in meiner ganzen Entwicklung als Dichter geistig eine Stütze war*, heißt es im *Märchen meines Lebens*.

«Wann wird Andersen endlich schreiben lernen?»

Aber nicht nur durch seine Ideen weist Andersen in die Zukunft und kündigt eine neue Zeit an. Das revolutionierend Neuartige in den Märchen ist der Stil ein lebendiger, «mündlicher» Sprachklang, dessengleichen man nie zuvor auf den dänischen Inseln vernommen hat – wenn auch Grundtvigs krampfhafte Versuche, «Gesindestuben-Dänisch» zu schreiben, von derselben Tendenz ausgehen. Es ist die Sprache, durch die Andersen unter den dänischen Schriftstellern in eine Klasse für sich eingereiht werden muß.

In der dänischen Prosa des 19. Jahrhunderts gibt es zwei entgegengesetzte Strömungen. Die eine umfaßt die Nachahmung der Sagas und das Pastiche, die beide die erste Hälfte des Jahrhunderts prägen, aber erst in den siebziger Jahren mit J. P. Jacobsens Roman «Frau Marie Grubbe» ihren Höhepunkt erreichen. Die zweite strebt die Annäherung an die Umgangssprache an, die in der zweiten Hälfte des Jahrhunderts sich vollzieht, aber bereits in den dreißiger Jahren mit Hans Christian Andersen einen Höhepunkt erreicht.

Wie ist denn nun dieser Stil beschaffen? Edvard Collin hat eine amüsante Schilderung von dem Dichter als Erzähler gebracht, und der Ausgangspunkt für die Märchensprache ist die Situation des Erzählers (nicht wie bei Grimm die des Aufzeichnenden):

«In jenen Kreisen, in denen er verkehrte, gab es vielfach kleine Kinder, mit denen er sich abgab, er erzählte ihnen Geschichten, die er teils im Augenblick machte, teils von bekannten Märchen holte; aber ob er nun sein Eigenes erzählte oder etwas nacherzählte, so war die Art des Erzählens so ausschließlich seine eigene und so lebendig, daß sie die Kinder mitriß. Ihm selbst machte es Spaß, seinem Humor freien Spielraum zu geben, die Rede floß ohne Unterlaß, reichlich mit den den Kindern vertrauten Redensarten und Gebärden gewürzt, die dazu paßten. Selbst dem trockensten Satz verlieh er Leben; er sagte nicht: ‹Die Kinder stiegen in den Wagen, und dann fuhren sie›, sondern ‹dann stiegen sie in den Wagen, auf Wiedersehen, Vater, auf Wiedersehen, Mutter, die Peitsche knallte schmitz schmitz, und weg fuhren sie, hei, wirst du laufen!› Diejenigen, die ihn später haben seine Märchen vorlesen hören, können sich nur einen schwachen Begriff von der eigentümlichen Lebendigkeit dieses Vortrags im Kreise der Kinder machen. Es ist ihm allerdings zu jener Zeit nicht in den Sinn gekommen, daß dergleichen zu anderen Zwecken als mündlich und zur Belustigung von Kindern angewandt werden könnte. Aber die Freude, die die mündlichen Erzählungen in seinen Kreisen erregte, mußte natürlich dazu führen, daß man die Frage aufwarf, ob nicht mehr Menschen dessen teilhaftig gemacht werden könnten, also vermittelst der gedruckten Form; aber wenn sie gedruckt werden sollten, so müßten sie in seiner Sprechweise herauskommen; jede andere Form wäre unmöglich. Es war kaum beabsichtigt, daß Kinder sie *lesen* sollten, vielmehr, daß die Erwachsenen sie vorlesen oder nacherzählen sollten, so weit es möglich war, im Andersenschen Tonfall.»

Ganz so heftig über Stock und Stein, wie Edvard Collin es hier schildert, geht es in den gedruckten Märchen allerdings selten zu, aber schon aus den ersten Zeilen im *Feuerzeug* spürt man, daß es die unlogischen Sprünge der Umgangssprache sind, die dem Stil Leben und Bewegung verleihen: *Es kam ein Soldat auf der Landstraße dahermarschiert: Eins zwei! eins zwei! Er hatte einen Tornister auf dem Rücken und einen Säbel an der Seite, denn er war im Krieg gewesen, und nun wollte er nach Hause.* Man führe sich den plaudernden Auftakt zur *Schneekönigin* vor Augen: *Seht her! Nun fangen wir an! Wenn wir am Ende der Geschichte angelangt sind, wissen wir mehr, als wir jetzt wissen, denn es war ein böser Troll; es war einer der allerbösesten, es war der «Teufel».* Oder man vergegenwärtige sich das frische Zeitmaß zu Beginn von *Der Floh und der Professor*: *Da war ein Luftschiffer, dem erging es schlimm, der Ballon platzte, der Mann plumpste herunter und schlug sich zuschanden!* (in dem eine Person entgegen allen vernünftigen ästhetischen Regeln im ersten Satz entleibt wird!). Es ist zu spüren, daß Andersen beim Ballett anfing – seine Sprache tanzt. Und es ist zu spüren, daß er sein ganzes Leben lang ein fleißiger Vorleser war: Ebenso wie die Volksdichtung haben seine Märchen eine mündliche Periode zurückgelegt, bevor sie in Druck gingen. Der Dichter hat immer wieder und wieder in Gesellschaft «Probefahrten» mit ihnen gemacht, hat Wörter und Sätze gedreht und gewendet, bis der Rhythmus den richtigen Klang erhielt und er sie in Buchform aus der Hand geben konnte, wo sie noch heutigentags mit ihren fein abgesetzten Betonungen, ihrem wechselnden Zeitmaß und ihren Pausen danach schreien, laut vorgelesen zu werden. Irgendwo im Tagebuch verzeichnet Andersen: *Den ganzen Tag geschrieben. Die Zunge tut weh.* Die beiden Bemerkungen haben natürlich nichts miteinander zu schaffen, und dennoch ist man versucht, den Schmerz in der Zunge als eine Folge des Schreibens anzusehen: Er hat seine Perioden aufs Papier niedergesprochen.

So leicht und unbeschwert, so unabhängig von lateinischen Regeln und akademischer Form hatte niemand früher das Dänisch gemeistert, und man versteht den korrekten Molbech, einen der garstigen Kritiker, ganz gut, der einmal in einer Besprechung fragte: «Wann wird Andersen doch endlich lernen, seine Muttersprache zu schreiben?» Die Antwort lautet: das hat er allerdings nie gelernt, dafür aber hat er die Dänen gelehrt, ihre Muttersprache auf eine neue Art zu schreiben. Nicht zuletzt die Meister des Impressionismus sind bei ihm in die Schule gegangen.

Der Märchenstil hört sich an, als sei er schlicht und einfach, ist aber in Wirklichkeit in höchstem Maße ausgeklügelt. Was in der Kunst improvisiert wirkt, ist häufig eingeübt. Wer etwa glauben wollte, Andersen sei nur ein Organ göttlicher Eingebung, wie er selbst gelegentlich hatte verlauten lassen, der sollte einen Blick in seine Kladden und Entwürfe werfen, und man wird sich eines anderen belehren lassen müssen.

Als wir Andersens erste Märchen mit den anonymen Erzählungen verglichen, in denen sie ihren Ursprung hatten, kamen wir der Besonderheit seiner Dichtung auf die Spur. Untersuchen wir die verschiedenen Stadien in der Entstehung des einzelnen Märchens näher, dann können wir in gleicher Weise seinen originellen Stil entstehen sehen.

Vor dem ersten Märchenheft hatte Andersen das Märchen *Der Tote* in den *Gedichten* 1830 veröffentlicht, eine unselbständige Federprobe, die keinen Anklang fand und mit der er auch selber unzufrieden war. Er schrieb es daher um und gab ihm den Titel *Der Reisegefährte*, und ein Blick auf den Auftakt zu den beiden Bearbeitungen desselben fünenschen Volksmärchens genügt, will man einen Begriff davon bekommen, wie der würdige, gebildete Schriftsteller sich in den souveränen Märchendichter verwandelt – es ist eine regelrechte Mauserung:

Illustration von Vilhelm Pedersen zu «Geschichte einer Mutter»

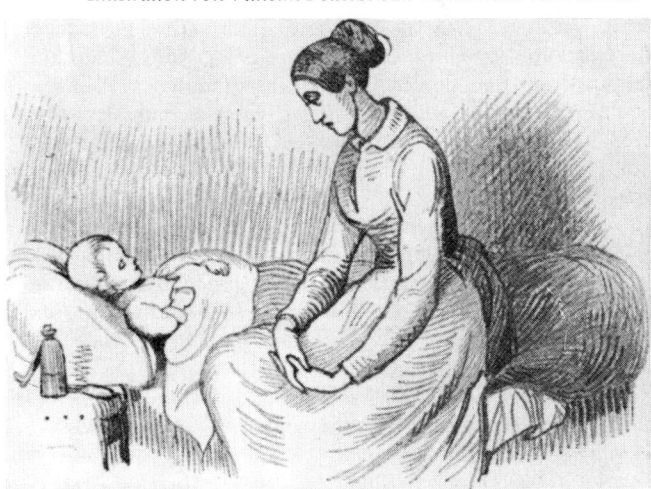

Der Tote

... In der ersten Nacht mietete er sich in einem Heuschober auf dem Felde ein und schlief dort wie ein persischer Fürst in seinem glänzenden Schlafgemach ... Der Mond hing wie eine große, argandsche Lampe unter dem Deckengewölbe und brannte mit einer steten Flamme. Ohne nun in der Angst schweben zu müssen, daß das Licht dort im Leuchter niederbrennen oder umkippen und ein Feuer in der blauen Decke und den leichten Wolkenvorhängen anzünden würde, schlief Johannes, bis ein Chor beschwingter Spielleute ihn am nächsten Morgen weckte ...

Der Reisegefährte

In der ersten Nacht mußte er sich in einem Heuschober auf dem Felde zum Schlafen niederlegen, ein anderes Bett hatte er nicht. Aber das war gerade wunderhübsch, fand er, der König konnte kein prächtigeres haben ... Der Mond war wie eine große Nachtlampe hoch oben unter der blauen Decke, und die steckte die Vorhänge nicht an; Johannes konnte ganz ruhig schlafen, und er tat es auch, erwachte erst wieder, als die Sonne aufging und alle Vögelchen ringsumher sangen: «Guten Morgen! guten Morgen! Bist du nicht auf?»

Der Salonton mit seinem persischen Fürsten und der argandschen Lampe verschwindet, an dessen Stelle tritt der vertrauliche, allgemein faßliche Stil mit dem König und der Nachtlampe. Das verschrobene literarische Bild *ein Chor beschwingter Spielleute weckte ihn* wird fallengelassen, an dessen Stelle tritt die Sache selber in direkter Rede: ... *alle Vögelchen ringsumher sangen: «Guten Morgen! ...* Der klassische Geschmack muß dem modernen Realismus weichen.

Daß der primitive Dichter ein verfeinerter Künstler war, der auf das Genaueste seine Wirkungsmittel berechnete, erhellt aus den wichtigen Änderungen, die er in zwei seiner berühmtesten Märchen am Schluß vorgenommen hat.

Vor nur einem Menschenalter wurde das Manuskript zu der *Geschichte einer Mutter* gefunden, und man konnte nun feststellen, daß das Märchen ursprünglich ein ganz banales Happy-End gehabt hat: *Und sie neigte ihren Kopf auf ihren Schoß hinunter. Da berührte ihr Mund den Mund des Kindes, es lag dort in einem süßen, gesunden Schlafe; und die Sonne schien auf seine Wangen, so daß sie rot aussahen, und als die Mutter sich rundum schaute, saß sie in ihrer kleinen Stube; die Lerche im Bauer sang, als ob sie fühle, daß der Frühling kommen würde; und der Tod war nicht in der Stube. Die Mutter faltete ihre Hände, dachte an das Haus des Todes, an die Zukunft des Kindes und sagte wieder: «Gottes Wille gesche-*

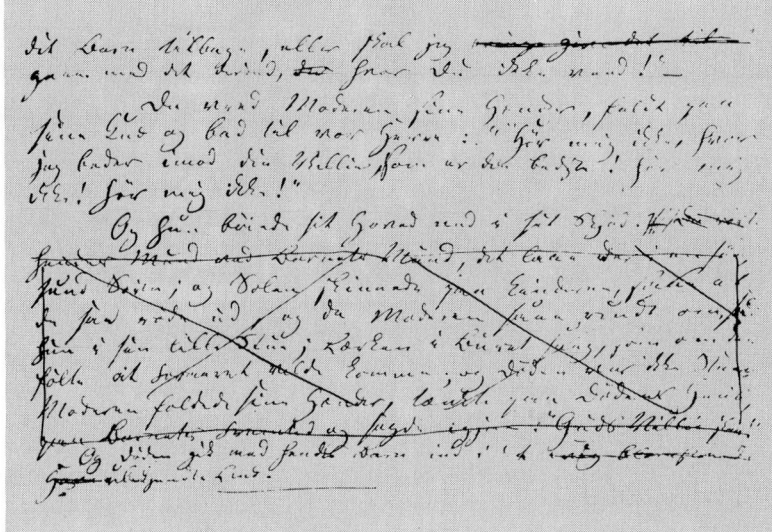

Der geänderte Schluß von «Geschichte einer Mutter»

he.» Die Tragödie löst sich in Idylle auf – das Ganze war ein böser Traum gewesen. Man kann des Dichters entschiedene Verwerfung dieses Schlusses gar nicht genug bewundern: Im letzten Augenblick streicht er ihn aus und setzt an Stelle dessen den endgültigen, genialen Schluß: *Der Tod ging mit ihrem Kind in das unbekannte Land.* Sein künstlerisches Gewissen hat über sein mitleidiges Herz gesiegt.

Einen ebenso genialen Eingriff nimmt er noch in den Korrekturfahnen zu *Des Kaisers neue Kleider* vor, das ursprünglich ziemlich zahm endete: *«Dies Gewand muß ich aber wirklich jedesmal anziehen, wenn ich in einer Prozession gehe oder in der Volksversammlung auftrete!» sagte der Kaiser, und die ganze Stadt sprach von seinen prächtigen neuen Kleidern.* Erst in der Korrektur streicht er diese Zeilen aus und führt das unschuldige Kind ein, das der Satire ihre Spitze gibt:

«Aber er hat ja gar nichts an!» sagte ein kleines Kind. «Herrgott, hört nur die Stimme eines unschuldigen Geschöpfes!» sagte der Vater; und einer flüsterte dem anderen zu, was das Kind gesagt hatte.

«Er hat nichts an, sagt da ein kleines Kind, er hat nichts an!»

«Er hat nichts an!» rief zuletzt das ganze Volk. Und dem Kaiser schau-

157

Illustration von Vilhelm Pedersen zu «Des Kaisers neue Kleider»

derte es, denn er fand, sie hätten recht, aber er dachte bei sich: «Nun muß ich die Prozession bis zu Ende aushalten.» Und er hielt sich nun noch stolzer, und die Kammerherren gingen weiter und trugen die Schleppe, die es gar nicht gab.

Von den *Galoschen des Glücks* sind zwei Spielarten vorhanden, und man braucht nur den ersten Satz von den beiden Ausgaben zu lesen, um einen Schimmer von Andersens Kampf mit der Sprache zu erhaschen und zu sehen, wie sich die Umgangssprache aus der Schriftsprache herausschält.

Erste Version:

In einem der Häuser drinnen nicht weit vom Kongens Nytorv war eine Gesellschaft geladen, eine sehr große Gesellschaft, um, wie so viele dies tun, Abonnementbillets für die gegenseitigen Einladungen der anderen zu erhalten.

Zweite Version:

In Kopenhagen, in der Östergade, in einem der Häuser, nicht weit vom Kongens Nytorv, fand eine große Gesellschaft statt, denn so eine muß man manchmal geben, dann ist es getan, dann kann man wieder eingeladen werden.

Oben schwerfällig und steifbeinig, unten leicht und m u n t e r .

Humor mit ein paar Tropfen
Melancholie darin

Die Töne der großen Leidenschaft kann Andersen seinem Instrument nicht entlocken, das sonst über ein reiches Register verfügt. Am liebsten schlägt er die komischen Saiten an. Daß die Dänen zur Brigade der Munteren gehören, ist eine beliebte Auffassung, jedenfalls in Dänemark selbst, aber diese Feststellung kann nicht durch die Kenntnis ihrer Literatur zustande gekommen sein, denn in dieser ist es gerade die Kompanie der Melancholiker, die in die erste Reihe vorrückt. Hans Christian Andersen ist eine der wenigen großen Ausnahmen. Von seiner Feder tropft geradezu der Humor herab. Vergnüglich ist die Vokabel, die am leichtesten und hurtigsten über die Märchenseiten fliegt; selbst von dem Grab des Mopses steht da zu lesen, daß es *ein schönes Grab war, es mußte ein Vergnügen sein, darin zu liegen.* Selbst einem so elementar komischen Wirkungsmittel wie dem Wortspiel kann er nicht widerstehen. Als die kleine Negerprinzessin sich in den Floh verliebt, heißt es: *Sie wurde ganz wild vor Liebe und war doch schon ohnehin eine Wilde!* Er macht sich den Spaß, ungleichartige Begriffe nebeneinander zu stellen: *Generals wohnten im ersten Stock, Pförtners wohnten im Keller; es war ein großer Abstand zwischen den beiden Familien, das ganze Erdgeschoß und die Rangliste.*

Hier gibt es barocke Einfälle – der Teufel, der lacht, daß ihm der Bauch platzt, aber es kitzelt nur, und die Madam, die mitten in der Nacht aufsteht und miaut, damit die Nachbarn meinen sollen, sie halte sich eine Katze, so geizig ist sie. Hier gibt es launige Schilderungen – die köstliche Frau, die sich auf Zauberei verstand, aber ein böser Troll war sie nicht, *sie zauberte nur ein bißchen zu ihrem eigenen Zeitvertreib,* oder die beiden unartigen norwegischen Trolle, die die Beine auf den Tisch legten, *aber sie meinten eben, ihnen stünde alles wohl zu Gesicht!,* oder die alten Frauen, die ihre Teilnahme an der Hoftrauer bezeugen wollen und darum den Branntwein schwarz färben, bevor sie ihn trinken, *in solcher Weise trauerten sie, und mehr konnten sie nicht tun.* Hier gibt es köstliche ironische Zusätze – der Floh lernt, das Gewehr zu präsentieren *und eine Kanone abzuschießen, aber eine kleine*; die Elfenmädchen tanzen in langen Schals, aus Nebel und Mondschein gewoben, *und das sieht wunderhübsch aus für die, denen so was gefällt.* Die Märchenseiten sind von schillernder Ironie durchsetzt. Und hier gibt es hingetuschte und treffende Charakteristiken, zum Beispiel das Porträt von dem Hund der Gerberwitwe in *Herzeleid*. Die Witwe hat ihn mit zum Gutshaus hinauf genommen, und dann heißt es:

Den Hund hatte sie auf den Erdboden gesetzt, während sie schrieb, und der knurrte. Er war ja auch zu seinem Vergnügen und wegen seiner Gesundheit mitgenommen worden, und dann darf man nicht auf den Erdboden gesetzt werden. Platte Nase und Speckrücken waren sein Äußeres. «Er beißt nicht», sagte die Madam, «er hat keine Zähne. Er ist sozusagen ein Glied der Familie, treu und zornwütig, aber dazu haben meine Enkel ihn aufgestachelt; sie spielen Hochzeit, und dann wollen sie, er soll Brautjungfer sein und das ist ihm langweilig, dem armen Vieh!»

Hier hat die Pfiffigkeit alle Segel gesetzt. Unaufhörlich wechselt die Beleuchtung. Bald ist es die Madam, die redet, und zwar in einer Sprache, welche verrät, daß sie sich mehr auf das kleinbürgerliche Familienidyll versteht – *treu und zornwütig*, zusammenhalten, aber einander hassen – als auf Hundepsychologie, da der Mops ja knurrt, weil er auf dem Erdboden sitzen muß, und nicht, weil die Enkelkinder mit ihm spielen wollen. Bald ist es die Stimme des Dichters, die wir hören, und zwar in einer ebenso kurzen wie genialen Beschreibung: *Platte Nase und Speckrücken waren sein Äußeres.* Nur ein paar Kleckse auf die Leinewand, zwei Substantive auf dem Papier, und der Hund steht da, schlafmützig, dickbäuchig und ekelhaft. Muß nicht jeder impressionistische Künstler Andersen um dies Hundeporträt aus der vorimpressionistischen Zeit beneiden? Und bald folgen wir den Gedanken des Hundes, es ist sein Seelenleben, in das wir Einblick gewinnen, wenn es heißt: *Er war ja zu seinem Vergnügen und um seiner Gesundheit willen mitgenommen worden, und dann darf man nicht auf den Erdboden gesetzt werden.* Er ist gekränkt über die rücksichtslose Behandlung. Dieser ständige Wechsel von Blickpunkt zu Blickpunkt: Madam, Dichter, Hund, verleiht dem Bild ein geheimes Leben, durch das es ein Meisterwerk ironischer Porträtkunst wird. Und doch haben wir ganz davon abgesehen, daß das Verhältnis zwischen der stumpfsinnigen Frau und dem wütenden Dickwanst in dem einen Ausdruck auf feine Weise enthüllt wird: sie habe ihn auf den Erdboden *gesetzt* – als sei er ein Paket, das sie weglegte.

Nicht schallendes Gelächter ist es, was Andersen hervorruft, vielmehr eine brodelnde Freude am Leben. Das Lächeln in seiner Kunst ist, wie im Hundeporträt, oft genug seiner außergewöhnlichen Fähigkeit zu verdanken, sich mit allen Auftretenden zugleich zu identifizieren – ferner dem Umstand, daß er für Kinder schreibt, aber gleichzeitig an die Erwachsenen denkt. Hierin liegen unzählige Möglichkeiten für Strahlenbrechungen. Als die *Nachtigall* vor dem Kaiser Gnade gefunden hat, wird angeordnet, daß sie *am Hofe verbleiben, ihren eigenen Käfig haben soll sowie die Freiheit, zweimal am Tag und einmal des Nachts spazierenzugehen. Sie bekam zwölf Diener mit, alle hatten sie ein seidenes Band*

um ihr Bein geschlungen und hielten gut fest. So ein Spaziergang war überhaupt kein Vergnügen. Allein innerhalb dieser wenigen Zeilen wird das Licht von zwei verschiedenen Lichtquellen her gebrochen: Der Vogel soll seine Freiheit haben – ja, vom Standpunkt des Hofes aus gesehen. Aber wenn es zum Schluß heißt: So ein Spaziergang sei überhaupt kein Vergnügen, dann liegt hier nicht mehr das Urteil des Hofes, sondern das der Nachtigall zugrunde.

Voraussetzung für diese fließenden Gesichtspunkte ist eine strenge künstlerische Disziplin und zugleich die Fähigkeit, sich in jedes Einzelwesen einzuleben, ob es nun ein Mensch, eine Pflanze, ein Tier oder ein Ding sei – eine Kunst, die er Voltaires philosophischen Erzählungen ab-

161

gelauscht hat. Wird erst ein Gegenstand die Hauptperson in einem Märchen, so ist er damit das Zentrum der Welt, wie peripher und verschämt dieser von einem menschlichen Standpunkt aus auch erscheinen mag. Es ist Mode geworden, Mescalin einzunehmen, um einen verlorengegangenen Kontakt mit der Umwelt zurückzuerobern. Man könnte sich vielleicht auch damit beschäftigen, Andersen zu lesen, bei dem das ganze Dasein Leben besitzt. Die Umgebung ist nicht zu Begriffen erstarrt, sondern sie hat ihre ursprüngliche Frische in seinem Gemüte bewahrt.

In diesem Zusammenhang hat es seine Berechtigung, von Andersens Kindlichkeit zu sprechen, die er in der *Eisjungfrau* so fein verteidigt:

Komm mit aufs Dach hinaus, hatte die Katze gesagt, und zwar ganz deutlich und verständlich; wenn man nämlich Kind ist und noch nicht reden kann, kann man ausgezeichnet Hühner und Enten, Katzen und Hunde verstehen; sie reden ebenso verständlich, wie Vater und Mutter reden; man muß nur wirklich klein sein ... Manchen Kindern geht dies Verständnis später verloren als anderen, und von diesen sagt man, sie seien weit zurück, seien arg späte Kinder. Man sagt so viel!

Andersen war nicht nur ein Primitiver innerhalb der Zivilisation. Er war ein Kind unter Erwachsenen.

Aber es versteht sich von selbst, daß er die menschliche Rasse nicht ganz aus den Augen verlor, selbst wenn er der organischen und unorganischen Welt Stimme verlieh. Im Gegenteil, aller menschlicher Ehrgeiz erweist sich als beschränkt, wenn Andersen feststellt, daß die ehrenhafte Ambition überall im Dasein vorkommt, daß sie aber für eine Stopfnadel nicht die gleiche sein kann wie für einen Schubkarren. Die Stopfnadel hat den Ehrgeiz, als Nähnadel angesehen zu werden, und der Schubkarren möchte am liebsten für einen Wagen gehalten werden. Das Bügeleisen träumt, es sei eine Lokomotive, und der Ehrgeiz des Ohrwurms ist es, in das Ohr eines Theologen krauchen zu dürfen. Ein jeder nach seinem Geschmack.

Illustration von Vilhelm Pedersen zum «Kragen»

Während die Psychologie in seinen Menschenschilderungen nicht immer überzeugend wirkt, so ist sie in seinen Beschreibungen der Dinge unbestechlich. Die Porzellanfigur in *Die Hirtin und der Schornsteinfeger* wiegt mühelos alle seine Frauengestalten auf, und nirgends hat er wohl tiefer in das heikle Verhältnis zum anderen Geschlecht hineingeleuchtet als in der Geschichte vom

Kragen

Es war einmal ein vornehmer Kavalier, dessen ganze Wohnungseinrichtung waren ein Stiefelknecht und eine Bürste, aber er hatte den schönsten Kragen der Welt, und von diesem Kragen werden wir eine Geschichte vernehmen. – Er war jetzt so alt, daß er ans Heiraten dachte, und da traf es sich, daß er zusammen mit einem Strumpfband in die Wäsche kam.

«Nein!» sagte der Kragen, «nie habe ich doch je etwas so Schlankes und so Feines gesehen, so weich und so niedlich. Darf ich nach Ihrem Namen fragen?»

«Den sag ich nicht!» sagte das Strumpfband.

«Wo gehören Sie hin?» fragte der Kragen.

Aber das Strumpfband war so schüchtern und fand, es sei doch etwas sonderbar, darauf antworten zu müssen.

«Sie sind sicher ein Taillenband!» sagte der Kragen, «so ein inwendiges Taillenband! ich sehe schon, Sie sind sowohl zum Nutzen als zum Staate da, Jüngferchen!»

«Sie dürfen nicht mit mir reden!» sagte das Strumpfband, «ich finde gar nicht, daß ich einen Anlaß dazu gegeben hätte!»

«Doch, wenn man so wunderschön ist wie Sie!» sagte der Kragen, «das ist Anlaß genug!»

«Kommen Sie nicht immer so nahe heran!» sagte das Strumpfband. «Sie sehen aus wie ein rechtes Mannsbild!»

«Ich bin auch ein vornehmer Kavalier!» sagte der Kragen, «ich besitze einen Stiefelknecht und eine Bürste!» und das war gar nicht wahr, es war ja sein Herr, dem diese gehörten, aber er prahlte.

«Kommen Sie nicht so nahe heran!» sagte das Strumpfband, «das bin ich nicht gewöhnt!»

«Zimperliese!» sagte der Kragen, und dann wurde er aus der Wäsche genommen, er wurde gestärkt, hing auf dem Stuhl im Sonnenschein und wurde dann aufs Bügelbrett gelegt; da kam das heiße Eisen.

«Beste Frau!» sagte der Kragen, «kleine Witfrau! mir wird ganz heiß! ich werde ein anderer, ich gerate ganz aus den Fugen, Sie brennen ein Loch in mich hinein! Uh! – ich bitte Sie um Ihre Hand!»

«Jammerlappen!» sagte das Bügeleisen und fuhr stolz über den Kragen hinweg; denn es bildete sich ein, es sei ein Dampfkessel, der zur Eisenbahn hinauskäme und Wagen ziehen sollte.

Andersen in seiner Stube in Nyhavn.
Fotografie von C. Weller, 1874

«Jammerlappen!» sagte es.

Der Kragen war an den Rändern ein wenig ausgefranst, und da kam die Papierschere und wollte die Fusseln abschneiden.

«Oh!» sagte der Kragen, «Sie sind sicher Erste Tänzerin! wie Sie die Beine schmeißen können! etwas so Reizendes habe ich noch nie gesehen! das kann Ihnen kein Mensch nachmachen!»

«Das weiß ich!» sagte die Schere.

«Sie verdienten es, Gräfin zu sein!» sagte der Kragen, «alles, was ich habe, sind ein vornehmer Kavalier, ein Stiefelknecht und eine Bürste –! wenn ich doch nur eine Grafschaft hätte!»

«Er freit?» sagte die Schere, denn sie wurde böse, und dann schnitt sie gehörig zu, und da war er abgesetzt.

«Ich muß wohl lieber um die Bürste freien! Erstaunlich, wie Sie noch alle Ihre Haare haben, kleines Fräulein!» sagte der Kragen. «Haben Sie nie daran gedacht, sich zu verloben?»

«O doch, das können Sie mir glauben!» sagte die Bürste, «ich bin ja mit dem Stiefelknecht verlobt!»

«Verlobt!» sagte der Kragen; jetzt war keine mehr da, um die er freien konnte, und nun verachtete er das Freien.

Es verging lange Zeit, da kam der Kragen zum Papiermüller in die Kiste; hier war große Lumpengesellschaft, die feinen für sich, die groben für sich, so wie es sich gehört. Sie hatten alle viel zu erzählen, aber der Kragen am meisten, der war ein gewaltiger Prahlhans.

«Ich hab so fürchterlich viele Bräute gehabt!» sagte der Kragen, «ich hatte gar keine Ruhe! Ich war aber auch ein vornehmer Kavalier, mit Stärke! Ich hatte einen Stiefelknecht und auch eine Bürste, die ich nie gebrauchte! – Sie sollten mich damals gesehen haben, mich gesehen haben, als man mich um den Hals legte! Nie werde ich meine erste Braut vergessen, sie war ein Taillenband, so fein, so weich und so wunderhübsch, sie stürzte sich meinetwegen in einen Waschzuber! – Da war auch eine Witfrau, die glühte, aber ich ließ sie stehen und schwarz werden! Da war die Erste Tänzerin, sie versetzte mir den Riß, mit dem ich jetzt herumlaufe, sie war so begehrlich! Meine eigene Bürste war in mich verliebt, sie verlor alle ihre Haare aus Liebeskummer. Ja, ich habe viel dergleichen erlebt! aber am meisten tut mir das Strumpfband leid – ich meine das Taillenband, das in den Waschzuber purzelte. Ich habe viel auf meinem Gewissen, es könnte gut tun, wenn weißes Papier aus mir würde!»

Und so geschah es, aus allen Lumpen wurde weißes Papier, aber aus dem Kragen wurde genau dies Stück weißes Papier, das wir hier sehen, und auf das die Geschichte gedruckt worden ist, und das kam daher, weil er hinterher so fürchterlich mit all dem geprahlt hat, was niemals gewesen war; und daran wollen wir denken, daß wir es nicht genauso machen, denn wir können wahrlich nie wissen, ob wir nicht auch einmal in die Lumpenkiste kommen und weißes Papier aus uns gemacht wird und unse-

re ganze Geschichte auf uns drauf gedruckt wird, sogar das Allergeheimste, und wir dann selber herumlaufen und sie erzählen müssen, ebenso wie der Kragen.

Zuerst die Torschlußpanik, als es gilt, sich um jeden Preis per expreß zu verloben. Überall im engeren Bereich abschlägiger Bescheid. Daher eine Zeit der Weiberfeindlichkeit. Endlich die köstliche Gedächtnisverschiebung zum Schluß, wo er sich einbildet, der Verfolgte gewesen zu sein, der sich vor den Mädchen nicht retten konnte. Was wußte Andersen nicht alles über das Menschenherz! Aber er brauchte einen Kragen, um es aussprechen zu können.

Man beachte, daß der Kavalier, dem der Kragen gehört, nur am Rande der Geschichte verbleibt, und daß die Hand und Person, die das Bügeleisen und die Schere handhabt, überhaupt nicht in Erscheinung tritt. Alles ist vom Kragen als Mittelpunkt aus gesehen und beschrieben.

Jede Märchengestalt bewertet die Welt von ihrem eigenen, begrenzten Gesichtsfeld aus. Für die Enten ist der Entenhof Mittelpunkt des Weltalls, auch wenn die kluge alte Entenmutter nur zu gut weiß, daß es eine Welt außerhalb Veronas gibt: *«Wie ist die Welt doch groß!» sagten alle Jungen, als sie aus dem Ei heraus waren. «Denkt ihr, das sei die ganze Welt?» sagte die Mutter, «die geht noch viel weiter, ganz bis auf die andere Seite des Gartens, bis in den Acker des Pfarrers hinein! aber da bin ich nie gewesen!»* Man möchte auch fragen, was sie dort wohl gesollt hätte, denn das Leben im Entenhof bringt genug der Probleme. Desgleichen ist es mit den Schnecken im Park: Sie können sich nichts anderes vorstellen, als daß der Gutshof um ihretwillen da ist, damit sie gekocht und auf einer silbernen Schüssel angerichtet werden. So erhält das Dasein einen Sinn für jeden einzelnen. Der Kettenhund, der dem Schneemann sagen muß, was ein Liebespaar unter den Menschen ist, muß notwendigerweise von seinen eigenen, vernunftgemäßen Voraussetzungen aus erklären, daß das Paar in die Hundehütte zieht und zusammen Knochen nagt. Und als der Hofhahn ein ordentliches Donnergetöse hört, beruhigt er die Hühner, indem er sagt: *Wie findet ihr diesen Hahnenschrei? Der war ein bißchen roh, es fehlte die Eleganz.* So wäre denn gleichzeitig die eigene Stellung im Hühnerhof gerettet. Die Teekanne macht andere Erfahrungen als ein Schmetterling.

Diese Enthüllung des begrenzten Horizonts ist jedoch nichts weniger als eine gutmütige. Der weichherzige Märchendichter war ein scharfer Satiriker, und viele Märchen sind nichts als reine Satiren auf Philisterseelen, die nicht begreifen, daß die Welt mehr als eine Perspektive hat, der Abschnitt von der alten Frau mit der Katze und der Henne in *Das häßliche Entlein* ist ein nur zu treffendes Beispiel. Aber die Satire darf nicht vorherrschen. In seiner tiefsten Kunst ist Andersen Tragiker, wie zum Beispiel in der Mythe von dem Muttergefühl *Die Geschichte einer*

Mutter. Gleichzeitig bewahrt er doch auch seine fromme Lebensanschauung, wie es unter anderem aus der *Schneekönigin* hervorgeht, wo
er vor allem anderen der Anwalt des Herzens ist gegen den kalten Verstand.

Aus dieser Spannung zwischen dem Tragischen und dem Frommen ergibt sich das im eigentlichen Sinne Humoristische, das all seine Dichtung
prägt, ein Humor mit ein paar Tropfen Melancholie darin.

Vom Geschlecht des Prinzen Hamlet

Von Dänemark ist Hans Christian Andersen über die Welt gezogen. Eine Prinzessin gewann er niemals, wohl aber das halbe Königreich – er hat nämlich den ganzen Erdball mit Sören Kierkegaard teilen müssen. Während ersterer sich namentlich auf der östlichen Halbkugel seinen Platz erobert hat, ist der Name des letzteren vor allen Dingen mit der westlichen Seite verknüpft, und das hat durchaus seinen Sinn, denn in vielem sind sie wie Tag und Nacht. «Seht ihr, Andersen, der kann das Märchen von den *Galoschen des Glücks* erzählen, ich aber kann das Märchen von dem Schuh erzählen, welcher drückt», sagte Kierkegaard in einem Vergleich, der reich an Perspektive ist.

Zu ihren Lebzeiten war denn auch eine Kluft zwischen ihnen aufgerissen. Durch ein seltsames Spiel des Schicksals sollte der Philosoph seinen hochstrebenden schriftstellerischen Beruf damit einleiten, dem Märchendichter das Scheltwort «Jammerlappen» nachzurufen. Das geschieht in seinem Erstlingswerk «Aus den Papieren eines noch Lebenden, herausgegeben gegen dessen Willen von S. Kierkegaard» (1838), ein Titel, der nicht nur an sich, sondern namentlich im Hinblick auf den Inhalt rätselhaft ist, denn das Buch ist eine vernichtende Kritik des just erschienenen Romans *Nur ein Spielmann* in einem so schwierigen und in Hegelscher Manier schwer bewaffneten Stil verfaßt, daß es in Kopenhagen hieß, nur Kierkegaard und Andersen hätten es von Anfang bis zu Ende gelesen. Indessen ist der Grundgedanke durchaus klar: Es ist Andersens philanthropische Genielehre («das Genie ist ein Ei, welches der Wärme, der Befruchtung durch das Glück bedarf, sonst wird es ein Windei»), die Kierkegaard aufs tiefste empört hat, der sich schon um jene Zeit selber als den Einsamen betrachtete, der gegen den Sturm ankämpft. Wenn Andersens bewußtes Ideal das verhätschelte Kind ist, so ist Kierkegaards unbewußtes Ideal der Märtyrer. Diese Gegenüberstellung entblößt einen grundlegenden Unterschied zwischen den beiden berühmten Dänen. Die Galoschen des Glücks gegen den Schuh, welcher drückt.

Daß Andersen sich bei den «Papieren eines noch Lebenden» ungemütlich fühlt, geht aus der Almanachaufzeichnung am Tage des Erscheinen selbst hervor: *Ein aufregender Brief von Wulff und unmittelbar darauf Kierkegaards Kritik. Edvard gab mir ein kühlendes Pulver*, und man

Das Andersen-Denkmal in Kopenhagen, 1880 errichtet

durchschaut sicherlich die lakonische Form: Hier ist nicht die Rede von drei gleichwertigen Gliedern, sondern von zwei Prämissen: Wulffs Brief und Kierkegaards Buch sowie eine Schlußfolgerung: das kühlende Pulver. Seiner Gewohnheit getreu zögerte er nicht mit der Antwort, als er sich erst wieder gefangen hatte: In dem unbedeutenden, aber nichts weniger als harmlosen Vaudeville *Eine Komödie im Grünen* (1840) läßt er einen Haarschneider auftreten mit Namen Dalby, der sich in einem besonders weitschweifigen und knorrigen Stil ausdrückt – einer seiner Aussprüche lautet folgendermaßen:

Das Sublimat der Freude am Leben, das als Ertrag des Lebens sich ergebende, durchkämpfte Vertrauen zur Welt, das heißt mit anderen Worten, die verifizierte Kongruenz von den Forderungen des Herzens und der Verkündigung mit den Leistungen des Lebens, die nicht ex mathematica pura bewiesen, sondern de profundis schwieriger gemacht werden, habe ich mir nicht angeeignet; aber es liegt etwas Stetiges in der Ruhe, die die Philosophie mir schenkt.

Nicht ohne Grund vermutete Kierkegaard, in dieser Vaudeville-Figur parodiert worden zu sein: Der zitierte Ausspruch ist schlecht und recht eine verkürzte Abschrift eines Abschnitts aus seinem Erstlingsbuch!

An Empfindlichkeit stand der eine dem anderen in nichts nach. Kierkegaard unterließ es indessen, auf den Haarschneider eine Antwort zu geben – im Druck, wohlgemerkt, aber in seinen Tagebüchern stichelt er zu wiederholten Malen gegen den verzärtelten und verwöhnten Andersen, der es seinerseits auch für das Klügste hielt, die Schießerei einzustellen – jedenfalls solange sein Gegner lebte. Aber in dem Roman *Sein oder Nichtsein*, der ein paar Jahre nach Kierkegaards Tod erschien, nimmt die weibliche Hauptfigur von dem Verfasser des «Entweder-Oder» Abstand, *ihm, von dem manch ein Dänenweib mit Nähmädchen-Verstand behauptet, ihn verstehen zu können ... sie bewunderte den Begabten, wurde es aber müde, über das Pflaster der Sprache bis zum Tempel des Gedankens zu klettern; der Weg war ihr zu weit, und das Grün, das sie fand, war nicht frisch gesprossen*, ein Urteil, das Andersen aus der Seele gesprochen war.

Aber wie verschieden sie auch sind – ironisch, doppelgründig, pfiffig sind sie in ihrer Form alle beide. Wenn es ein Zufall ist, so ist es einer jener berühmten Zufälle, die einem Gedanken gleichen.

Kierkegaard schildert irgendwo am Schluß von «Stadien auf dem Wege des Lebens» in verliebter Weise die dänische Sprache und in dieser Verbindung auch unsere Psyche. Er spricht hier von seiner Muttersprache als einer Sprache, «die nicht schnauft und angestrengt klingt, wenn sie vor dem Unaussprechbaren steht, sondern im Scherz und im Ernst sich damit beschäftigt, bis es ausgesprochen ist, eine Sprache, die nicht in der Ferne sucht, was in der Nähe liegt, oder tief unten sucht, was auf der Hand liegt ...eine Sprache, die, nicht ohne Ausdruck für das Große, das Entscheidende, das Auffallende, eine reizende, eine anmutige, eine holdselige Vorliebe für Zwischengedanken und Nebenbegriffe und das Eigenschaftswort und das leise Geplauder der Stimmung und das Summen des Übergangs und die Innerlichkeit der Beugung und die verborgene Üppigkeit des verschwiegenen Wohlbefindens besitzt; eine Sprache, die Scherz genauso gut versteht wie Ernst ...» Die schönste Illustration zu dieser Charakteristik sind – Hans Christian Andersens Märchen.

So gehören sie also trotzdem zusammen, der Philosoph und der Märchendichter, denn sie sind beide dem berühmtesten Dänen verwandt, der jemals gelebt hat: dem Prinzen Hamlet der Sage, dem Stammvater der Ironie.

Zeittafel

1805	Geboren in Odense am 2. April
1816	Tod des Vaters
1819	Aufbruch nach Kopenhagen
1820–1821	Schüler der Tanzschule des Königlichen Theaters daselbst
1821–1822	Schüler der Gesangschule desselben Theaters
1822	*Jugendliche Versuche. Von William Christian Walter*
1822–1825	Schüler in der gelehrten Schule von Slagelse
1825–1827	Schüler in der gelehrten Schule von Helsingör
1827	Wieder in Kopenhagen. Private Vorbereitung. *Das sterbende Kind*
1828	Abiturium
1829	«Zweites Examen» (Philosophikum). *Fußreise vom Holmens Kanal zur Ostspitze von Amager. Liebe auf dem Nicolaj Turm. Heroisches Vaudeville*
1830	Sommerreise nach Jütland und Fünen. Begegnung mit Riborg Voigt. Henrik Hertz' Angriff in den «Gespensterbriefen». *Gedichte.*
1831	Erste Deutschland-Reise. Die Duzgeschichte mit Edvard Collin. *Phantasien und Skizzen. Schattenbilder von einer Reise in den Harz, die sächsische Schweiz etc.*
1832	*Lebensbuch* (erst 1926 gedruckt)
1833	Reise nach Paris, Le Locle, Rom. – Tod der Mutter. *Agnete und der Wassermann*, dramatisches Gedicht
1834	In Italien (Rückkehr August)
1835	*Der Improvisator. Märchen, für Kinder erzählt, 1. Heft. (Das Feuerzeug, Der Kleine Klaus und der Große Klaus, Die Prinzessin auf der Erbse, Die Blumen der kleinen Ida.) Märchen, für Kinder erzählt, 2. Heft. (Däumelinchen, Der unartige Knabe, Der Reisegefährte.)*
1836	*Auseinandergehen und sich begegnen. O. Z.*
1837	Reise nach Stockholm über Göteborg. *Märchen, für Kinder erzählt, 3. Heft. (Die kleine Seejungfrau, Des Kaisers neue Kleider.) Nur ein Spielmann*
1838	Kierkegaards Angriff in «Aus den Papieren eines noch Lebenden». – Jährliche Finanzunterstützung. *Drei Dichtungen. (Die Galoschen des Glücks, Ein richtiger Soldat, Das hat Zombien getan.) Märchen, für Kinder erzählt, Neue Sammlung, 1. Heft. (Das Gänseblümchen, Der standhafte Zinnsoldat, Die wilden Schwäne.)*
1839	*Märchen, für Kinder erzählt, Neue Sammlung, 2. Heft. (Der Paradiesgarten, Der fliegende Koffer, Die Störche.) Bilderbuch ohne Bilder.*

1840	Huldigung durch die Studenten in Lund. – Begegnung mit Jenny Lind. Reise über München nach Rom. *Der Mulatte. Eine Komödie im Grünen. Das maurische Mädchen*
1841	Von Rom über Athen und Smyrna nach Konstantinopel. Von hier zu Schiff auf der Donau nach Wien. Heimkehr Juli. – J. L. Heibergs Angriff in «Eine Seele nach dem Tode»
1842	*Eines Dichters Bazar. Märchen, für Kinder erzählt, Neue Sammlung, 3. Heft.* (*Ole Luköje, Der Rosenelf, Der Schweinehirte, Der Buchweizen.*)
1843	In Paris. – Mit Jenny Lind zusammen in Kopenhagen. *Neue Märchen, Erster Band, 1. Sammlung.* (*Der Engel, Die Nachtigall, Die Liebesleute, Das häßliche Entlein.*)
1844	Deutschlandreise. – Gast des dänischen Königspaares auf Föhr. – Auf Augustenborg. *Die neue Wochenstube. Neue Märchen, Erster Band, 2. Sammlung.* (*Der Tannenbaum, Die Schneekönigin.*)
1845	Jenny Lind in Kopenhagen. – Die Finanzunterstützung wird erhöht. – Hauchs Angriff im «Schloß am Rhein». – Reise nach Oldenburg und Berlin. *Neue Märchen, Erster Band, 3. Sammlung.* (*Elfenhügel, Die roten Schuhe, Die Springer, Die Hirtin und der Schornsteinfeger, Holger Danske.*)
1846	Von Berlin nach Weimar, Jena, Leipzig, Dresden. Über Prag nach Wien, Rom, Neapel, Marseille, Vernet, Lyon, Frankfurt, Weimar, Oldenburg. Heimkehr Oktober. *Gedichte, alte und neue*
1847	Reise nach Holland, Belgien, England, Schottland. *Das Märchen meines Lebens ohne Dichtung. Neue Märchen, Zweiter Band, 1. Sammlung.* (*Die alte Straßenlaterne, Die Nachbarsfamilien, Die Stopfnadel, Der kleine Muck, Der Schatten.*)
1848	*Neue Märchen, Zweiter Band, 2. Sammlung.* (*Das alte Haus, Der Wassertropfen, Das kleine Mädchen mit den Schwefelhölzern, Die glückliche Familie, Die Geschichte einer Mutter, Der Kragen.*) *Die beiden Baroninnen*
1849	Reise nach Schweden
1850	*Ole Luköje*, Märchenspiel
1851	Reise nach Deutschland. – Wird titularer Professor. *Holundermütterchen*, Märchenspiel. *Vaterländische Verse und Lieder während des Krieges. In Schweden*
1852	Nach Deutschland und Italien. *Erzählungen, 1. Sammlung.* (*Die Geschichte des Jahres, Die schönste Rose der Welt, Ein Bild vom Kastellwall, Am Jüngsten Tage, Es ist ganz gewiß, Der Schwanenhorst, Ein guter Humeur.*) *Erzählungen, 2. Sammlung.* (*Herzeleid, Alles am rechten Platz, Der Kobold beim Speckhöker, Nach Jahrtausenden, Unter dem Weidenbaum.*)
1853	In Jütland
1854	Nach Deutschland und Italien
1855	Nach Deutschland und in die Schweiz. *Das Märchen meines Lebens*
1856	In Maxen und Weimar
1857	Bei Charles Dickens und in Weimar. *Sein oder Nichtsein*
1858	Nach Deutschland und in die Schweiz. *Neue Märchen und Erzählun-*

gen, Erster Band, 1. Sammlung. (*Suppe auf einen Wurstspeiler, Der Flaschenhals, Die Nachtmütze des Hagestolzen, «Etwas», Der letzte Traum des alten Eichbaums, Das Abc-Buch.*) Neue Märchen und Erzählungen, Erster Band, 2. Sammlung. (*Des Schlammkönigs Tochter, Die Schnelläufer, Die Glockentiefe.*)

1859 Neue Märchen und Erzählungen, Erster Band, 3. Sammlung. (*Der Wind erzählt von Waldemar Daa und seinen Töchtern, Das Mädchen, das aufs Brot trat, Der Turmwächter Ole, Anne Lisbeth, Kinderrede, Ein Stück Perlenkette.*) Neue Märchen und Erzählungen, Erster Band, 4. Sammlung. (*Federhalter und Tintenfaß, Das Kind im Grabe, Der Hofhahn und der Wetterhahn, Herrlich, Eine Geschichte von den Dünen.*)

1860 Die Finanzunterstützung wird zum zweitenmal erhöht. – Nach Deutschland und in die Schweiz

1861 Jonas Collins Tod. – Reise nach Frankreich, Italien, Deutschland. *Neue Märchen und Erzählungen, Zweite Reihe, 1. Sammlung. (Zwölfe mit der Post, Der Mistkäfer, Was Vatter tut, ist immer recht, Der Stein der Weisen, Der Schneemann, Im Entenhof, Die Muse des neuen Jahrhunderts.) Neue Märchen und Erzählungen, Zweite Reihe, 2. Sammlung. (Die Eisjungfrau, Der Schmetterling, Die Psyche, Die Schnecke und die Rosenhecke.)*

1862 Reise nach Spanien

1863 Rückkehr aus Spanien im März. *In Spanien*

1865 Schwedenreise. *Neue Märchen und Erzählungen, Zweite Reihe, 3. Sammlung. (Die Irrlichter sind in der Stadt, sagte die Moorfrau, Die Windmühle, Der silberne Groschen, Der Bischof auf Börglum und sein Verwandter, In der Kinderstube, Goldschatz, Der Sturm verrückt Schilder.)*

1866 Nach Amsterdam und Paris. In Spanien und Portugal. *Neue Märchen und Erzählungen, Zweite Reihe, 4. Sammlung. (Aufgeschoben ist nicht aufgehoben, Des Pförtners Sohn, Umzugstag, Das Schneeglöckchen, Tante, Die Kröte.)*

1867 Zweimal zur Weltausstellung nach Paris. – Erhält den Titel eines Etatsrats. – Wird zum Ehrenbürger von Odense ernannt. *Bekannte und vergessene Gedichte*

1868 Nach Amsterdam, Paris, Genf, Ems. *Ein Besuch in Portugal*

1869 In Maxen, Wien und Nizza. *Drei neue Märchen und Erzählungen. (Hühner-Grethes Familie, Was die Distel erlebte, Was man sich ausdenken kann.)*

1870 *Glücks-Peer*

1871 Reise nach Norwegen

1872 Reise nach Deutschland und Italien. *Neue Märchen und Erzählungen, Dritte Reihe, 1. Sammlung. (Das Glück hat auf einem Stecken Platz, Der Komet, Die Wochentage, Sonnenscheingeschichten, Urgroßvater, Wer war der Glücklichste?, Die Kerzen, Das Unglaublichste, Was die ganze Familie sagte, «Tanz, tanz, Püppchen mein!», Frag Amagermutter!, Die große Seeschlange, Der Gärtner und die Herrschaft.) Neue Märchen und Erzählungen, Dritte Reihe, 2. Sammlung.*

(*Was die alte Johanne erzählte, Der Torschlüssel, Der Krüppel, Tante Zahnweh.*)

Zeugnisse

Andersen in Deutschland

Ludwig Tieck
Wandeln Sie wohlgemut und heiter auf dem Wege der Poesie fort, den Sie so schön und mutig betreten haben. Verlieren Sie nicht den Mut, wenn nüchterne Kritik Sie ärgern will ... und kehren Sie uns bald einmal frisch, gesund und reichbegabt von den Musen Deutschlands zurück.

An Andersen, 10. Juni 1831

Adelbert von Chamisso
H. C. Andersen, ein junger dänischer Dichter, hat in seiner Heimat Anerkennung gefunden und verdient, daß sein Name zu uns herüberschalle ... Mit Witz, Laune, Humor, volkstümlicher Naivität begabt, hat er auch tiefern Nachhall erweckende Töne in seiner Gewalt. Er versteht besonders, mit Behaglichkeit aus wenigen, leicht hingeworfenen, treffenden Zügen kleine Bilder und Landschaften ins Leben zu rufen, die aber oft zu örtlich eigentümlich sind, um den anzusprechen, der in der Heimat des Dichters nicht selbst heimisch ist. Vielleicht ist, was von ihm übersetzt werden konnte oder übersetzt worden ist, am wenigsten geeignet, ein Bild von ihm zu geben.

Morgenblatt für gebildete Stände 54 (1833)

Adelbert von Chamisso
Sie haben einen müden alten kranken Mann, mich, mit *Nur ein Geiger* hocherfreut ... Das ist wieder die volle wunderherrliche Poesie der Kinderjahre – unvergleichlich. Das macht Ihnen keiner nach in unserer gehegelten widerwärtigen Zeit. Sie gehören billig zu den Lieblingsschriftstellern Deutschlands.

An Andersen, 5. August 1838

Friedrich Hebbel
... der Dichter Andersen. Eine lange, schlotterige, lemurenhaft-eingeknickte Gestalt mit einem ausnehmend häßlichen Gesicht.

Tagebuch, 16. Januar 1843

Ida Gräfin Hahn-Hahn

Andersen

Solch ein Gewimmel von Elfen und Feen,
Blumen und Genien in fröhlichem Scherz;
Aber darüber – viel geistiges Wehen,
Aber darunter – ein trauriges Herz.

In Andersens Album. 1844

Karl Alexander von Sachsen-Weimar

Ich stimme nicht in die Meinung der Hahn-Hahn, so hübsch auch ihr Verslein sein mag, denn warum soll Ihr Herz traurig sein, was dennoch immer die Freude sieht, welche es anderen durch seine heimlichen Gaben bereitet. Nein, nicht traurig hätte sie sagen sollen, sie hätte vielmehr sagen müssen, Ihr Herz sei weich; denn *alle* Empfindungen zu empfinden, wie das Ihrige, und alle Empfindungen wiederzugeben, wie das Ihrige, kann nur ein weiches Herz.

An Andersen, 26. September 1844

Robert Schumann

Könnte ich Ihnen sonst etwas tun in Deutschland, so machen Sie mich zu Ihrem Sekretär; mit Freuden werd' ich's.

An Andersen, 14. April 1845

Annette von Droste-Hülshoff

Der Andersen, das ist mein Mann! Ich wollte, ich hätte auch neben ihm gesessen im Konzert! und das will bei mir nicht wenig sagen. Aber den Yorick hat er fleißig gelesen und *Bracebridge-Hall* und Oehlenschlägers *Reiseskizzen* auch – das schadet aber nicht! – das rein Natürliche kann man nie weder Schule noch Manier nennen.

An Elise Rüdiger, Februar 1846

Maximilian II., König von Bayern

An einem sehr schönen Abend jüngst am Wallersee spazieren gehend, habe ich mich an Ihre prächtigen Märchen und Dichtungen erinnert und den Entschluß gefaßt, die Bedenken, welche bisher erhoben worden, weil Sie nicht ein Deutscher von Geburt, zu beseitigen und Mir das wahrhafte Vergnügen zu machen, Ihnen Meinen Maximilians-Orden zu verleihen, da Sie so sehr im deutschen Sinne gedichtet und Ihre Märchen in Deutschland so populär sind. Noch im Mondlicht habe ich Mir den Entschluß in die Schreibtafel notiert. Wollen Sie die Verleihung dieses Ordens als ein Zeichen betrachten, wie sehr Ich Sie schätze und mit welchem Vergnügen Ich Mich an Mein Zusammensein mit Ihnen zurückerinnre.

An Andersen, 8. November 1859

Klaus Groth

Über Ihren Knabenjahren [im *Märchen meines Lebens*] liegt ein Zauber, den vielleicht nur eine Dichternatur ganz nachempfinden kann; ich habe mit Ihnen hinter den kattunenen Bettgardinen gelegen und dem Gespräch der Eltern gelauscht, mit Ihnen hinter dem Stachelbeerbusch unter Mutters Schürze gehockt, in der Odense-Au den heiligen Singsang mitgesungen und auf den chinesischen Prinzen, der sich durchgrübelt, gehofft ... Es konnte nur entstehen in einem Volke, das wie eine große Familie zusammensteht. Sie haben dem Umstande all Ihre gesellschaftlichen Leiden zuzuschreiben, von denen Sie so lange gelitten, jetzt aber auch eine Innigkeit des Verstandenseins, wie kein deutscher Schriftsteller es je erreichen kann.

An Andersen, 16. April 1860

Max Dauthendey

Ich wanderte in der dänischen Hauptstadt gern in Jacobsens Fußstapfen und war gern bei Andersens alter tröstlicher Märchenwelt, die jeder Kopenhagener Pflasterstein einem deutlich wiedererzählt. *Die Galoschen des Glücks, die kleine Seejungfrau, die Schneekönigin* begleiteten mich bei jedem Schritt und ließen mich der Vergangenheit nachhängen.

In Kopenhagen, 1893 (Gedankengut aus meinen Wanderjahren. 1913)

Richard Dehmel

Andersen, dieser Goethe der Kinderwelt und zugleich Pfuscher in jeder anderen Dichtungsart.

An Lichtenberger, 4. Juni 1905

Hans von Hülsen

Ich war durch Zufall in den Vortragsabend [des dänischen Schauspielers Jakob Texière] hineingeraten, angelockt von dem Namen Hans Christian Andersen auf dem Plakat draußen, der mir seit Kindertagen teuer war. Als ich den Saal betrat, bekam ich einen wirklichen Schreck: da saß er ja auf dem Podium, Hans Christian, er selber, mit dem guten Onkelgesicht, das von Koteletten so zierlich eingerahmt wurde, mit seinen munteren, schalkumspielten Augen, mit erhobener Hand – genau so wie ich ihn auf dem Denkmal in Rosenborg-Haven zu Kopenhagen gesehen! Und nun tat er den Mund auf und sagte: «Es ist ganz gewiß ...» – und ich schloß die Augen und erlag, den ganzen Abend über, einer Verzauberung, daß er wirklich und leibhaftig dort oben säße und die Geschichte vom Schweinehirten erzählte, oder die Geschichte vom Kreisel ... oder die herrliche Geschichte von Leben und Lieben des Halskragens, der am Ende in der Lumpengesellschaft des Papiermüllers mit seinen Liebschaften auf so entsetzliche Weise prahlt, ... er, Hans Christian Andersen, der seit vierzig Jahren in seinem Grab zu Odense auf Fünen lag!

In Berlin, 1915 (Zwillings-Seele. 1947)

Walter Mehring
Überallhin früher, als ich noch auf Reisen ging statt auf die Flucht hatte ich stets ein paar Bände mitgenommen – für jedes Klima. H. C. Andersens Erzählungen nach Odense – sein provinzlerisches Giebelhaus (und die Gasse, wo jeder Andersen hieß), rochen nach Museum; im säuerlich modernden Salon warteten der trauernde Zylinderhut, die ausgetretenen Galoschen des Glückes und ein verbeulter Koffer, auf dem man aber durch den Kamin fliegen konnte, wenn man auf das Schloß drückte – und andere seiner Hauptpersonen, als wäre H. C. nur eben mit Spitzenhäubchen und Schürze travestiert auf einen Altweiberklatsch in der Nachbarschaft . . .

. . . ich glaubte an den Pantheismus des Hans Christian Andersen, der in den Zungen der Schwalben, Zinnsoldaten, Teekessel und Strickzeuge sprach und schrieb, ein dänischer Franz von Assisi des Hausrats.

Die verlorene Bibliothek. 1952

Bibliographie

Andersens Werke, vor allem seine Märchen und Erzählungen, erscheinen Jahr für Jahr in allen Ländern der Erde. Die Zeugnisse zu seinem Leben und Werk geben in ungewöhnlicher Vollständigkeit über seine Persönlichkeit Aufschluß, seine Beziehungen zu Personen wie zu Landschaften. Die vorliegende Bibliographie kann nur auf die wichtigsten Werke und Untersuchungen hinweisen. Für weitergehende Forschungen muß auf die im folgenden angeführten Bibliographien verwiesen werden.

Abkürzungen: HCA – Hans Christian Andersen
              Kbh. – København, Kopenhagen

1. Bibliographien und wissenschaftliche Hilfsmittel

Anderseniana. Bd. 1–13. Kbh. 1933–46. 2. rk., Bd. 1–6. 1947–69. 3. rk., Bd. 1ff. 1970ff. *[Abhandlungen und Quellen zu Leben und Werk, z. T. einzeln aufgeführt]*
Bredsdorff, E.: A Critical Guide to the Literature on HCA. In: Scandinavia VI, 1. London 1967
–: Danish literature in English translation, with a special HCA supplement. Kbh. 1950 – Nachdr. Westport 1973
Brzozowska, Z.: HCA i Polen. Belyst ved værker udgivet i Polen i årene 1844–1960. In: Anderseniana 3. rk., 1, S. 88–113
Catalog of the Jean Hersholt Collection of HCA. Washington 1954
Dal, E. og E.: Bøger af HCA i hans egen bogsamling. In: Anderseniana 2. rk., 5, 1, S. 56–89
Dal, E.: Research on HCA. In: Orbis litterarum 17 (1962), H. 3/4, S. 166–183
Exposition Andersen. [Paris] 27 mai – 10 juin 1930
Jørgensen, A.: HCA. Litteraturen 1875–1968. Århus 1970. – Suppl. af J. Skjerk. Kbh. 1970. – Suppl. 1875–1968. Fortsaettelse 1969–72. In: Anderseniana 3. rk., 1, S. 418–444
Katalog over danske og norske Digteres Originalmanuskripter i det Kongelige Bibliotek. Ved L. Nielsen. Kbh. 1941, S. 10–26
Larsen, S.: HCAs Bøger. En Bibliografi. Kbh. 1947
Med HCA som fører gennem samlingerne. Odense [2] 1969 – Dt. Ausg. 1957 u. ö.
Møller, S. J.: Bidrag til HCAs Bibliografi, I: Bøger på færøsk, grønlandsk, finsk, islandsk, norsk og svensk. Kbh. 1966
–: Bidrag til HCAs Bibliografi, II: Værker af HCA oversat til nederlandsk, frisisk og afrikaans. Kbh. 1968
–: Bidrag til HCAs Bibliografi, III: Værker af HCA oversat til fransk. Kbh. 1970

180

Mylius, J. de: HCA – liv og værk. En tidstavle 1805–75. Kbh. 1993
Nielsen, B. F.: HCAs Bibliografi. Digterens danske Værker 1822–1875. Kbh. 1942
Rath, J.: Bidrag til HCAs Bibliografi, V: Værker af HCA oversat til ungarsk. Kbh. 1972
Sasu-Timerman, D., S. J. Møller: Bidrag til HCAs Bibliografi, IV: Værker af HCA oversat til rumænsk. Kbh. 1972

2. Werke und Übersetzungen

Neben der Dokumentation früher Sammelausgaben wird vor allem Wert gelegt auf immer noch wichtige ältere sowie auf neuere Ausgaben und leicht erreichbare Übersetzungen. Bei Einzelwerken wurde – neben Übersetzungen – das Schwergewicht gelegt auf textkritische Ausgaben und Faksimiles sowie auf Erstveröffentlichungen bislang ungedruckter oder schwer erreichbarer Arbeiten.

a. Sammel- und Werkausgaben (chronologisch, in Auswahl)

Gesammelte Schriften. 8 Bde. Braunschweig 1843–46
Gesammelte Werke. Vom Verf. besorgte Ausg. 50 Bde. Leipzig 1847–72–12 Bde. Leipzig 1864
Sämtliche Märchen. Leipzig ^{2}1850 – Faksimile Dortmund 1979
Samlede Skrifter. 22 Bde. Kbh. 1854–55–15 Bde. ^{2}1876–80
Udvalgte Skrifter. Ved V. Andersen. 12 Bde. Kbh. 1898–1901
Satiren. Bearb. und eingel. von E. Friedell. Wien 1914
Romaner og Rejseskildringer. Udg. under Red. af H. Topsøe-Jensen. 7 Bde. Kbh. 1943–44
Eventyr og Historier. 16 Bde. Odense 1948
Gesammelte Märchen. Hg. und z. T. neu übers. von F. Storrer-Madelung. 2 Bde. Zürich 1949–^{7}1989 [Bd. 1: ^{8}1994]
Sämtliche Märchen und Geschichten. Hg. von L. Magon. 2 Bde. Leipzig 1953 u. ö.
Eventyr og Historier. Udv. af H. Topsøe-Jensen. Kbh. 19[53–] 55
Sämtliche Märchen. 2 Bde. Hg. von E. Nielsen. Darmstadt 1960
Eventyr. Kritisk udg. ved E. Dal. 5 Bde. Kbh. 1963–67 – 15 Bde. [Kbh.] 1992
Samlede Eventyr og Historier. 3 Bde. Kbh. 1972–^{2}1982
Märchen. 3 Bde. Aus dem Dän. von M. Mann. Frankfurt a. M. 1975
Sämtliche Märchen. 2 Bde. Hg. von E. Nielsen. München ^{5}1980
Das H. C. Andersen Buch. Übers. von B. Kretschmer. Hattingen 1982
Der Reisekamerad und andere Märchennovellen. Übers. von H. Denhardt. Stuttgart 1983
Gesammelte Märchen. Nachdr. der 2. verm. Ausgabe Leipzig 1850. Dortmund ^{2}1983
Die frühen Reisebücher. Übers. von G. Perlet. Hanau 1984
Reisebilder aus Schweden und England. Übers. von G. Perlet. Hanau 1985
Sämtliche Märchen und Geschichten. 2 Bde. Übers. von E.-M. Blühm und G. Perlet. Hanau 1985
Der Paradiesgarten. Übers. von Th. Dohrenburg. München ^{2}1985
Eventyr og historier. 5 Bde. [Kbh.] 1988

Märchen. 2 Bde. Aus dem Dän. von A. Leonhardt. Weinheim [2] 1991

Eventyr. I udvalg ved J. Møllehave. Kbh. [2] 1992

Samlede Eventyr og Historier. Jubilæumsudgave. Kbh. [2] 1993

b. Wichtige Einzelausgaben, Faksimiles, kritische Ausgaben, Übersetzungen (chronologisch, in Auswahl)

Bilderbuch ohne Bilder. Leipzig 1849 – Hamburg 1984

Gjenfærdet ved Palnatokes Grav. Kbh. 1940 *[Faks. der EA in «Ungdoms-Forsøg» (1822)]*

H. C. Andersen-Manuskripter. Udgivet af P. V. Rubow. Kejserens nye Klæder. Historien om en Moder. Kbh. 1933

Tre ufuldførte historiske Digtninge. Kbh. 1935 [Anderseniana 1. rk, 3]

Manuskripter til «Jylland mellem tvende Have». Udg. i Facsimile af E. Munksgaard. Kbh. 1940

Neiiendam, R.: Et nyfundet HCA Manuskript. Kbh. 1940

Tolv med Posten. Kbh. 1940 *[Mit Faksimiles]*

Scene af Røverne i Vissenbjerg i Fyn. Udg. af C. M. Woel. Kbh. 1941 *[A.s 1. gedr. Arbeit als selbst. Neudruck]*

Historien om en Moder. Facsimile og Tekst. Odense 1948

Kejserens nye Klæder. Facsimile og Tekst. Odense 1949

Den lille Havfrue. Facsimile og Tekst. Odense 1951

Den flyvende Kuffert. Facsimile og Tekst. Odense 1952

Spaziergang in der Sylvesternacht 1828/29. München 1952

Walter, Villiam Christian: Ungdoms-Forsøg. Kbh. 1956 *[HCAs erstes – unter Pseud. – 1822 erschienenes Buch als Nachdruck]*

Grantræet. Faksimilutgåva av manuskriptet i Uppsala Universitetsbibliotek utgiven av E. Gamby. Uppsala 1960

Der Improvisator. Zürich 1965

Slagelse-Digte. Tydet af J. Skjerk. 2 Bde. [Århus] 1975–93

Et Besøg hos Charles Dickens. Kbh. 1982

Nur ein Spielmann. Stuttgart 1982

Die zwei Baronessen. Stuttgart 1982

H. C. Andersen Collinske fødselsdagsviser. Trykte samt hidtil utrykte. Tydet og komm. af J. Skjerk. [Århus] 1983

Sprookjes. 2 Bde. Odense 1983

Christinens Bilderbuch. Reinbek 1984

Eines Dichters Basar. Übers. von G. Petzet. Hanau 1984

Fodreise fra Holmens Canal til østpynten af Amager i Aarene 1828 og 1829. Tekstudgivelse af J. de Mylius. [Kbh.] 1986

«Amors og Digterens Luner» og «Sangerinden». To hidtil utrykte dramatiske arbejder. Tydet og komm. af J. Skjerk. [Århus] 1987

En rest vers fra Nicolaj Bøghs protokol samt tre danske stile. Tydet og komm. af J. Skjerk. [Århus] 1988

Reise von Leipzig nach Dresden und in die Sächsische Schweiz. Dresden 1991

Horace Vernets Maleri et Tableau. Samt almanaknoter Fra rodeskuffen. Hidtil utrykte tekster; tydet af J. Skjerk. [Århus] 1993

3. Lebenszeugnisse von und über Andersen, Tagebücher, Briefe

Andersen, N.: Anekdoter og Historier om HCA. Kbh. 1945

The Andersen-Scudder Letters. HCA's Correspondence with Horace Elisha Scudder. Hg. J. Hersholt, W. Westergaard. Berkeley 1949

Andersens Visit to Charles Dickens, as Described in his Letters. Publ. by E. Munksgaard. Kbh. 1937

Atten Breve fra HCA til Henriette Wulff 1829–1857. Ved A. Portman. Odense 1958

Aus Andersens Tagebüchern. 2 Bde. Hg. u. aus dem Dän. übertragen von H. Barüske. Frankfurt a. M. 1980

Breve fra HCA. Udg. af C. S. Bille og N. Bøgh. 2 Bde. Kbh. 1878

Breve fra HCA til Pastor Bastholm, Baronesse v. D. Decken og Fru Ingemann. Udg. ved Ch. M. K. Petersen og S. Larsen. Odense 1932

Breve til Carl B. Lorck. Ved H. Topsøe-Jensen. Med en illustrationshistorisk Efterskrift af E. Dal. Odense 1969

Breve til HCA. Udg. af C. St. Bille og N. Bøgh. Kbh. 1877

Breve til Mathias Weber. Ved A. Portman. Kbh. 1961

Breve til Robert Watt 1865–74. In: Fund og Forskning i Det kong. Biblioteks Samlinger 18 (1971), S. 111–155; 19 (1972), S. 89–128

Breve til Therese og Martin R. Henriques 1860–75. Udg. af H. Topsøe-Jensen. Kbh. 1932

Brevveksling med Chr. Voigt. Odense 1947–50 [Anderseniana, 2. rk, 1]

Brevveksling med Edvard og Henriette Collin. Udg. af Ch. Behrend og H. Topsøe-Jensen. 6 Bde. Kbh. 1933–37

Brevveksling med Henriette Hanck 1830–46. Ved S. Larsen. 2 Bde. Kbh. 1941–46 [Anderseniana 1. rk., 9–13]

Brevveksling med Jonas Collin den ældre og Andre Medlemmer af det Collinske Hus. Udg. af H. Topsøe-Jensen. 3 Bde. Kbh. 1945–48

Briefe an den Basler Kunstmaler Gustav Adolf Amberger. Mitget. von K. Schwarber. In: Basler Jahrbuch. Basel 1942, S. 140–162

Briefwechsel mit dem Grossherzog Karl Alexander von Sachsen-Weimar-Eisenach u. a. Zeitgenossen. Hg. E. Jonas. Leipzig 1887

Brudstykke af en Udflugt i Sommeren 1829. Udg. af Chr. M. K. Petersen. In: Anderseniana 1. rk, 8 (1940), 5. 5–33

Dagbog fra hans sidste Slagelse-Aar 1825–1826. Udgivet af H. G. Olrik. Kbh. 1936 [Anderseniana 1. rk., 4]

Dagbøger 1825–1875. Udgivet under ledelse af K. Olsen og H. Topsøe-Jensen. 12 Bde. Kbh. 1971–77

Dagbøger fra hans Pariser Rejse 1843. Udg. P. Høybye. Kbh. 1950

Der Dichter und die Welt. Briefe von HCA. Übers. und hg. von E. von Hollander. Weimar 1917

Dr. Georg Brandes's Anekdoter om HCA. Belyste af J. Collin. Kbh. 1896

En rest fra Drewsens visebog. Tydet af J. Skjerk. [Århus] 1988

H. C. Andersen in der Anekdote. Ges. von K. Zentner. München 1967

H. C. Andersen in Weimar. Tagebuchaufzeichnungen [...] Mitget. von N. Hoyer. In: Deutsch-nord. Jb. für Kulturaustausch und Volkskunde 1928, S. 56–80

H. C. Andersens Almanakker 1833–1873. Udgivet af H. V. Lauridsen. Kbh. 1990

H. C. Andersen og Edvard Collin. Nogle hidtil utrykte viser m. m. Tydet og komm. af J. Skjerk. [Århus] 1985

H. C. Andersen og Henriette Collin den ældre. Hidtil utrykte viser. Tydet og komm. af J. Skjerk. [Århus] 1986

H. C. Andersen og Henriette Wulff. En Brevveksling. Ved H. Topsøe-Jensen. 3 Bde. Odense 1959. – Erg. in: Anderseniana 2. rk., V/1 (1962), S. 28–55

H. C. Andersen og Ingeborg Drewsen, f. Collin. Hidtil utrykte viser [. . .]. Tydet og komm. af J. Skjerk. [Århus] 1987

H. C. Andersen og Odense 1866–75. Dagbøger og Breve. Udg. af Chr. Petersen og S. Larsen. Kbh. 1933 [Anderseniana 1. rk., 1]

H. C. Andersen paa Holsteinborg. Blade af et Venskabs Historie. Ved H. Topsøe-Jensen. 2 Bde. Kbh. 1937–38

H. C. Andersens moder. Brevsamling. Udg. S. Larsen. Odense 1947

H. C. Andersens Sidste Leveaar. Hans Dagbøger 1868–1875. Ved J. Collin. Kbh. 1906 – Nachdruck: Kbh. 1966

Ingerslev-Jensen, P.: Statist Andersen. Bidrag til en teaterdagbog 1818–22. In: Anderseniana 3. rk., 1., 1970–73, S. 137–187

Lebensbuch. Hg. und übers. von G. Perlet. München 1993

Levnedsbog. Påny udgivet af H. Topsøe-Jensen. Kbh. [3]1988

Das Märchen meines Lebens. Briefe, Tagebücher. Hg. von E. Nielsen. München 1961

Märchen meines Lebens. Frankfurt a. M. [2]1979 [EA: Berlin 1914]

Marquard, E.: HCA som Ansøger og HCAs sidste Vilje. In: Anderseniana 1. rk, 7 (1939), S. 63–70, 71–93

Meines Lebens Märchen. Hanau 1990

Mit Livs Eventyr. Ved H. Topsøe-Jensen. 2 Bde. Kbh. 1951 – [2]1975

Olrik, H. G.: Om Personer af HCA.s mødrene Slægt. In: Anderseniana 1. rk, (1934), S. 7–70

Optegnelsesbog. For første Gang udg. ved J. Clausen. Kbh. 1926

Portman, A. og M.: Omkring en Samling HCA Dedikationer. Kbh. 1967

Reumert, Elith: HCA og det Melchiorske Hjem. Kbh. 1924

Romerske Dagbøger. Ved P. V. Rubow og H. Topsøe-Jensen. Kbh. 1947

Topsøe-Jensen, H.: Breve fra HCA til Hans Henrik Koch. In: Anderseniana 2. rk. VI/2, S. 151–170

–: Fra en Digters Værksted. HCAs Optegnelsesbøger. In: Fund og Forskning i Det kong. Biblioteks Samlinger IX 1962, S. 148–186, X 1963, S. 119–151

–: HCAs Dagbøger. In: Anderseniana 3. rk, 1, 1970–73, S. 245–261

4. Bilddokumente von und über Andersen, sein Leben und Werk

Andersens Tegninger. Udg. af P. Uttenreitter. Kbh. 1925

Billedbog fra HCA-Samlingen i Odense. Odense [3]1951

Dal, E.: Danske HCA illustrationer 1835–1975. Kbh. 1975

–: Udenlandske HCA-illustrationer. Kbh. 1969

Faaborg, N. L.: Grafiske Portrætter af HCA. Kbh. 1971

H. C. Andersen Billedbog. Udg. af P. Uttenreitter. Kbh., Flensborg 1924 *[u. a. Reproduktionen von 45 Scherenschnitten A.s]*

H. C. Andersens eget Eventyr i Billeder. Billedudvalg og Tekster af S. Larsen og H. Topsøe-Jensen. Kbh. 1952

H. C. Andersens Liv i Billeder fra hans Museum. Odense [2]1960

Hedegaard, E. O. A.: H. C. Andersen i exlibriskunsten. Kbh. 1972

Heltoft, K.: H. C. Andersen as an Artist. O. O. 1977

–: H. C. Andersens billedkunst. Kbh. 1969

–: HCAs tegninger til Otto Zinck. 2 Bde. Odense 1972

Hending, A.: Filmen og HCA. Kbh. 1955

Johansson, E.: Andersens ansigter. Kbh. 1992

La Cour, T.: Danske Illustrationer til HCAs Eventyr. Kbh. 1943

Larsen, K.: HCA i Tekst og Billeder. Kbh. 1925 – Dt. Ausg.: HCAs Leben ohne Dichtung. Berlin, Leipzig 1926

Mortensen, N. T.: HCA-Illustratoren Vilhelm Pedersen. Kbh. 1949

Mylius, J. de: H. C. Andersen Papirklip/Paper Cuts. Kbh. 1992

Ochsner, B.: Fotografier af HCA. In: Anderseniana 2. rk., 4/1, S. 27–116

Paulsen, J.: HCA portrætter. Samtidige malerier og tegninger. In: Anderseniana 2. rk., 3/2, S. 368–415

Rusch, H.: H. C. Andersen. Sein Leben in Bildern. Leipzig 1957

5. Andersen, seine Zeitgenossen, Verwandte, Freunde und Bekannte

Andersen, H.: Johannes V. Jensen og HCA. In: Anderseniana 2. rk., 4/4 (1961), S. 266–315

Bang, J. P.: HCA og Georg Brandes, samt andre HCA-Studier. Kbh. 1936

Bloch, W.: Paa Rejse med HCA. Dagbogsoptegnelser. Kbh. 1942

Bøgh, I.: HCA og Nic. Bøgh. 2 Bde. Kbh. 1968–70

Børge, V.: August Strindberg og HCA. Kbh. 1931 – Dt. Ausg.: Der unbekannte Strindberg. Kbh.; Marburg 1935

Bredsdorff, E.: HCA og Charles Dickens. Et venskap og dets opløsning. Kbh. 1951 – Engl.: HCA and Charles Dickens. Kbh. 1956

–: HCA og Georg Brandes. København 1993

Bull, F.: Talt og skrevet. Oslo 1956 [Darin: HCA og Bjørnstjerne Bjørnson, S. 7–74; Norge og HCA, S. 75–97]

Collin, E.: HCA og det Collinske Huus. Kbh. 1882 – Neuausg. 1929

Galster, K.: HCA og hans Rektor (Simon Meisling). Kolding 1933

Hansen, S. G.: HCA og Søren Kierkegaard i dannelseskulturen. Kbh. 1976

Harries, H.: HCA und Heinrich Zeise. In: Anderseniana 2. rk., 5/3 (1964), S. 233–295

Høeg, E.: HCA og hans Odense-Venner i Familierne Iversen og Hanck. In: Anderseniana 1. rk, 7 (1939), S. 5–61

Hude, E.: Fredrika Bremer og hendes venskab med HCA og andre danske. Kbh. 1972

–: Henriette Hanck og HCA. Odense 1958

Kierkegaard, S.: Erstlingsschriften. [Ges. Werke, 30. Abt.]. Düsseldorf, Köln 1960, S. 39–91

Kjaerboe, T.: Henvisned' er de blomster. Riborg Voigt og HCA. Ærøskøbing 1955

Kock, J. O.: HCA og W. Irving. Odense 1947–51 [Anderseniana 2. rk, 1]

Kofoed, N.: HCA og B. S. Ingemann. Kbh. 1992

Larsen, S.: Niels Larsen Stevns og HCA. Odense 1955

Nalbandian, I.: HCA og de der «mishandlede» ham. Kbh. 1928
Neiiendam, R.: To Kvinder i HCA.s Liv. Kbh. 1954
Schnapp, F.: Die persönlichen Beziehungen Robert Schumanns zu HCA, Robert Reinick und Friedrich Hebbel. Diss. Münster 1922
Schoof, W.: Freiligrath und Andersen. Nach unveröff. Briefen. In: Westfälische Zeitschrift CXI (1961), S. 119–129
Straubinger, O. P.: HCAs Beziehungen zu Franz Grillparzer und Wien. In: Jb. der Grillparzer-Ges. 8 (1971), S. 131–142
Teschner, H.: HCA und Heinrich Heine. [Diss.] München 1914
Topsøe-Jensen, H.: HCA og Holberg. Kbh. 1955
–: Lorenz Frølich og HCA. In: Anderseniana 3. rk., 1, S. 333–355
Tuxen, H.: HCA, August Bournonville og Jenny Lind. In: Anderseniana 2. rk., 4/2 1958–59, S. 122–164
Wamberg, N. B.: HCA og Heiberg. Kbh. 1971

6. Gesamtdarstellungen und -würdigungen

Böök, F.: H. C. Andersen. En Levnadsteckning. Stockholm 1938 – Dt. Ausg.: Das Leben des Märchendichters HCA. Zürich 1943
Børge, V.: H. C. Andersens usynlige Smil. Kbh. 1949
Bredsdorff, E.: H. C. Andersen – en introduktion til hans liv og forfatterskab. Odense 1992
–: HCA, the story of his life and work 1805–1875. London 1975 – Dt. Ausg.: München, Wien 1977 – Tb.: Reinbek 1980
–: H. C. Andersen. Mennesket og digteren. Kbh. 1985
Brovst, B. N.: H. C. Andersen. Bd 1. [Viby J.] 1993
Ein Buch über den dänischen Dichter HCA, sein Leben und sein Werk. Hg. S. Dahl, H. Topsøe-Jensen. Kbh. 1955
Cibaldo, A.: H. C. Andersen. Brescia [2]1959
Godden, R.: H. C. Andersen. New York; London 1955
Grønbech, B.: HCA. Levnedsløb, Digtning, Personlighed. Kbh. 1971
Hay, M.: H. C. Andersen. Kbh. 1953
H. C. Andersen. Bidrag af H. Topsøe-Jensen [u. a.]. Oslo 1954
H. C. Andersen. Mennesket og digteren. Red. af S. Larsen og H. Topsøe-Jensen. Odense 1955–56 [Anderseniana 2. rk. 3/1–2]
Helweg, H.: H. C. Andersen. En psykiatrisk Studie. Kbh. [2]1954 – Nachdruck: Odense 1984
Hudig-Kapteijn, H.: H. C. Andersen. Amsterdam 1947
Jørgensen, J.: H. C. Andersen – en sand myte. [Højberg] [2]1989
Kofoed, N.: H. C. Andersen. Kbh. 1967
Langdal-Møller, K.: H. C. Andersen. Kbh 1968
Larsen, S.: H. C. Andersen. Odense 1949
Manning-Sanders, R.: Swan of Denmark. The Story of HCA. London 1949 – Nachdruck: New York; London 1966
Marchetti, I.: G. Cristiano Andersen. Firenze 1954
Møller, K. L.: H. C. Andersen. Strejflys over hans Liv og hans Digtning. Helsingør 1968
Mortensen, K. P.: Svanen og skyggen – historien om unge A. Kbh. 1989

Nielsen, E.: H. C. Andersen. Kbh. 1963
Reumert, E.: H. C. Andersen som han var. Kbh. 1925
Rossi, P.: H. C. Andersen. Rom 1961
Spink, R.: H. C. Andersen and his world. London 1972
Stirling, M.: Der wilde Schwan. HCA. München 1965
Toksvig, S.: The Life of HCA. London 1933, New York [2]1969
Woel, C. M.: HCAs Liv og Digtning. 2 Bde. Kbh. 1949–1950

7. Untersuchungen

Berendsohn, W. A.: Nordisk Digtning af Verdensry. Kbh. 1942 [Darin: HCAs
  Eventyr og Historier i ny Belysning, S. 69–101]
–: Phantasie und Wirklichkeit in den «Märchen und Geschichten» HCAs. Walluf
  1973 [dän. EA: Århus 1955]
Bobé, L.: HCA og Weimar. Kbh. 1940 [Anderseniana. 8]
Bonde Jensen, J.: HCA og genrebilledet. Kbh. 1993
–: Mit navn er hare og andre essays. Kbh. 1984 [Darin: Med HCA som rejsekam-
  merat]
Breitenstein, J.[u. a.]: HCA og hans kunst i nyt lys. Odense 1973
Brix, H.: Det første Skridt. Drengen HCA.s Skuespilarier. Kbh. 1943
–: HCA og hans Eventyr. Kbh. 1907 [Diss.] – Kbh. [2]1970
Broby-Johansen, R., E. Krag: Hans A's Copenhagen. Kbh. 1963
Brøndsted, M.: HCA og avisen. Odense 1972
–: Kunstnerens anfægtelser. Nogle iagttagelser i HCAs romaner og rejsebøger. In:
  Anderseniana 1981
Brostrøm, T.: Det umættelige mørke. Kbh. 1990
–: Folkeeventyrets moderne genbrug eller Hvad forfatteren gør. Kbh. 1987
Brostrøm, T., J. Lund: Flugten i sproget. HCA.s udtryk. Kbh. 1991
Cappuccio, M.: Guida allo studio di G. C. Andersen. Caserta 1954
Het dagverhaal van HCAs bezoeken aan Amsterdam. Komm. H. Reeser. In: Jb.
  van het Genootschap Amstelodamum LIX (1967), S. 149–192
Dal, E.: Den lille Pige med Svovlstikkerne. Træk af et eventyrs forhistorie og
  skæbne. Kbh. 1956
Dal, E. og E.: Fra HCAs boghylde. Hans bogsamling belyst gennen breve, kata-
  loger og brevarede bøger. Kbh. 1961
Detering, H.: «Åndelige amfibier»: Homoerotisk camouflage i HCAs forfatter-
  skab. Odense 1991
–: Ich wünschte, ich hätte Ihr ganzes Ich. Homoerotische Erfahrung und Text-
  struktur in A.s «Der Schatten». In: Forum Homosexualität und Literatur 9,
  1990, S. 75–88
Duve, A.: HCAs hemmelighet. Oslo 1969
–: Symbolikken i HCAs eventyr. Oslo 1967
Erlacher, K.: Grimm und Andersen. Langensalza 1929
Galster, K.: Da HCA tog Jylland i besiddelse. Kolding 1957
Garde, A.: HCA og hans kreds. Haandskriftstudie. 2 Bde. Kbh. 1967
Grønbech, B.: HCAs Eventyrverden. Kbh. 1945 [Diss.] – [2]1964
Hans Christian Andersen. Ed. by J. Hersholt. 1. Bd. New York 1942
H. C. Andersen og Thalia: fantasiens teater. Odense 1992

187

H. C. Andersen på Nørre Vosborg og sagn og beretninger fra «Borgen ved Storåens Minding». [Vemb] 1989

Hedegaard, E. O. A.: HCA i Exlibriskunsten. Helsingør 1972

Hellssen, H.: Aftenkladsket og Morgendryppet. HCA og hans forhold til Berlingske Tidende [...]. Kbh. 1948

–: Journalisten HCA. Kbh. 1954

Hetsch, G.: HCA og Musiken. Kbh. 1930

Hjørnager Pedersen, V.: Oversættelse eller Parafrase. Odense 1990

Høeg, E.: Om HCA.s «Afreageren». Kbh. 1940

–: HCAs Ungdom. Kbh. 1934

Holbeck, H. St.: HCAs Religion. Kbh. 1947

Horst Petersen, U.: I HCAs verden. [Kbh.] 1977

Hude, E.: Rom – en Verden fuld af Skatte. In: Anderseniana 2. rk., 6/3, S. 93–150

Jacobsen, H. H.: Wir besuchen Fünen mit HCA. Odense 1969

Jensen, A.: Studier over HCAs Sprog. Haderslev 1929

Jørgensen, A.: Kundskaben på ondt og godt. Aarhus 1968 [Darin u.a.: HCAs roman At være eller ikke være, S. 41–56]

Kofoed, N.: Prosaskitse og arabesk. I: Kortprosa i Norden. Fra HCAs eventyr til den moderne novelle. Odense 1983

–: Studier i HCAs Fortællekunst. Kbh. 1967

Kolbye, H.: HCA og Odense. Odense 1955

Kristensen, S. Møller: Den doppelte Eros. Kbh. 1966, S. 144–198

La Cour, T.: HCA og fuglene. Kompendium af eventyrene. Kbh. 1967

Larsen, S.: HCA og Odense. Odense 1955

Lederballe, O.: HCA hos lægen. Aabyhøj 1988

Lederer, W.: This Kiss of the Snow Queen. HCA and Man's Redemption by Woman. Berkeley u. a. 1986

Lehmann, G.: Improvisatoren og HCAs første Italiensrejse. Odense 1976

Leyen, F. von der: HCA und das deutsche Märchen. In: Dänische Rundschau Nr. 7, Kopenhagen 1953

Lotz, M.: Eventyrbroen. Psykoanalytiske essays om HCA. Kbh. 1988

Lund, P.: HCAs virkelighed: et barsk eventyr. Kbh. 1993

Marker, F. J.: HCA and the romantic theatre. Toronto 1971

Møllehave, J.: HCAs salt. Om humoren i HCAs eventyr. Kbh. [2]1985

Møller-Christensen, I. Y.: Den danske eventyrtradition 1800–70. Odense 1988

Mylius, J. de: Litteraturbilleder. Odense 1988 [Darin: A.s anden revolution]

–: Myte og Roman. HCAs romaner mellem romantik og realisme. Kbh. 1981 [Diss. Odense 1980]

–: Naturens Stemme i HCAs Eventyr. Odense 1989

Nyborg, E.: Den indre linie i HCAs eventyr. Kbh. 1962

Olrik, H. G.: HCA. Undersøgelser og Kronikker 1925–44. Kbh. 1945

–: HCA i København. Kbh. 1942

Portman, A.: HCAs sidste Dage. Kbh. 1952

Rubow, P. V.: HCAs Eventyr. Kbh. 1927–[3]1967

Rue, H.: HCA og Samfundet. Kbh. 1936

Schmitz, V.: HCAs Märchendichtung. [Diss.] Greifswald 1925

Skjerk, J.: HCA i «Corsaren» 1840–46. In: Anderseniana 3. rk., 1, S. 400–417

Sørensen, P. E.: HCA og herskabet. Grenå 1973

Sørensen, V.: Digtere og dæmoner. Kbh. [4]1969 [Darin: Digter og filosof, S. 10–32]

Stensgård, E.: HCA i Italien. Roma 1935

Svanholm, C.: HCAs ungdoms-tro. Trondheim 1952 [Diss. Oslo 1953]

Thiele, K. H.: Empfindsame Reise. Die Fahrt des Dichters HCA zur königlichen Sommerresidenz in Wyk auf Föhr im Sommer 1844. Kbh.; Lübeck, Hamburg 1959

Topsøe-Jensen, H.: Buket til Andersen. Bemærkninger til femogtyve Eventyr. Kbh. 1971

–: HCA og andre Studier. Odense 1966

–: HCAs Religion. In: Anderseniana 2. rk., 5/2, S. 155–174

–: Omkring Levnedsbogen. En Studie over HCA som Selvbiograf 1820–45. Kbh. 1943

Udsyn over HCA. Tre forelæsninger. Odense 1989

Voss, K.: Poetisk Ouverture eller Af HCAs Barndom. Odense 1954

Woel, C. M.: HCAs første Bog. Lille Skensved 1960

Zahle,O.: HCAs Eventyr. Personlig og litterær Baggrund. Kbh. 1955

8. Wirkungsgeschichte

Andersens Leben und Werk hat viele Schriftsteller zu eigenen Werken angeregt, zu Romanen, Schauspielen, Arbeiten für Kinder und Jugendliche. Für diesen Bereich seiner Wirkung muß auf die einschlägigen Bibliographien verwiesen werden. Hier werden vor allem Arbeiten angeführt, die Andersens Wirkung und Einfluß in verschiedenen Ländern dokumentieren.

Albertsen, L. L.: Die Deutschen und ihr Märchendichter A. In: Anderseniana 3. rk., 1, S. 71–87

Andersen et la France. Une exposition. Paris 1971

Andersen og verden. Red. af J. de Mylius [u. a.]. Odense 1993

Åstroem, H.: HCAs genombrott i Sverige. Solna 1972

Braude, L.: HCA i Rusland. In: Anderseniana 1987, S. 5–24

Bredsdorff, E.: HCA og England. Kbh. 1954

Dal, E.: HCA på 80 Sprog. Kbh. 1955 – Dt. in: Ein Buch über den dänischen Dichter HCA [. . .]. Kbh. 1955, S. 139–212

–: HCA's Tales and America. In: Scandinavian Studies XL (1968), S. 1–25

Friis, F. T. B.: HCA og Schweiz. Kbh. 1949 – Dt. Ausg.: HCA und die Schweiz. Zürich 1965

Heimer, A.: Den danske sagodikteren i Sverige och bland svenskar. Lund 1925

Høybye, P.: Andersen et la France. Kbh. 1960

Møller-Christensen, I. Y.: Den gyldne trekant. HCAs gennenbrud i Tyskland 1831–1850. [Odense] 1992

Vedel, V.: HCAs Eventyr i europæisk Belysning. Tilskueren 1921

Namenregister

Die kursiv gesetzten Zahlen bezeichnen die Abbildungen

Quellennachweis der Abbildungen

Det Kongelige Bibliotek, København: 8, 9, 12, 16, 17, 20, 39, 43, 44, 47, 59, 60, 61, 66, 67, 73, 78, 90, 91, 97, 114, 117, 120, 124, 131, 133, 139, 150, 161, 164

Andersens-Hus, Odense: 24, 33, 35, 52, 72, 75, 76, 99, 101, 127, 157

Royal Danish Ministry for Foreign Affairs: 13, 29, 51, 56, 81, 104, 106, 118, 149, 158

Ullstein-Bilderdienst: 29, 68, 89, 94, 169

Bildarchiv Preußischer Kulturbesitz, Berlin: 136